文豪也愛學驢叫

你不會相信的荒謬歷史小故事

不是不教，是怕學生都在笑……
被老師藏起來的爆笑歷史課

韋明輝 著

樂律

• 一頁一趣味，一句一思考 •

幽默解析歷史細節，輕鬆學習古今智慧
帶你發掘被忽略的歷史魅力

目錄

第二篇　多才多藝的王侯將相們

第三篇　那些文人墨客不為人知的另一面

第四篇　被顛覆的歷史真相

第五篇　古代美食家

第六篇　古今大對決

第七篇　老歷史新發現

第八篇　多的是你不知道的事

目錄

序言

你真的了解歷史嗎？歷史真的是你所認知的樣子嗎？

在整個成長過程中，我們不斷地吸收著傳統歷史文化知識。這些知識豐富了我們的頭腦，幫助我們認識世界，使我們形成一種穩定的認知。但與此同時，我們也有可能被這種認知欺騙，理所當然地以為，我們看到了全部，看到了真實。

歷史太磅礴太厚重，有時候我們會忽視其多面性，甚至是一些真相。

你能想像得到嗎？歷史上真實的武大郎，實際上是一位相貌不俗、身形高大且才學淵博的少年郎；鑿壁偷光的匡衡最後因貪腐被免職；青樓是一代名相管仲發明的；宋體字是秦檜發明的；李清照是個超級「購物狂」，好賭博，而且賭術奇高；康熙常用「知道了」這樣的硃批回覆大臣的奏摺；光緒年間，清朝就設計出了自己的第一艘飛船……

這些不被大眾熟知的冷知識，充滿了趣味，令人驚訝不已，也令人大開眼界。這些碎片知識，並不僅僅是茶餘飯後的趣談。它很冷，又微小而瑣碎，但同樣意義重大。它可以幫我們填補歷史認知的縫隙，讓歷史變得血肉豐滿，有了靈氣。大歷史有大歷史的磅礴，冷知識卻同樣為我們提供新的視角。那些被我們忽視的細枝末節裡，藏著驚喜，也藏著真相。

讀一讀歷史冷知識，不僅能豐富我們的歷史視角，也會帶給我們一種思想上的衝擊，讓我們重構思想模式，重新去看待世界。

這些歷史冷知識，輕鬆有趣卻不失莊重，它蘊含著巨大的能量，會衝擊你的固有認知。那麼這一場口味獨特的知識盛宴，你準備好了嗎？

第一篇　天子們的八卦

古語講：生死有命，富貴在天。回望歷史長河，那些曾高高在上的九五至尊，又何嘗不是在命運的股掌之中糾結、掙扎？從個人生死到朝代更迭，都是時代選擇了人而已。

歷史上皇帝的各種奇葩死法

在古代，作為一國之君的皇帝，掌握皇權，給人的印象總是尊貴的、威嚴的。他們衣食優渥，享受著最好的生活，如無政治紛爭，將會體面地走完這一生。然而，真實的歷史總是時不時地跳出既定路線，深挖歷史的細節，總會讓人感覺真實而荒誕。

並不是所有作為九五至尊的皇帝都能體面地離開這個世界，有一些皇帝，他們結束生命的方式十分奇葩，讓人跌破眼鏡。

其中最離譜最荒誕的要數晉景公。他是春秋時期的一位君主，姓姬名獳。乍一看這個名字很多人可能沒什麼印象，但著名的「趙氏孤兒」事件，就是他一手操辦的。

晉景公在繼承國君之位後，日益強大的趙氏一族已經成為晉國第一大家族，甚至隱隱地威脅到了國君的地位，再加上經常有人進讒言，趙氏逐漸從香餑餑變成了眼中釘。

趙氏一族的死對頭屠岸賈看到了這個報仇的契機，便安排了一場轟轟烈烈的政治肅清運動。晉景公為了平衡政治力量，扶持屠岸賈，並對此視而不見。

這場復仇像龍捲風一樣掃蕩而過，刀劍刺破了趙氏家族曾經的輝煌，血腥瀰漫，生機不再。晉景公的姑姑身懷趙氏骨肉，因為躲在宮中，才躲過了追殺，為趙氏留下了唯一的血脈「趙氏孤兒」。

因為這一門慘案，晉景公在歷史的卷軸上也是刷了一把存在感。

發生在他人生中的第二件大事，就是他生命的終結，但這一次出名的方式，實在荒誕。史書《左傳》中曾記載過他的死亡記錄：「將食，漲，如廁，陷而卒。」

據說晉景公晚年身體病弱，他也一直為自己的健康擔憂。畢竟，人間這麼好，他還不想走。於是，他找來了一位占卜大師，為自己算命。大師是個老實人，冒著掉腦袋的風險告訴晉景公，他活不過第二年麥子成熟的時節。

他相信占卜，但又不想認同占卜的結果。從那以後，晉景公小心翼翼地過日子，一直熬到了麥子成熟。當他看見成熟的麥子被烹熟盛在碗中的時候，鬆了一口氣，並命人叫來了占卜大師，要現場吃給他看。以此來制裁失職的占卜大師，同時宣告自己戰勝了天命。

當他端起飯碗準備吃的時候，忽然感到腹脹，急忙去如廁，卻遲遲未歸。等到飯涼了，晉景公還是沒回來，最後，侍從在糞坑裡發現已經溺亡的晉景公。

可嘆他一生榮華，死得憋屈，在歷史上留下了悲劇又充滿味道的一筆。

歷史上，以奇葩的方式向世界告別的帝王不止晉景公一位。如果要列一個榜，那麼秦武王嬴蕩也一定榜上有名。秦武王是秦惠文王嬴駟的嫡長子，他僅在位三年多，時間不長，但還算頗有建樹。在政治上設定丞相職位，聯越制楚，延續了嬴駟時代的弱楚策略；在軍事上，攻拔宜陽，設定三川；經濟上修改封疆，更修田律。工作能力不俗，如果好好發展下去，在歷史上或許會有不錯的成績。

嬴蕩天生力氣大，勇武好戰，從小就喜歡各式各樣可以展示神力的遊戲，這也許是他獲取成就感的方式。繼承王位後，他把這種愛好也延續到了政治上，重用力士。《史記》中就有記載：「武王有力好戲，力士任鄙、烏獲、孟說皆至大官。」

力量成為嬴蕩的榮耀，也最終葬送了他的生命。

西元前三〇七年，為了擴張勢力，與群雄爭霸，嬴蕩發起了宜陽之戰。他最終的意圖就是滅了周王室，問鼎中原。宜陽之戰的勝利，讓嬴蕩士氣大增，但他知道，拿下周王室並不那麼容易，齊、楚、趙不會讓他輕易如願。不過，他不怕困難，他堅信自己終將成為四方霸主。

在周王室組織的大型王者聚會上，武王嬴蕩與孟說比賽舉「龍紋赤鼎」。鼎在當時不僅是祭祀之器，更是最高權力的象徵。以神力著稱，有爭霸天下之意的嬴蕩自然不會放過這個展示機會。

逞強總是要付出代價的，悲劇發生了，舉鼎的嬴蕩突然兩眼出血、折斷脛骨而死。孟說因慫恿秦武王舉鼎被誅滅三族。秦武王嬴蕩死後，在燕國做質子的秦武王之弟公子稷，回秦國繼位，即秦昭襄王。

嬴蕩死得可惜，讓人唏噓，不過這也是他自己的選擇。這個故事告訴我們，對愛好要節制，玩過火了容易遭反噬。

皇帝其實是個高危職業，雖然有著高收益，但同樣也要承受高壓力、高風險。皇帝的風險，時刻相隨，既要防著政敵的算計，也得防著身邊的人衝動殺人。興許上一秒正吃著火鍋哼著歌，下一秒就死了。司馬曜就是這方面的一個典型，他是東晉的第九個皇帝孝武帝。

孝武帝愛好酒色，每次喝「嗨」了，這位皇帝就放下皇帝的威儀，開始放飛自我，什麼玩笑都敢開。可說者無意，聽者有心。

大家都知道，「伴君如伴虎」，誰知道你哪一句是假，哪一句是真。

有一次，孝武帝摟著寵妃喝酒聊天，酒精上頭的他又開始講幹話，吐槽他的愛妃年紀大了，模樣差了，連一兒半女都生不出來。若她不乖，過兩天就廢了她，換個年輕漂亮的取代她。

孝武帝也許是想透過吐槽，讓愛妃更溫柔一點，服務更周到一點，調劑夫妻感情。

但是，愛妃當真了。她順著他的思路想了下去，眼見自己色衰愛弛，還沒個孩子傍身，恐怕地位不穩。皇帝若廢了自己，她就什麼都沒了。對未來的恐懼占滿了她的心。看著沉醉在夢中的孝武帝，她怒從心頭起，惡向膽邊生。她搬來了幾床被子，重重地壓在了他的頭上。沒多久，這位皇帝就死了。

孝武帝應該是做夢也沒想到，自己會被愛妃捂死在夢中。所以說，從事高危職業，一定要謹言慎行。

五代十國的時候，有一位不太出名的君主叫錢元瓘。他是五代十國時期吳越國第二任君主。亂世雖不安穩，但是當吳越的君主，日子還是挺瀟灑的。他也按部就班地治理他的國土，勤勤懇懇地上班。只是，西元九四一年，吳越王宮失火，宮室府庫幾乎完全燒毀。一個養尊處優的皇帝，哪見過這麼大陣仗。熊熊火焰像一隻餓狼，啃噬一切它能吞嚥的東西，可不管你是什麼皇帝。

錢元瓘嚇得四處竄逃，所幸大火最終被滅了。大火沒有傷到他的筋骨，卻吞噬了他的神志，錢元瓘得了狂疾，一個多月後就離世了。

明熹宗朱由校是因為遊玩划船時，不小心跌入水中，落下病根，得了臌脹病，逐漸渾身水腫，最後一命嗚呼。

這兩位皇帝，一火一水，死得都挺突然。

大體而言，這些皇帝的離去方式，有些草率，有些唏噓，甚至還有些荒誕。除了那些大氣磅礴的正史之外，這些邊邊角角的故事也同樣是曾經鮮活的歷史，戲劇又真實。

在監獄裡面長大的皇帝

都說投胎是門技術工作，在古代，生在帝王家成為皇子皇孫，可謂在投胎中拿了上上籤。在漢朝，一個叫劉詢的人就幸運地拿到了這樣一根上上籤。他的本名叫劉病已，作為漢武帝劉徹的曾孫，他本應該有享不盡的榮華，過錦衣玉食的生活，在萬般呵護下茁壯成長，並逐步走向權力的巔峰。

但是，高收益往往意味著高風險，當然，這也是機率問題。劉病已似乎在投胎這件事上花光了所有運氣，以至於在命運這一輪考驗中遇到了極大的不幸——巫蠱之禍。對他最直接的影響就是，差點被殺，最後在監獄中得以保全性命。

劉病已在出生後不久，就失去了母胎所帶的光環，直接被打入命運的谷底，成了一名欽定的死囚。一個在襁褓中的嬰兒，怎麼可能犯下滔天大罪？這不現實！但沒辦法，生在帝王家，流著皇室的血，就算是個嬰兒，連話都不會說，也逃不過政治的鬥爭，免不了淪為炮灰和籌碼。

征和二年（西元前九一年），「巫蠱之禍」帶來了一場政治上的血雨腥風，橫掃長安城。漢武帝晚年多病，隨著他病情一起加重的，還有他的疑心。漢武帝一直很信奉卜筮之術，佞臣江充之前得罪了不少皇族，因此藉機誣陷太子以巫蠱之術陷害皇帝。於是，在皇帝的應允之下，江充帶人到太子住處去搜尋證據。

見江充栽贓意圖明顯，太子劉據與母親衛子夫奮起反抗，命人抓了江充。可事情傳出去，在大眾言論中就變成了「太子謀反」。

三人成虎，人言可畏。古代皇家子孫也逃脫不了「網暴」的悲劇。這樣的傳言到了本就多疑的老皇帝耳中，相當於用明火點燃了軍火庫的炸藥，戳中了他最敏感的神經。

於是，一場血腥的政治屠戮，橫掃長安城內的皇族。太子劉據奮起反抗，兵敗自殺，他的母親衛子夫也隨後自殺。太子全家被抄，隨之受到牽連的還有幾萬臣民。此次案件，雖然其源頭是佞臣的誣陷，但由於牽連甚廣，所以審理工作非常複雜，工作量極大。為此，朝廷從各地抽調人手來協助審理此案。這其中，我們不得不提到一個叫丙吉的人。

丙吉只是個平平無奇的普通官員，曾經擔任過廷尉右監，因為與此案沒有什麼瓜葛，所以被調回來審理此案。他的主要任務就是管理長安的監獄。也正是因此，他與一個幼小的生命產生了交集，也迎來了他人生的重大轉機。

在長安城的天牢裡，丙吉見到了這個剛滿月的嬰兒劉病已，心生憐憫。

劉病已是戴罪之身，也是皇帝的曾孫。政敵們殺了他的父母、祖父祖母等親人，卻不知如何處置這個嬰兒，只好把他關到了牢房裡。

善良的丙吉看到這個小小的皇曾孫時，他已經危在旦夕了。他哀戚的啼哭，讓丙吉不忍袖手旁觀。於是，他準備了一間相對舒適的牢房，又在牢房裡找到了兩個剛生育過的女犯人，來輪流餵養這個嬰兒。在此後的日子裡，丙吉一直悉心地照顧著這個孩子，關心他的吃穿，關心他的成長。即使在公務繁忙的時候，也會不時探望。因為在牢房裡長大，劉病已一直體弱多病，好在丙吉命人及時地為他診治，才讓他一次又一次闖過了鬼門關。

有一次，在他大病初癒後，丙吉特地替他取了「劉病已」這個名字，表示一種健康的期盼，也是病都好了的意思。足以見得丙吉對這孩子的關愛。

在劉病已長大一些後，丙吉曾想過請一些高官貴族收養這個孩子，給他一個更好的成長環境。但當時「巫蠱之禍」尚未平息，在得知這孩子的身世後，所有人都唯恐避之不及，劉病已也只能繼續生活在獄中。

劉病已在經歷了「巫蠱之禍」和病魔侵襲後，遭遇了人生的又一次劫難。

西元前八七年，漢武帝病重，一直在調養，卻不見成效。在此期間，又有心懷不軌之人想要趁機興風作浪搞事情，向皇帝稟報，說風水書上指出長安的監獄之中有天子氣。多疑的漢武帝也的確派人去檢視長安城監獄裡關押的犯人，要求無論罪行輕重，一律斬殺。

按理來說，皇帝的命令大於天，沒人敢反抗。一旦這條皇帝的政令執行下去，劉病已將在劫難逃。但是這個時候丙吉站了出來，辛辛苦苦養了多年的娃，怎麼能讓他們說殺就殺。他冒著殺頭的危險，命人關閉了監獄的大門，拒絕皇帝派遣的官員進入。

他隔著牆，高喊著：「皇曾孫在這裡。其他人因為虛無的名義被殺尚且不可，更何況這是皇上的曾孫子啊！」

就這樣，雙方一直僵持不下，官員只好到宮中回稟皇帝，同時指出丙吉抗旨。按照慣例，皇帝必然暴怒，再一次血流成河，因為竟有人敢挑戰他的權威，抗旨不遵。想必丙吉在反抗的那一刻，也料想到了這種結局。

可這一次，漢武帝並沒有勃然大怒，反而像是忽然醒悟了。他把丙吉的反抗當作一種上天的警示。他沒有追究丙吉的抗旨之罪，也沒有繼續下令殺掉獄中的犯人，而是大赦天下。這也就意味著，劉病已可以離開監獄，恢復自由身了。

劉病已在恢復自由後，仍由丙吉照看，同時丙吉也一直在張羅著為他找個好去處。最後將劉病已送去了其父劉進的舅舅家史家。當時史家還有劉病已的舅曾祖母貞君和舅祖父史恭。兩個人對劉病已疼愛有加，給了他更好的生活條件，也讓他受到了良好的教育。在經歷了種種磨難之後，劉病已的人生在一點點地回歸正軌。

晚年的漢武帝，在知道了「巫蠱之禍」的真相後，悔恨不已，並下了罪己詔。與此同時，劉病已也徹底地從命運的陰霾中走了出來。漢武帝在臨終前，留下了兩道遺詔，其中一道就是將劉病已收養於掖庭，這意味著劉病已恢復了皇室身分，他的宗室地位得到了法律上的認可。由此，劉病已重新獲得了在權力中心進行政治角逐的入場券。而且劉病已不僅僅是皇室子孫，他是正統的嫡系血脈，是漢武帝嫡子劉據這一脈唯一的後人。

對於劫後餘生的劉病已而言，健康地成長，好好地活著，就已經是上天最大的恩賜了，所以他並沒有參與政治、爭奪權力的欲望。

他愛研究學問，也愛遊歷民間，他喜歡游俠，鬥雞走馬，交友廣泛，日子過得相對快活。他本以為會這樣過一輩子，沒想到命運的大筆一揮，將他推向了權力的中心。

在漢武帝之子漢昭帝駕崩後，皇權開始重新洗牌。因為漢昭帝沒有可以繼承大統的子嗣，大將軍霍光擁立昌邑哀王之子劉賀為帝。天上掉下來的王座，劉賀沒有好好珍惜，而是被權力砸暈了頭腦。因其「荒淫無行，失帝王禮宜，亂漢制度」，在王座上還未足月就被以霍光為首的權臣廢黜。

此後，兜兜轉轉，劉病已這位皇曾孫走入了皇帝候選人的行列。這就要再次提到丙吉，他當時正是在霍光手下做事。而劉病已能夠獲得霍光的賞識，除了其自身才學和人品之外，自然也有丙吉的一份功勞。

就這樣，劉病已這個曾經天牢裡的囚徒，意外地成為九五至尊，走上了人生巔峰。他的命運，也的的確確是經歷了大起大落、大風大浪，堪稱勵志領袖、逆轉典範。

即位後的劉病已，是為漢宣帝，他兢兢業業做皇帝。對內「與民休息」，輕徭薄賦，恢復經濟。對外對戰匈奴，大勝而歸，促成了匈奴的分崩離析，此後數十年間再無戰事，完成了漢武帝的遺志。在文化上，整理經典，確認《史記》為官修正史。總而言之，在經歷了曲折迂迴的命運之後，皇權又重歸於他，而他也的確盡職盡責，為歷史的發展和延續做出了一番功績。

在這裡還有值得一提的一件事情。古代一直有名諱的避諱制度，也就是民間不可以使用皇帝的名字。而劉病已這個名字中，「病」和「已」這兩個字在老百姓的名字中非常常見，所以，為了避免無辜百姓因此而被治罪，他自己改名為劉詢，足見其赤誠。

劉詢四十三歲時因病去世。他在位二十五年，勵精圖治，開啟了西漢王朝的中興時代，創造了西漢一個新的輝煌巔峰。

從奴隸變成皇帝的石勒

看古代皇帝發家史，從谷底走上巔峰，實現人生逆轉的人物不在少數。但若要真的論起點低，論勵志程度，石勒值得被書寫一筆。

一般提到平民翻身的皇帝，人們都會不由得想到劉邦、朱元璋。但他們雖然算不得貴族，可好歹是個正經平民，劉邦還擔任過派出所所長大小的官職。而石勒是比平民還要低一等的奴隸。

在古代，人們日子窮到過不下去了，才會賣身為奴，這不僅僅是出售了一輩子的時間，還出售了人權和尊嚴。奴隸一輩子聽候主人差遣，任憑主人打罵，並且可以完全不用講道理，因為主人打自己的奴隸是合理的。如果奴隸犯了錯，要比普通人犯錯罪加一等。

十三歲左右的石勒，正是這樣一種身分。當時，西晉八王之亂正如火如荼，并州發生饑荒，當地貧民被劫掠販賣的情況很普遍。年少的石勒也被賣給師歡做奴隸。

石勒是羯族人，據說羯族人是西域胡人的一種，他們高鼻深目，有著與漢人截然不同的外貌特徵。

年少的石勒幸運爆表。儘管在戰亂年月吃了不少苦頭，又被當商品一樣買賣成了奴隸，但是沒過多久，他的主人就解除了他的奴隸身分，還他自由。可命運的坎坷並沒有結束，他跟著流民乞討，日子還是很苦，後來又被亂軍抓去當兵。他大費周折才逃了出來。

而這些坎坷的經歷，練就了他非凡的勇氣和智謀，也讓他燃起了鬥志。想要好好活著，擺脫被奴役的命運，就要把命運掌握在自己的手中。

自從有了這樣的覺悟，石勒開始腳踏實地地做事，他以一種最為常見的平民方式起家，也就是游擊戰術。他先是跟隨流民領袖汲桑一起討生活，又一起投奔司馬穎的部將公師藩，結果公師藩被苟晞攻殺。

石勒一直跟隨汲桑在河北河南流竄，與西晉軍閥混戰，在多次失敗中不斷汲取作戰的經驗教訓。在汲桑兵敗被晉軍殺掉後，石勒投奔了已起兵自立的劉淵。後來石勒頻頻立功，得到了劉淵的賞識。劉淵加封石勒督山東征討諸軍事，並將伏利度的部眾交給石勒指揮。至此，石勒才算正式建立起自己的軍事力量，完成了稱帝最原始的累積。

西元三〇八年，石勒已經是一位有著豐富作戰經驗的前趙政權的大將，他威名在外，又得到了一位謀士張賓相助。

張賓智謀過人，年輕時就曾自比張良，但是西晉重門第，正因如此，他始終鬱鬱不得志。直到遇見了石勒，他慧眼識人看出了石勒過人的潛質，於是主動投奔石勒。

石勒經過多番試探，發現張賓計謀過人，算無遺策。得此軍師，石勒大喜過望。此後，二人文武相合，一路開掛。

在張賓的扶助之下，石勒順利地完成了從流寇到群雄之一的進階。他們以鄴城為根據地，征戰四方，迅速發展，除掉了一個又一個勁敵。

在張賓計謀的加持下，石勒的軍團如同淬火的利刃，勢不可當。

他們擊潰司馬越主力二十餘萬，將王衍等西晉重臣一網打盡；擊潰強悍的鮮卑段氏軍團，並收服段氏之心；在并州大敗拓跋氏舊將箕澹等。最後生擒前趙皇帝劉曜，滅亡前趙，稱霸北方。

石勒之所以所向披靡，不僅僅在於鐵腕和計謀，更是因為他懂得籠絡人心，善於用人，懂得依靠漢人的智謀。

西元三一九年，石勒自稱大趙天王，建立後趙，定都襄國。石勒從一個在苦難裡掙扎的奴隸，一步步地蛻變，成就了一番霸業。

他氣勢如虹，平定關中地區，擒殺茍晞和曹嶷，滅亡前趙，推動後趙成為北方地區最強的國家。直到西元三三二年，張賓去世，石勒高呼：「天欲不成吾事邪，何奪吾右侯之早也！」此後，石勒軍團的火焰漸漸熄滅了，後趙政權如曇花一現，在歷史的洪流中一閃而逝。縱然短促，對於石勒而言，卻是不可磨滅的閃亮一筆。

被製成「木乃伊」的皇帝

提到木乃伊，人們都會自然而然地想到古埃及。他們相信人死後靈魂不滅，會附著在屍體或者雕像上。所以法老死後，會被人用防腐香料製成乾屍，用來長期保存，以保證屍身不腐。

而在中國古代，有一位皇帝也被製成了「木乃伊」，並且還因此擁有了一個專有名詞「帝羓」。從前游牧民族會把吃不完的牛羊肉用鹽醃製來儲存，這種被醃製過的肉就被稱為「羓」，有點類似於臘肉乾。那麼「帝羓」的意思，顯而易見。這位獨享專有名詞的皇帝，就是遼太宗耶律德光。

耶律德光成為「木乃伊」，並不是引進了國外技術，而是有不得已的苦衷。

耶律德光是遼代的第二代皇帝，是遼太祖耶律阿保機的次子，在二十歲的時候就擔任了天下兵馬大元帥，英武神勇，多次隨父征戰，深受耶律阿保機的喜愛，最後也成功地繼承了皇位。

翻看他的人生軌跡，也算得上是功績斐然。而他死後為什麼會被製成肉乾？這並不是什麼皇家風俗，也不是像埃及人一樣因為宗教信仰，而是單純地為了保持屍身不腐。而這一切，要從一個叫石敬瑭的男人說起。

石敬瑭是個臭名昭彰的賣國賊，後來還做上了「兒皇帝」。簡單來說，就是為了當皇帝，無底限地認爸爸。而他認的這個爸爸，就是耶律德光。

五代十國時期，政治格局亂成一鍋粥，各大勢力不斷割據混戰。而耶律阿保機卻在中原混戰之際統一了北方草原，勢力日益強大，他的野心也隨之膨脹。中原像是一塊肥肉，被欲望充斥的契丹人一直虎視眈眈。但有一個原因，讓契丹人沒有直接生撲上去，就因為幽雲十六州，是一道中原穩固的天然屏障，使其屢屢受挫。

耶律德光沒有放下祖輩的夙願，一直在找機會拿下幽雲十六州。他日思夜想，殫精竭慮地謀劃著各種策略，以期達成目標。

但他做夢也沒有想到，在他煞費苦心苦思無果的時候，「天上掉餡餅」砸到了他頭上：有人把幽雲十六州拱手奉上。

當時，石敬瑭正與後唐皇帝李從珂爭搶帝位，怎奈實力不濟，所以他想到了強大的契丹，於是寫信給耶律德光求援。

信的主旨有兩方面。一方面，他願意向契丹稱臣，並願意將耶律德光認作爸爸。那年，石敬瑭四四歲，耶律德光三四歲……

另一方面，只要耶律德光出兵援助，幫他幹掉李從珂當上皇帝，他就會將幽雲十六州雙手奉上。

既能收個皇帝做兒子臉上有光，又能收下幽雲十六州這塊策略寶地。這筆買賣，只賺不虧，耶律德光非常滿意地應下了。

耶律德光親率兵馬，幫乾兒子實現了他的小目標，滅了後唐。石敬瑭也建立了後晉稱帝。

耶律德光收下了幽雲十六州之後，興致勃勃地耕耘著他的夢想。南方由漢人管，北方由契丹人管，並大力發展農業，舉國上下一片繁榮。

石敬瑭好日子沒過幾年，就撒手人寰，由他的養子石重貴繼承帝位。石重貴可不是個孬種，對契丹拒絕稱臣，並多次聲稱要收復失地，一雪前恥。這樣的態度，讓乾爺爺耶律德光很惱火。雙方數次交鋒，都吃了不少苦頭，也讓耶律德光很沒面子。

後來，石重貴更是集結十萬大軍，命姑父杜重威為主帥，聲勢浩大地去討伐契丹。

可千算萬算沒想到，這位舅舅早就心懷鬼胎，想要效仿石敬瑭做兒皇帝。所以，兩軍對陣，晉軍沒有做任何抵抗，就成了契丹的俘虜，後晉直接被滅。

可以說，石敬瑭和杜重威都是耶律德光實現夢想的神助攻。

此一時彼一時，後晉被滅後，杜重威並沒有如願當上皇帝，因為耶律德光要自己當。王座金燦燦，已經送到眼前了，為什麼要讓給別人坐？沒道理！

滅了後晉之後，耶律德光將國號改為大遼。可是，王座很燙，中原皇帝並不好當。因其縱容遼兵在城內燒殺搶奪，百姓們奮起反抗，再加上各地起義軍和石敬瑭舊部力量圍追堵截，耶律德光僅在汴京停留不到三個月，就帶兵北歸了。

中原的物產豐富，發展也更先進，但耶律德光這個實實在在的北方人身體上並不適應。初到中原的雄心和喜悅漸漸褪去，取而代之的是打不完的仗，操不完的心，再加上水土不服，待到反抗大軍殺到欒城的時候，耶律德光一口鮮血噴出，死在了追夢的路上。

遠在遼國都城的太后得知消息後傳來懿旨，要把耶律德光的屍身帶回去安葬。可當時正值炎炎夏日，保存屍體談何容易，大臣、御醫想破頭也想不出辦法。據說一位御廚提出了專業建議，他建議用製作羓肉的方式來保存屍身，也就是用鹽滷上。雖然這種方法是用在牛羊牲口身上的，對皇帝似有不敬，但也是當時唯一有效的方法。

所以，一生驍勇的耶律德光，成為了「帝羓」，被運送回都城，成為中華歷史上唯一一位「木乃伊」皇帝。

由業餘皇帝到職業高僧的宋恭帝

這個世界，總有一些令人無奈的宿命。比如說，一不小心，擁有錯位的人生。把這種無奈，演繹到極致的，莫過於皇帝。

李煜，在政治上作為不大，但在詩詞領域絕對是個王者。宋徽宗，是個執掌皇權的敗家子，但也是個天才書畫家。朱由校，當皇帝很平庸，當木匠卻有神通。

其實，除了這幾位耳熟能詳的大人物之外，還有一位錯位的典型——宋恭帝趙㬎。當皇帝當得很憋屈，但當僧人卻很有造詣。

宋恭帝命不好，雖然生在帝王家，卻偏偏趕上了王朝的末期。

西元一二七四年，趙㬎的爸爸宋度宗因為過度縱慾，沉迷酒色，飄飄然離世。年僅四歲的趙㬎沒有經過任何爭搶，就順利即位，當上了皇帝。沒辦法，這就是命。

可一個四歲的孩子如何能治理國家，擔得起帝王的責任？

不要緊，年幼正是他最大的「優勢」。因為什麼都不懂，所以他一定聽話。因此由祖母謝太皇太后、母親全太后垂簾聽政。但實際權力的掌控者，是奸臣賈似道，這個人也正是趙㬎的扶持者。

王朝本就風雨飄搖，再加上奸臣當道，結局肯定是好不了。

震盪的時代裡，王權不再牢固，王座也不再穩定。蒙古大軍的鐵蹄一路飛奔，很快就占據宋朝的北半部，襄陽和樊城也很快被攻陷，成為他們南下的要道。

元軍一路強攻，宋軍節節敗退。宋的滅亡，已成定局。

賈似道作為宋王朝最後的希望，只能硬著頭皮率領軍隊與元軍對戰，迎來的是意料之中的敗局。由此，賈似道成了罪人，謝太皇太后和宋恭帝在全國人民的呼聲中，不得不殺死他。

但在勢不可當的大勢面前，這點掙扎，只能是一種自我安慰，該來的總會來的。南宋德祐二年（西元一二七六年），元朝大軍直逼臨安城下，準備滅亡大宋。但大宋的皇室仍舊沉睡在夢中，還在想著用怎樣的求和方式來平息這場戰爭。

結果可想而知，元軍拒絕了。明明已經唾手可得的一切，為什麼還要去和人討價還價？很明顯，宋王朝已經失去了談判權。

最終，太皇太后帶著小皇帝投降了，並以小皇帝的名義向元軍送上了降書。言辭謙卑，話說得好聽，全然沒了皇室威嚴。

降表大意是：「宋朝奸臣誤國，天數已盡，元朝國運興旺，我願率百官稱臣降服於大元。今謹奉太皇太后之命，削去帝號，將兩浙、福建、江東、江西、湖南、兩廣、四川、兩淮等宋朝州郡，全部獻給大元聖朝，祈求元朝可憐宋朝三百年江山不至斷絕，使趙氏子孫以後有靠，使宋朝百姓能夠安享天日。如果這樣，那麼元朝的大恩大德，永世不忘，日日思報。」

就這樣，五歲的趙㬎，在充滿童真的年紀，成為了敗君、降君、亡國之君。可這一切，都是命運，是他無從選擇的。

投降之後，宋恭帝對於元朝而言尚有價值。所以，他繼續做傀儡。從前是做大宋掌權者的傀儡，如今是做元朝統治者的傀儡。

當時，雖然宋恭帝投降，但是宋朝的殘餘勢力尚存。宋恭帝同父異母的兄弟趙昰被擁立為新皇帝，並仍與元朝進行著激烈的抗爭。

為了控制政權，元世祖忽必烈安置了宋恭帝，同時封他為瀛國公，還把公主許配給他，讓他住在大都，也就是現在的北京。把他變成親戚，變成自己人，這樣就可以以他做幌子，順理成章地招攬尚未歸順的宋朝餘部。

在元朝做傀儡的日子並不好過，趙㬎處處謹小慎微，忍受了不少屈辱。後來，西元一二八二年的時候，忽必烈又下詔，讓他遷去了上都，那是偏僻的蒙古腹地。六年後，忽必烈又將他發往西藏。從此以後，漢文的史籍上也就再無他的姓名。

入藏後，趙㬎開始學習藏文、佛家典籍。在十九歲時，斬斷紅塵，出家做了僧人，法號「合尊」。後來，又做了薩迦大寺的住持，成為一代高僧。

在俗世裡，他沒機會做一個好皇帝，當了十幾年的傀儡，嘗盡了人世的悲苦。而遁入空門後，他走入了一個遼闊的世界，暢遊於佛法的奧義之中，得到了解脫，也找到了自己。因為他潛心學習，在佛學上取得了較高的成就，並且將很多漢文的佛家經典翻譯成藏文，也大大促進了佛家文化的發展。

《佛祖歷代通載》：「至治三年四月，賜瀛國公合尊死於河西，詔僧儒金書藏經。」據稱，趙㬎因為在詩文中表達了對南宋故土的懷念，諷刺元朝無道，被元朝皇帝知曉後賜死。

也許，對這個生於帝王家的僧人來說，他可以放下世俗，放下欲望。但是，對南宋的牽掛，是他永遠都無法斬斷的根。

「知道了」是康熙常用的硃批用語

乍一看，「知道了」這樣的詞，會理所當然地被人們認為是現代用語。但很多人不知道的是，這也是康熙在批覆奏摺時的常用語。

奏摺是清代高級官員向皇帝奏事進言的文書。這一稱謂最早見於順治年間，但史學家普遍認為，奏摺開始於康熙朝。

具體起源時間暫且不論，但是奏摺作為當時的一種新生事物，並沒有形成完備的體系。所以，並沒有明確規定，奏摺要如何批閱。

作為一國之君，皇帝每天都要批閱大量的奏摺，所以一些簡單的內容，也就簡單批閱。而「知道了」這三個字，在康熙的硃批中大量出現。這樣一句現代化的用語，卻被康熙皇帝使用，讓很多人產生一種穿越感。康熙帝那種九五至尊、高高在上的形象，瞬間變得有點可愛。

南京江寧織造博物館曾晒出了一組被康熙批閱過的奏摺，康熙在很多奏摺上都回覆「知道了」，三十一件奏摺中，有十五件都是如此回覆。

比如其中，有曹寅向皇帝彙報江南科場舞弊案，前後一共寫了六件奏摺。只有一件，康熙皇帝做了較長的硃批，其他幾件都回覆得非常簡潔，其中有二件就是寫著「知道了」。

這種回覆，同樣被康熙的後輩沿用。雍正和乾隆也都曾在硃批中這樣回覆摺子。比如，在《真跡選》中，年羹堯在奏摺中向皇帝致謝，感謝皇帝封其妹妹為貴妃，而雍正皇帝在這條硃批下回覆的正是「知道了」。

皇帝這樣回覆，其實並不是賣萌，也不是因為高冷才惜字如金。而是因為，他們每天要面對大量的奏摺，但這些奏摺並不是每一件都事關國家大事，還會有很多獻殷勤的，或者是閒聊問候的。

比如，曾有人為討康熙皇帝歡心，滿懷欣喜地為其送來特產美食。例如：「奴才於四月二十八日購到新鮮者，味甘微覺帶酸，其蜜浸與鹽浸者，俱不及本來滋味。切條晒乾者，微存原味，奴才親加檢看，裝貯小瓶，敬呈御覽。」

可是康熙嘗了後，一點也不喜歡吃，於是便回覆：「乃無用之物，再不必進。」但是，皇帝的硃批擋不住大臣的一片熱心，沒過多久，東西又送過來了。康熙又反覆在奏摺中告知：別送了，我不愛吃。試想，一個為政務殫精竭慮的皇帝，還要經常應對各種熱情送禮的小弟，有時候的確是挺無奈又無言的。

奏摺的功能很像皇帝與大臣之間的微信。有用它來彙報工作的，有送禮表忠心的，也有逢年過節問候表達關心的。

例如，雍正皇帝就經常會透過奏摺來和臣子增進感情，除了會有一些賞賜之外，在一些臣子的摺子上他也會關心問候。例如，他硃批寫道：「朕躬安，爾好嗎？」或「朕躬甚安，爾可好？」。

在山西巡撫諾敏的請安折上他寫道：「朕躬甚安。爾好嗎？新年大喜！蒙天地神佛保佑，爾之合省雨水調順，糧食大收，軍民安樂，萬事如意！」

吉祥話應時應景，寫得很讚，可遠比現代人傳拜年訊息要用心得多。

不過，雍正皇帝並不是所有硃批都是這麼溫柔和藹的。他作為一國之君，必定要面對形形色色的臣子。比如江西布政使李蘭在奏摺中所寫的「皇上洪福」，雍正帝的硃批是：「朕深厭此種虛文。」

而一旦他生氣了，他的硃批就又變了一個畫風。

「滿口支吾，一派謊詞！」

「即禽獸不如之謂也！」

「可謂無知蠢鈍之極！」

「不學無術，躁妄舛謬。」
「可謂良心喪盡，無恥之小人也。」
「則為木石之無知，洵非人類矣。」

你看，「禽獸不如」、「非人類」，這麼現代又暴躁的小詞，就開始狂飆起來。

這歷史的細枝末節，就是這麼有趣，這會讓那些遙遠的歷史人物，在某些瞬間，成為我們的朋友，就像站在你身邊，氣鼓鼓地和你吐槽一個蠢貨。

這一刻，歷史復活了。

乾隆一輩子寫了四萬多首詩，然而沒有一首是佳作

提到乾隆，人們首先想到的是他是個厲害的皇帝，創造了「乾隆盛世」。其次是他的花邊新聞：微服私訪，處處留情，大明湖畔永遠的夏雨荷。

但沒有人知道，他也算是個詩人，一生創作四萬多首詩，從產量上來看，直逼《全唐詩》。不過，乾隆作詩的數量雖多，卻沒什麼佳作。

四萬多首，全都是參加獎等級。

只留下一首〈春江花月夜〉的張若虛，跟乾隆皇帝形成了有趣的對比。

但是，從四萬多首詩這個數量來看，我們可以了解到，乾隆對於寫詩這件事，的確是愛到了骨子裡。

就算不能落筆驚風雨，但至少可以自娛自樂，抒發心意。

高興了要寫詩，憂傷了要寫詩，旅遊途中要寫詩，深夜了要寫詩，靈感來了要寫詩……總之，詩無處不在，如影隨形，走到哪寫到哪。如果古代有臉書，那他一定是個愛更新的版主。這也正是他的獨特和可愛之處。

寫一首詩，總是需要醞釀和思考，那麼，如果按照一小時創作一首詩的速度來計算，要創作四萬三千首詩，需要花費一千七百九十二天，大約要五年時間。

乾隆的詩，寫得容易，讀起來也容易。

飛雪

一片一片又一片，兩片三片四五片。

六片七片八九片，飛入蘆花都不見。

乾隆下江南微服私訪，但見遠處有一參差不齊的古城牆，詩興大發，就有了這首〈城牆〉。

遠看城牆鋸鋸齒，近看城牆齒鋸鋸。

有朝一日掉過來，上面不鋸下面鋸。

詩句順溜，但口語頗多。

可見乾隆不僅喜歡處處留情，還喜歡處處留詩、處處留名，很喜歡刷存在感。紫禁城裡和城外，可以在各處發現乾隆皇帝「到此一遊」的痕跡。到處都是他的墨寶，他題的匾額、他的印章等等。最著名的要數〈富春山居圖〉，好好的一個古董，被乾隆皇帝題字寫得密密麻麻，彷彿是在拿古蹟練字。放到現在的網路時代，乾隆皇帝一定是個愛發彈幕的少年。

除了喜歡題字，乾隆還很喜歡刻印章，這樣在古蹟墨寶上，就可以處處留名。據統計，乾隆有一千餘枚印章，其中有五百枚是常用款。它們曾出現在許許多多的名畫、名篇上。

但不得不說，乾隆除了做好一個皇帝，還做了自己，愛好廣泛，樂趣多多。不僅僅是活出了生命的長度，也活出了寬度，活出了精采，堪稱人生贏家。

第二篇　多才多藝的王侯將相們

宰相家中有廚師，將軍就該馳疆場。權臣當服帝王下，軍師出謀保劉家。

實則是：宰相也可下廚房，將軍亦能助管彤。權傾朝野弒君王，諸葛孔明造饅頭。

中華歷史上第一位著名賢相還是個厲害的廚師

燒飯做菜是個技術工作，同樣的食材，同樣的調味品，有人做出的食物讓人難以下嚥，有人卻能做出佳餚美饌，這也充分地體現出了大廚的魅力。

烹飪是一種與整個民族發展息息相關的文化，古代的名廚自然也是不少。但凡事都要講求個追根溯源，中華大廚的祖師爺是誰？這個人就是伊尹。

伊尹是個厲害角色，他不僅炒菜厲害，治國輔政也是一把好手，在政治上同樣大有作為。他是商代的開國元勛，常被稱為中華歷史上第一位名相。在很多古代文獻中都有關於伊尹的記載。

《水經注》：「昔有莘氏女，採桑於伊川，得嬰兒於空桑中，言其母孕於伊水之濱，夢神告之曰，臼水出而東走。母明視而見臼水出焉，告其鄰居而走，顧望其邑，咸為水矣。其母化為空桑，子在其中矣，莘女取而獻之，命養於庖，長而有賢德，殷以為尹，曰伊尹也。」

伊尹的出生，帶有浪漫的神話色彩。據說他是採桑女在空桑中撿來的孩子，並被交給了國君莘氏，莘氏又把這孩子交給了自己的廚師撫養。因為其母居於伊水之上，所以幫他取名叫伊尹。

伊尹從小在廚房裡長大，見識過不少山珍海味，也學得一身好廚藝。而他的廚藝境界之高，並不僅僅是把食物做得美味，還從中悟出了治國之道。

一次在為國君送飯時，他適時地與國君暢談治國之道，其才學令國君刮目相看，於是邀請他擔任自己女兒的老師。

一個國君竟然請一個廚師來做女兒的老師，這樣的奇事很快被傳到了四方諸侯的耳中。求賢若渴的商湯三番五次地送來厚禮，聘請這位賢才，可是有莘國君一直不肯答應。後來，商湯求娶有莘國君之女，伊尹作為其女的陪嫁來到了商湯身邊。

伊尹因才學得到了商湯的重用，成為商的丞相。

同樣是研究吃，有的人成了胖子，有的人卻成了丞相。

伊尹以烹飪以及五味為引為商湯分析天下大勢和治國之道，用「以鼎調羹」、「調和五味」的理論治理天下，並輔助商湯打敗了殘暴的夏桀，完成了改朝換代。

後來，伊尹還輔佐了三任商王，成為甲骨卜辭中的「舊老臣」之首，受到隆重祭祀，不僅與湯同祭，還單獨享祀，可見其地位之尊貴。伊尹的相關事蹟在《孟子》、《左傳》等書中都有詳細的記載，可見其對後世影響之深。

同樣是廚師出身，之後又走上政壇的人還有一位，就是春秋時期的易牙，他也經常與伊尹並稱為廚祖。我們常常把一頓解饞的美食稱為「打牙祭」，而「牙祭」這個詞的由來，就是與這位易牙有關。「牙祭」直白地講，就是向易牙祭祀。古時候，廚師們會供奉祖師爺，在逢初一、十五的時候向易牙祭祀，叫做「禱牙祭」，後來被訛傳為了「打牙祭」。

易牙的廚藝，同樣是堪稱一絕，堪稱當時廚師圈的明星。他死死地抓住了齊桓公的胃。

易牙在烹飪上悟性很強，創造力極佳，也因此創出了中華八大菜系之一的魯菜。單論廚藝，易牙是極具才華的，但是對待至親，他卻極其殘忍。

一次，齊桓公對易牙說：「寡人嘗遍天下美味，唯獨未食人肉，倒為憾事。」也許說這個話的時候，齊桓公只是閒聊胡侃。但是，這話落入了易牙的耳中，就成了機會。

主公想吃人肉，必須滿足。但他認為，死囚或者平民的肉，給主公吃了，無法彰顯主公的尊貴。於是，為了博君一笑，易牙磨刀霍霍向親兒子走去，用自己尚且年幼的兒子的肉，為他的主公獻上了一頓美餐。

齊桓公用膳之後，大為驚豔。他從未喝過如此鮮美的肉湯，便叫來易牙，問他是什麼肉。易牙悲情地告訴齊桓公，那是他兒子的肉。為了主公的身體安康，他甘願殺子獻上這餐美食。

我們無法得知，齊桓公在聽到這樣的事情後會不會作嘔。但可以知道的是，他完全忽略了這種行為的殘忍以及滅絕人性，反而只有滿滿的感動，認為易牙對他的愛與忠心遠勝於至親骨肉。對自己這麼好的一個人，怎麼能讓他只做個廚師？必須重用。

可齊桓公並不知道，實際上易牙真正愛的只有他自己。他殺子烹肉獻於國君，國君得到的是一頓飯，而他得到的是一個大好前途。

齊桓公腦袋一熱，易牙放下了勺子，走上了政壇。他的廚藝才華沒有在政壇上延續，但他的殘忍卻在政治上展現得淋漓盡致。在權謀鬥爭中，易牙用盡手段。

齊桓公曾問過管仲，易牙是否可以重用。

管仲說：「易牙為了滿足國君的要求不惜烹了自己的兒子以討好國君，沒有人性，不宜為相。請國君務必疏遠易牙、衛開方、豎刁這三個人，寵信他們，國家必亂。」

管仲看人很準，道理講得明明白白，怎奈齊桓公就是不聽。他問的問題，也僅是問問。

人生，總是要對自己的選擇負責。

齊桓公晚年病重時，易牙謀反，他與豎刁等擁立公子無虧，迫使太子昭奔宋，齊國五公子因此發生內戰。一生吃遍珍饈美食的齊桓公最後更是被他們合謀餓死了，不得不令人唏噓。而當齊桓公醒悟，為自己重用易牙而後悔的時候，一切已成定局。

齊桓公死後，易牙更是大開殺戒，曾經強大的齊國，曾經不可一世的霸主，逐漸失勢，國力一落千丈。

由此可見，廚師參政，的確不是誰都行。

毛筆是蒙恬將軍發明的嗎？

眾所周知，蒙恬是「中華第一勇士」，在歷史上，曾兩次擊潰匈奴，立下了赫赫戰功。《史記·蒙恬列傳》記載「是時蒙恬威震匈奴」，「暴師外十餘年，居上郡」。在《太史公自序》中，司馬遷讚嘆蒙恬：「為秦開地益眾，北靡匈奴，據河為塞，因山為固，建榆中。」

正是有蒙恬在，才幫秦始皇解決了外患，在秦統一天下的過程中，收復失地，順利完成大業。這是我們對蒙恬的大歷史印象，一個威風凜凜、戰功赫赫的大將軍。但是，當我們關注歷史的細節，會發現另外一些意想不到的故事。比如說，蒙恬發明了毛筆。

這條消息被挖掘出來之後，讓很多人大吃一驚。在大多數人的一貫印象中，將軍更應該舞刀弄劍，怎麼會鑽研書寫用的筆，甚至還完成了一項偉大的發明？

據說，當時蒙恬被派遣到北方修建長城。在修建過程中，他需要定期向秦始皇彙報，報告修建進度以及邊疆軍情等。

在當時，人們都是用竹籤蘸著墨汁，再寫到竹簡上。但是，竹籤只能夠吸附少量的墨汁，書寫時就會斷斷續續很不方便。一次，蒙恬在打獵的過程中發現了受傷的野兔在逃跑的過程中尾巴在地上拖出了一道血跡。

這一幕給了他很大的靈感，便在野兔的尾巴上剪了一點毛，裝在了竹管中，固定之後，蘸著墨汁書寫。

但是，因為兔毛過於光滑，並不吸墨，就被他丟到了門前石坑中，此事也就此作罷。一段時間後，蒙恬突然發現被丟棄的筆，上面的毛變得很滢潤，而且也更加乾淨潔白。後來他才明白，因為石坑中含有石灰，兔毛在含有鹼性的石灰水中浸泡過之後，油脂就會脫落，對墨汁的吸附能力也更好。

古籍中有一些關於蒙恬發明毛筆的說法。如今能見到的最早記載大約是西晉張華《博物誌》的話：

「蒙恬造筆。」唐韓愈《毛穎傳》中也提到蒙恬伐中山，俘獲毛穎，秦始皇寵之，封毛穎為「管城子」。這裡的毛穎指的就是毛筆。

現今，仍有一些出產毛筆的地區，將蒙恬奉為製筆的鼻祖，一直對其進行祭拜。雖然有史料記載蒙恬造筆，但是，相當程度上是因為當時人們對古代歷史了解少，認知有限。後來考古發現印證了造筆者並非蒙恬。一九五〇年代，長沙的一處戰國時期楚國墓中，出土了一整套書寫工具，其中就有長約二十一公分、直徑約零點四公分的毛筆實物，該毛筆筆頭以優質的兔箭毛製成。

因此，毛筆在早於蒙恬的時期就出現了。蒙恬和蔡倫一樣，不是創造者，而是改造者。

清代學者趙翼在《陔餘叢考》卷十九「造筆不始於蒙恬」中一口氣列舉了蒙恬之前《詩經》、《尚書》、《爾雅》、《說文解字》等古書中出現「筆」字的證據，並且以《莊子》「宋元君將畫圖，眾史皆舐筆和墨」的話，作為上古之筆不是竹製硬筆而是「以毫染墨」的毛筆的證明。另外，西晉太傅崔豹在《古今注》一書中曾寫道：

「自蒙恬始造，即秦筆耳。以枯木為管，鹿毛為柱，羊毛為被。所謂蒼毫，非兔毫竹管也。」

這段文字，提供給我們關於「蒙恬造筆」的大量資訊。首先，從整個敘述來看，蒙恬造筆的故事與前文中的傳說有異，蒙恬所造之筆，並不是兔毫竹管。其次，文中認可了蒙恬造筆的事實，但是，文中所提到的蒙恬造筆，只是毛筆中的一種，被稱為「秦筆」。

關於毛筆的歷史，可以追溯到距今六七千年前的新石器時代，有學者推測，當時的一些文物中就已經出現了軟筆的書寫特徵。線條圓潤流暢，有較為自然的粗細變化。此外，甲骨文中也曾多次出現「聿」

字，字形為手握筆桿，《說文》三下又部：「聿，所以書也。楚謂之聿，吳謂之不律，燕謂之弗。」又「筆，秦謂之筆，從聿，從竹」。

所以，蒙恬非毛筆的創始人，而是改造者。有學者認為，大約是經由蒙恬改造的毛筆，更精緻更便於書寫，且在當時的歷史時期對於毛筆的創造源頭很模糊，便將蒙恬當作了造筆人。

蒙恬雖然只是毛筆的改造者，但這種改造也是極具創造性的，對中華文明的發展產生了重要的促進作用。

古代身分證發明者，最後也死於自己的發明

在生活中，每個人都離不開身分證。乘車出行、住宿、辦理各種手續等都需要出示身分證明。沒有身分證，可謂寸步難行。

身分證登記制度在古代就已有雛形，這個制度的發明者就是商鞅。眾所周知，商鞅在秦國推行了一系列的變法改革舉措，促使秦國完成了一次蛻變，加快了統一天下的速度。

在商鞅變法系列舉措中，連坐就包括了這一條身分登記的制度。

商鞅所創的身分證明叫「照身帖」，是一塊由竹板打磨而成的板子，由官方統一發行，上面燒錄著百

姓的個人資訊，從而方便國家對百姓的管理。

秦國上下的百姓都需要持有照身帖才可通行、住宿。因為當時商鞅變法最重要的一條措施是什伍連坐法，「令民為什伍，而相收司連坐」。當時秦國將民戶按什伍編制起來，五家為伍，十家為什。他們之間互相監督，如有人隱藏不報，就會將其與「奸人」處同等罪罰。所以，在外投宿時，如果沒有照身帖會被認定為沒有合法身分，也有可能是作奸犯科之人，一旦收留其住宿，就會招致罪禍。

後來，在秦孝公去世之後，商鞅遭陷害，被人告發說他要謀反，秦惠文王暴怒，下令逮捕商鞅。商鞅好日子到頭了，只得潛逃，好不容易逃到秦國的邊境，夜間想要投宿，卻被主人拒絕，因為他沒有攜帶照身帖。

情急之下，商鞅提出可以加倍支付報酬，希望可以通融。而主人告知，全國上下推行商鞅之法，留宿沒有證明的人會被治罪。不知道當時商鞅是該心碎還是欣慰。

後來，商鞅無奈，起兵反抗，最終失敗，被車裂而亡。

商鞅用變法讓秦國變得強大，他也因變法而揚名天下。最終也是因為變法而觸犯貴族階級的利益，被逼上了絕路，死於自己所推行的車裂刑罰。

中國第一雙皮鞋是由孫臏發明的

幾乎每個現代人都會購置幾雙漂亮的皮鞋，但你知道皮鞋是什麼時候發明，又是由誰發明出來的嗎？

很多人潛意識裡會認為皮鞋來自鞋匠的發明，但事實上，中國第一雙皮鞋來自於戰國時期，是由著名的軍事家孫臏發明的。

戰國時期的著名軍事家孫臏和龐涓都是鬼谷子的學生，相對而言，孫臏學習成績更好，龐涓嫉妒優等生孫臏，設計陷害他，使他遭受了刖刑，其無法站立，成了殘廢，並被軟禁起來。後來孫臏從魏國逃走，投靠了齊國，成了齊國的軍師。但是因為受過刖刑無法行走，他便讓鞋匠用皮革縫製了高靿皮鞋。整個鞋子的設計分為鞋幫和鞋底兩個部分，成為現代皮鞋的雛形。

這個新設計使得孫臏可以恢復行動，西元前三五三年，孫臏指揮軍隊擊潰了龐涓，大仇得報。孫臏所發明的皮靴和現代意義上的皮鞋有一些差異，卻有著非凡的意義。孫臏也被後世的製鞋者當作祖師爺來供奉，被尊為「製鞋始祖」。

雖然，大多數人所記得的，仍是孫臏的軍事成就，但是他留下給人們的創造性發明，一代一代地延續下來，深入人們的生活。同時，也為中華文明添上了鮮亮的一筆。

權臣霍光發明了內褲

提到霍光，首先浮現在大家腦海中的一定是這幾個名詞：「西漢權臣」、「麒麟閣十一功臣之首」、「霍去病之弟」、「國丈爺」。但你或許想不到，他竟然還是一位發明家，發明的東西沿用至今，造福廣大男女老少。

霍光到底發明了什麼，竟可以在兩千多年的歷史長河裡經久不衰呢？

這得從霍光的身世說起。欲說其弟，先聊其兄。霍光的哥哥霍去病，大名鼎鼎，封狼居胥，氣吞萬里如虎，但他卻是一個私生子。

霍去病的父親霍仲孺，以小吏身分被派到平陽侯家中服役。這傢伙不老實，在服役期間，竟然和府中侍女衛少兒談情說愛，偷嘗禁果，珠胎暗結，最終生下了霍去病。

霍仲孺服役期滿後，竟然拍拍屁股走人了，從此與衛少兒斷了關係，不通音訊，實打實的渣男行徑。不久之後，他更是另娶嬌妻，生下一個孩子，這個孩子便是霍光。

但霍仲孺怎麼也沒想到，衛少兒的妹妹衛子夫在不久後被皇帝臨幸，成為漢武帝的寵妃，最終成為母儀天下的皇后。衛少兒的弟弟衛青，更是成為漢武帝最信任的愛將，名動天下。漢武帝愛屋及烏，對衛子夫的外甥霍去病恩寵萬分，年紀輕輕便讓其成為手握兵馬萬千的將軍。

霍去病長大成人後，才得知自己的身世，但由於軍務繁忙，他一直未來得及去探訪自己的父親。直到他被封為驃騎將軍，前去攻打匈奴，路過河東時，才得與霍仲孺相見。

本以為霍去病會報復父親對他的遺棄，未承想他以德報怨，為霍仲孺買了大量的田地、房宅、奴婢。打敗匈奴之後，霍去病得勝還朝，又經過河東，便把十幾歲的異母弟弟霍光帶到了長安。

霍光來到長安後，因為漢武帝對哥哥霍去病的寵愛，他也官路亨通，從郎官到曹官再到侍中，一路火速升官。霍去病去世時，他已升任為奉車都尉、光祿大夫等，侍奉陪伴在漢武帝身邊。

霍光出入禁宮二十餘年，竟然未曾犯下一錯，得到了漢武帝的信任。由此可見，霍光不僅僅是靠著哥哥的庇蔭關係才能飛速提昇，他自身的能力也非同一般。

漢武帝病危之時，託孤於霍光，任命其為大司馬大將軍，和金日磾、上官桀、桑弘羊一同輔佐時年八歲的劉弗陵，即後來的漢昭帝。

四位顧命大臣中，霍光與金日磾、上官桀兩家都有姻親關係，霍光的女兒分別嫁給兩家的兒子為妻。此時霍光在政黨之爭中已處於不敗之地。不久之後，金日磾病逝，朝堂之上只剩霍光、上官桀、桑弘羊三大話事人。

即便是兄弟關係，涉及利益尚且反目，更何況是親家呢？上官家與霍家便是如此。上官家想將霍光的外孫女上官氏嫁給漢昭帝為後，遭到霍光的反對。於是上官家惱羞成怒，去疏通長公主的關係，成功將上官氏扶上皇后大位，上官家成為皇親國戚。

投之以桃，報之以李。上官家得到自己想要的政治資本，自然要回報蓋長公主，於是推薦蓋長公主的情夫丁外人為封列侯和光祿大夫。霍光一身正氣，自然不許，加上此前他多次拒絕讓上官家的親戚封官，至此兩家徹底反目，結怨成為政敵。

權力之爭，不是你死便是我亡。上官家聯合蓋長公主、燕王劉旦以及輔政大臣桑弘羊等人，共同結盟，意圖除掉霍光。於是乎，他們趁著霍光休假，假託燕王名義，上書誣陷霍光有不臣之心。只待漢昭帝一聲令下，便內外接應，一舉擒殺霍光。

沒想到十四歲的皇帝竟然識破陰謀，下令讓霍光徹查此事，嚴懲幕後之人。上官家等人見此計不通，怒從心頭起，惡向膽邊生，便要起兵造反，誅殺霍光，廢黜昭帝，擁立燕王。

理想是美好的，現實是骨感的，密謀洩漏，上官桀、桑弘羊等人被霍光反殺，蓋長公主、燕王自殺。從此，霍光走上權力的巔峰，朝堂之上只有他一人說了算。

漢昭帝的政治眼光毒辣，選擇站隊霍光，才能繼續安安穩穩坐在皇帝寶座上。但此時大漢帝國的實際話事人還是一言九鼎的霍光。或許是時刻擔心自己帝位不保，甚至身首異處，漢昭帝憂心忡忡，身體不佳，子嗣全無。

霍光見到皇帝病懨懨的身體，焦慮萬分。他的焦慮，或是真心為皇帝身體考慮，抑或是擔心皇帝駕崩，權力交替，政權不穩，影響自己掌控朝堂。

於是他開始干涉後宮，控制漢昭帝的房事，強令宮中所有妃嬪和宮女穿上他特製的連襠褲，就是在原開襠褲的基礎上，用帶子將襠部密密麻麻縫緊，以此來禁止她們和昭帝同寢，歷史上第一條內褲應運而生。

即便是霍光如此努力，千方百計讓漢昭帝只臨幸自己的外孫女上官皇后，以此促進外孫女誕下龍子，保證霍家血脈能夠繼續掌控大漢王朝。但直到漢昭帝臨終之前，都沒能留下血脈。

漢昭帝駕崩之後，由於其沒有兒子，霍光便擁立昌邑王劉賀為帝。二十七日後，霍光又以其荒淫無道為由，將之廢除。隨後擁立流落民間的武帝曾孫劉病已為帝，即漢宣帝。此後直到霍光死去，他都一直獨攬朝廷大權，成為權臣。霍光效法殷商伊尹，行廢立天子之事，後人便合稱他們為「伊霍」。

霍光沒有想到，他死之後，霍家便被皇帝以造反的名頭滅族了。他更沒有想到的是，他的一次小發明，可以沿用兩千年。但今人很難想到，內褲的發明竟然是因為一場政治博弈，涉及權謀鬥爭。或許如同那高懸夜空的一輪明月，古代流傳著嫦娥奔月的傳說，是詩人筆下的浪漫，是詞人的寄情之物，如今成了人類研究駐足的星球。月亮的地位隨著歷史的程式在人類眼中不斷改變，更何況是一條內褲呢？正是今人不見古時月，今月曾經照古人。

改進了造紙術的蔡倫是因為宦官干政而死的

提起古代四大發明，幾乎無人不知，無人不曉。造紙術作為四大發明之一，對文明的傳承和發展有著至關重要的作用。

也正是因為造紙術，讓蔡倫這個人物婦孺皆知，青史留名。但大部分人記住的，只有他的造紙術，而對他的人生軌跡知之甚少，也因此忽略了他的另一個側面，只保留了一個偉大而光明的標竿形象。

蔡倫生於東漢初期的一個鐵匠世家，從小習《周禮》，讀《論語》，滿腹經綸，才學出眾。同時，他的動手能力也很強，冶煉、鑄鐵、養蠶樣樣精通。

相傳，在永平末年，經由一位相識的鐵官推薦，蔡倫進入皇宮，成了一名宦官。由此，他離開了父母，也離開了故土，開始在宮廷當差，開啟了另一段人生。起初，蔡倫官職低微，只是在皇宮旁舍嬪妃所居的掖庭當差，是個普普通通的基層工作者。不過他人很勤快，又很機靈，幾年之後，就得到了提升，成為可以出入皇宮、傳遞詔令的宦官。隨著官位越來越大，他的才華和野心也都漸漸展露出來。

當時漢章帝的竇皇后無子嗣，所以會用盡手段打壓懷有龍子的妃嬪。蔡倫看到了機會，成為竇皇后的神助攻。

在竇皇后的授意下，蔡倫誣陷太子劉慶的母親宋貴人「挾邪媚道」，逼她自殺，並將太子廢為清河王。緊接著又陷害皇子劉肇的母親梁貴人，並將劉肇搶了過來當成竇皇后的兒子，助其成為太子。

在這一系列操作之後，蔡倫成為竇皇后的心腹。經過多年運籌，他的權力越來越大，到漢和帝即位的時候，他已經升遷為中常侍。漢和帝剛即位時，年齡尚小，蔡倫服侍過的竇皇后成為皇太后，並把持著朝政。也因此，蔡倫走上了他的人生巔峰，開始參與朝政。

東漢後來的滅亡與宦官有著密切的關係，而蔡倫也正是宦官干政的源頭。

在政治的漩渦裡摸爬滾打多年的蔡倫，深諳這宮中權力之道。在竇太后去世後，蔡倫開始擔憂自己的地位不穩，便想著為自己尋找新的靠山。他看準了風向，又投靠了新的主子鄧皇后。

這位鄧皇后和竇太后風格完全不同，她是個才女，喜歡舞文弄墨，生活素簡，不喜鋪張浪費。就比如，她希望用更省錢、質地更好的紙張來寫字畫畫。

皇后的訴求就是機會，而且蔡倫從小聰慧，動手能力強，於是自告奮勇開始專心研究，改進造紙術。

他總結前人的經驗，精心製造出物美價廉的優質紙張。也正是這一舉動，讓他青史留名，對世界的文明發展產生了深遠的影響。

人生的高低起伏，總是很難預料。也就是在他成功改進造紙術，邁向新輝煌的這一年，漢和帝早逝，鄧皇后成為鄧太后。這個可憐的女子在失去丈夫兩年之後，又失去了唯一的兒子。

鄧太后的不幸直接帶來了蔡倫的不幸。因為，皇位需要有人繼承。最終，十三歲的皇姪劉祜成為新任小皇帝。

劉祜正是清河王劉慶的兒子，風水輪流轉，屬於劉慶這一脈的皇位又回來了。這可嚇壞了蔡倫，因為當年劉慶失去太子之位，以及劉慶之母宋貴人被害，都與蔡倫脫不開關係。

好在當時小皇帝即位，實權仍掌握在鄧太后手中，蔡倫的好日子還沒走到頭。後來還被奉為「龍亭侯」，成了王公貴族，之後又擔任了長樂太僕。本質是一人之下，萬人之上。

但那段日子蔡倫過得並不踏實，因為他明白，一旦漢安帝親政，也就意味著自己的路走到頭了。而這一天遲早會到來，畢竟出來混總是要還的。

西元一二一年，鄧太后離世，漢安帝親政。

蔡倫預見了可能要面對的暴風雨，他將失去一切，甚至可能承受難以想像的痛苦。所以，在這一切發生之前，他要由自己做個了斷，他服毒自殺，為自己保留了最後的體面。

歷史大浪淘沙，千百年後的人們，更多的記住了他改進造紙術的功績。這應當是歷史的仁慈。

諸葛亮不光是個智謀出眾的軍師，還是個偉大的發明家

受文學作品《三國演義》的影響，人們對諸葛亮的一貫印象是機智聰明，能掐會算，鞠躬盡瘁，輔佐劉備一路建功立業，是一位非常優秀的謀士。

而現實中，諸葛亮也是個非常厲害的發明家，產量還很高。除了人們眾所周知的木流牛馬和孔明燈之外，還有不少偉大的發明，比如饅頭。

據記載，諸葛亮平蠻回至瀘水，風浪横起兵不能渡，回報亮。亮問，孟獲曰：「瀘水源猖神為禍，國人用七七四十九顆人頭並黑牛白羊祭之，自然波浪平靜境內豐熟。」亮曰：「我今班師，安可妄殺？吾自有見。」遂命行廚宰牛馬和麵為劑，塑成假人頭，眉目皆具，內以牛羊肉代之，為言「饅頭」奠瀘水，岸上孔明祭之。祭罷，雲收霧卷，波浪平息，軍獲渡焉。

古代非常重視祭祀，祭品也是五花八門，甚至有可能用人頭祭祀。諸葛亮覺得為了祭祀而殺人太過殘忍，於是便命人和麵做成假人頭的模樣，並用牛羊肉作為填充，以此來祭祀瀘水，並將這種祭祀之物稱為「饅頭」。饅頭祭祀也逐漸流傳並沿用下來，後來饅頭也作為一種食物，出現在人們的餐桌上。

從史料的記載中，就可以看出，諸葛亮所發明的「饅頭」是帶餡的，相當於我們今天吃的肉包子。元代古籍《居家必用事類全集》中記有多種饅頭：「平坐小饅頭（生餡）、撚尖饅頭（生餡）、臥饅頭（生餡，春前供）、捺花饅頭（熟餡）、壽帶龜（熟餡，壽筵供）、龜蓮饅頭（熟餡，夏供）、葵花饅頭（喜筵，夏供）、毯漏饅頭（臥饅頭口用脫子印）。」從中可以看出，當時這種帶餡的麵食也稱為饅頭。

諸葛亮發明孔明燈，這是眾所周知的。時至現代，也仍有人會放孔明燈用來寄託美好的願望。但是諸葛亮最初發明孔明燈是用於軍事的，用來傳遞消息搬救兵。而且，孔明燈的發明最重要的意義在於，諸葛亮是世界上第一個發現並使用熱氣球空飄原理的人。

不僅如此，諸葛亮還發明了孔明棋、諸葛弩、八陣圖等，更有傳言烤魚、鍋盔、大頭菜也是諸葛亮發明的。總之，這位偉大的發明家為我們留下了豐富的文化遺產。

宋體竟然是秦檜發明的

提到秦檜，人們腦海裡會自動浮現出賣國賊、大奸臣的標籤。他也自然而然地成了影視劇中的反派典型。

但若是仔細地研究秦檜這個人，就會發現，在他身上除了我們所熟知的大事件，還有一些令人意外的細節。

比如說，他發明了宋體。

當時，在來往的公文中，秦檜發現各地的公文字型很不規範，便想著做一些統一的規範。他對宋徽宗的字研究得很深，於是，在徽宗所創的字型之上進行了改造，形成了一種全新的字型，字型的結構很工整，並且簡單易學。於是開始使用這種字型來書寫公文提交奏本。

這個新字型很快引起了徽宗的注意，並下令將秦檜的書寫作為模板，用作全國統一的公文書寫字型。

此後，宋體得到了快速推廣，並廣泛使用和傳承下來，時至今日，仍在我們日常辦公中被廣泛使用。

你看，如此十惡不赦的罪人，卻還有這樣不小的貢獻。

這其中有一個值得注意的問題，就是宋體的命名。因為按照我們國家書法界的慣例，歷代都會使用創造者的名字或者代表人物的姓氏來命名字型。例如，顏真卿創造的字型叫顏體，柳公權創造的字型叫柳體，那麼按照這個規律來推演的話，秦檜創造的字型應該被稱為秦體。但它最後偏偏被稱為宋體。

關於這個問題，有這樣一種說法，因為秦檜在擔任了南宋的宰相以後，陷害忠良，通敵賣國，被視為千古罪人，惡名遠播。所以人們對其極為仇視，在其下獄之後，人們雖然仍在沿用他創造的字型，卻並不以他的名字命名，而是以創造的朝代命名，也就是宋體。

秦檜除了發明了宋體之外，還和著名的女詞人李清照是親戚。

秦檜的夫人姓王，其父名為王仲山，祖父叫王珪。王珪曾任宰相，只是並沒有做出明顯的成績。

王珪是李清照的外祖父。王珪有五個兒子和四個女兒。秦檜夫人的父親，是王珪的第四子。

李清照比秦檜大了六歲，如果按親屬關係來算，李清照應該算是秦檜的表姐。不過，歷史上並未記載二人有過交集，或是兩家本身沒有什麼交往，又或者滿腔愛國熱情的李清照，不屑於和秦檜交往，即使後來入獄，也未曾想過要向秦檜求助。

關於秦檜，還有一則故事值得了解。

我們現在常吃的早餐油條，早期也叫「油炸檜」或者「油炸鬼」。顯而易見，這也與秦檜脫不了關係。

當初，秦檜賣國，並以「莫須有」的罪名謀害了岳飛父子，百姓對秦檜和他的妻子王氏恨得咬牙切齒。當時風波亭附近有一家專賣油炸食品的店鋪，在得知岳飛被秦檜夫婦所害之後，怒火中燒，拿起手中的麵糰，捏成了一男一女的形狀，然後拿起面刀，在上面一刀又一刀地切下去，最後將它們背靠背放在一起，扔到油鍋裡去炸，並叫喊著「油炸秦檜」，以此洩憤。百姓聞聲，紛紛趕來捧場。此後，人們爭相效仿，油條在各地熟食攤上一直流傳至今。時間久了，人們就慢慢把它稱作油條。不過現在有一些地區，仍在沿用「油炸檜」的叫法。

秦檜的罪行受後世唾棄，但他丟失的尊嚴卻被他的後輩拾起。

秦鉅是秦檜養子秦熺的後代，按輩分應當算是秦檜的曾孫。秦鉅文武雙全，聰慧勇猛，能力超群。但是，因為其身分問題，一直沒能得到重用。滿腔報國情懷無處施展。

嘉定十年（西元一二一七年），金兵撕毀了與大宋的協議，再一次入侵，讓大宋陷入危機。宋寧宗急召大臣商量對策，想要挑選一位優秀的將領來對抗金人的入侵，但始終沒有合適的人選。

後來，一位老臣推薦了智勇雙全的秦鉅，並堅稱他一定能擊退金兵。但這一提議引得朝中一片譁然。畢竟，他的祖上沒幫後輩積德。

有人提出，秦鉅是秦檜的後代，任用惡人一定會危害國家。但也有人認為，用先人的道德水準來評判後人，這的確存在偏見，更何況大敵當前，正是用人之際，著實不該如此苛刻。

兩種觀點僵持不下。最後，宋寧宗找到了一個折中的策略，他幫秦鉅安排了一個不大不小的官職，並另選了一位主將。這樣，既能夠發揮秦鉅的長處，同時又能避免秦鉅帶來的風險。

滿腔報國熱情的秦鉅非常珍惜這一次機會，在接到任命之後就帶著全家奔赴蘄州赴任。

到任之後，他面臨著巨大的壓力。一面是金兵來襲，戰爭一觸即發，一面是百姓和士兵將自己的滿腔憤怒都指向了他，只是因為他是秦檜的後人。但是，秦鉅把精力用在實處，認真地訓練士兵，修築防禦工事，關愛百姓，也漸漸地贏得了百姓的認可。

嘉定十四年（西元一二二一年），金兵入侵蘄州，秦鉅與郡守李誠率領將士拚死搏鬥。然而，當時秦鉅只有三千兵力，雙方力量懸殊，無異於以卵擊石。

大敵當前，秦鉅一面向朝廷發出增援的請求，一面奮力抵抗。就這樣持續了一個月，援兵仍是遲遲未到。

後來，因為城內有人偷偷逃出城，使得金兵趁機破城而入，死傷慘重。金兵到處放火，火光四溢，濃煙滾滾。

有人拉著秦鉅逃命，但他卻帶著家人投入了熊熊烈火中，以身殉國。

後來，當地百姓為了紀念秦鉅的忠勇，為他建了「詠烈堂」，宋寧宗親自御題「褒忠」二字，封他為「義烈侯」。

雖為秦檜的後代，但他無愧於民族，重拾了祖輩丟失的尊嚴。

清朝名將年羹堯的哥哥是跨界王者，科學、醫學成就斐然

清朝將領年羹堯戎馬一生，曾立下赫赫戰功，在歷史上留下了威名。他的形象也經常出現在影視劇中。

隨著《甄嬛傳》熱播，華妃娘娘的形象更是深入人心。華妃這個角色，正是以年羹堯妹妹敦肅皇貴妃為原型塑造的。

在真實的歷史上，關於年羹堯的家族，還有一筆讓人們忽略的精采，那就是年羹堯的哥哥年希堯。他是個優秀的科學家，也是醫學奇才，此外還有很多可圈可點的才能。

年家兄妹之所以如此優秀，相當程度上要歸功於家學淵源。

年羹堯祖籍安徽懷遠，祖上後來遷居到遼東北鎮。在順治年間，年羹堯的祖父年仲隆考中了進士，進入漢軍鑲白旗。後來曾就任和州也就是如今安徽和縣的知州。

在祖輩的艱苦奮鬥中，年家也逐漸興旺發達起來。

年氏兄妹的父親年遐齡起初只是負責抄寫滿文漢書，後來逐步升遷，成了一名封疆大吏，一生清廉，政績斐然。

再後來，年遐齡的小女兒成了雍親王胤禛的側福晉。胤禛即位後成了雍正皇帝，側福晉年氏深得聖寵，被封為貴妃。年羹堯更是戰功赫赫，成了威震朝野的大將軍。

而大哥年希堯則是在科學、醫學等方面創造了豐碩的成果。

起初，年希堯也從政，和他的父親一樣，也是從筆帖式做起的。後來一度成為廣東巡撫和工部侍郎，成了朝廷二品大員。

但是年希堯並不精於做官，雍正皇帝評價他「有傻公子的秉性」。

也許，正是這種天然呆的秉性，才使他在後來投入研究，著書立說。

按照原有的軌跡，如果一切如常，年希堯可能會做一輩子的官，過著富貴舒服的官家日子。

但命運偏偏無常，殘酷地收回了年家的榮耀。

雍正三年（西元一七二五年），年羹堯失寵，被解職。後來又被列出九十二條罪狀入獄。緊接著，他們的妹妹年貴妃病逝。

曾經風光一時的年氏家族，頹然崩塌。

年羹堯倒臺，整個家族都受到了株連，年希堯也被免職。

但不久後，年希堯再次被雍正皇帝起用，任命他為內務府總管，管理皇家的衣食住行。

經歷了官場沉浮後，年希堯對人生有了新的領悟。人生之追求，不一定非要是仕途，還可以有另一種精采。

於是，他一頭扎進書中，開始了鑽研之路，在朝堂之外探尋世界的祕密和人生的價值。

年希堯對中醫很有研究，經常與友人討論醫藥，遇到新的醫方就記錄下來。後來他還編著出《集驗良方》六卷，其內容涵蓋養生、急治、中風、預防中風、傷寒、感冒等五十餘類，具有非常高的醫學價值。另外，還編著了《本草類方》十卷，將《本草綱目》中的複方分為一百多類，每類都分別列出病症及其所用的方藥，至今仍有出版。

年希堯愛好音樂，喜歡古琴，曾拜在揚州琴家徐常遇門下，成為廣陵琴派傳人之一。他還對當時通用的韻書字典《五方母音》進行了研究和增補。

書畫同樣是年希堯心頭之好，他繪畫技藝精湛，善於繪山水和花鳥。他的畫作仍有不少存世。

在歷史研究上，年希堯也同樣取得了不小的成果。他依據朱熹的《通鑑綱目》編撰了一本關於歷史年代體系的《綱鑑甲子圖》。這本書被歐洲翻譯為《中國歷史年表》，西元一七二九年在羅馬出版，引起歐洲漢學家們的廣泛關注。

在醫學、美術、音樂、歷史等方面步步開花的年希堯，可謂是一個優秀的跨界者。但他所涉獵的還不止這些。凡是他感興趣的東西，總會思索出點門道，做出點成績。

年希堯為官期間，曾被任命為景德鎮的督陶官。本著鑽研到底的精神，年希堯又對陶瓷下手了。當時琺瑯彩瓷都是從國外進口的，為了解決這個問題，年希堯不斷研究新技術，終於研究出了製取原料的方法，並在原有的基礎上做了更新，增加了十多種釉色。在他主持下燒製的瓷器也被稱為「年窯」。《陶錄》上稱他管理窯務時「選料奉造，極其精雅」。

年希堯的跨界之路，並不止於此，他對數學也有一定研究。

清代記述中國歷代天文學家和數學家的傳記集《疇人傳》中，就曾記載了年希堯在數學方面的成就。他的數學著作有《測算刀圭》三卷，包括《三角法摘要》、《八線真數表》和《八線假數表》各一卷，另有《面體比例便覽》一卷，介紹了器物容積計算方法等方面實用的知識。

年希堯還寫了一本《對數廣運》，首次把對數表這種現代的數學工具引入清朝。清代數學家梅文鼎對他由衷欽佩，稱他「手製小渾儀測算諸器，羅列幾案，並極精好，輝映座間。公臨下以簡，庶務多暇，亦親承誨迪，觀其所藏奇器奇書，日聞所未聞」。

因為喜愛數學，年希堯還特地向西洋畫師郎世寧學習透視知識，並得到了一本講述透視學的書。年希堯對此產生了濃厚的興趣，於是繼續研究。很快，他不僅洞悉了原著的要義，而且還有了一些自己的見解。他將這些精粹創作成書，也就是後來聞名於世的《視學》，該書於西元一七二九年出版。

他在《視學》一書中，繪製了十幅焦點透視畫闡述透視原理。它運用幾何學、光學等自然科學知識，在平面上更真實地展現出物體的立體形態。

如今廣泛使用的「地平線」、「視平線」等術語，就是年希堯在《視學》中發明的。年希堯精益求精，非常具有鑽研精神。在《視學》出版之後，他覺得自己研究得不夠深入，於是便繼續鑽研，和郎世寧

「往復再四，究其源流」，並翻閱古籍，尋找資料，經「苦思力索，補縷五十餘圖，並附圖說」，在西元一七三五年出版了修訂版本。

年希堯一生大起大落，所愛之事，一一嘗遍，而且都鑽研出了斐然成果。他的成就，有天分，有機緣，但更重要的是熱愛和執著。

雖然年希堯的光環被弟弟年羹堯遮蔽，但他所學所創將世代流傳。於己，不枉此生，於後世，則是留下了珍貴的財富。

大明最奇葩宰相為了辭職寫了一百二十三封辭職信

歷史上的勤政皇帝有很多，誰能排上第一名，一時間也很難有定論。但是要論懶政第一名，有一位皇帝可謂牢牢地坐穩了這頭把交椅。他就是萬曆皇帝。

萬曆皇帝因為懶，還創造了一個前無古人、後無來者的紀錄。就是他長達三十年不出宮門、不理朝政，即「不郊、不廟、不朝、不見、不批、不講」，堪稱宅男鼻祖。

荒誕的時代，懶惰的皇帝，也必然會催生出一些獨特的故事。

正常來講，老闆不上班，員工一定很自在，快樂摸魚，薪水照發，但事實並非如此。皇帝有權力卻撒手不管，朝政也就癱瘓了。這也直接導致該升職的官員升不了職，該退休的官員退不了休。每個人都尷尬地杵在那裡。

雖然朝廷的政治氣氛很糟糕，但並不是每個人都願意渾水摸魚，還是有有識之士，會盡職盡責地去為官施政，就比如李廷機。《明史》記載，他「遇事有執，尤廉潔，然性刻深，亦頗偏愎，不諳大體」。

李廷機從小勤奮好學，有學識，有才華，有正義感，也有責任感。在萬曆十一年（西元一五八三年）的科舉考試中考了個第二名。其實，以他的才學，很有可能考第一名的，但是在最終考評時，有人從中阻撓。《明朝百家小傳．李九我傳》就曾記載：

「李廷機字爾張，號九我，晉江人，少長京師。庚午領順天解元。中瑤泉少師慕公名，留為館賓，轉館於董宗伯家，歸而退居深山，不事干謁，凡五科至癸未會試又第一。中少師正當國，欲以鼎元與之。東閣某謂三元不可輕評，乃以朱養淳國祚為狀元，賜廷機榜眼及第。」有人說是當時的宰相申時行沒有把狀元評給李廷機，從史料上來看，「東閣某謂三元不可輕評」，也就意味著從中阻撓者另有其人。

不過，雖然錯失了第一名的好成績，但這並不影響李廷機施展抱負。畢竟，科舉不是終點，而是通往理想的大門。總之，政治的大門，他算是進去了。

此後，李廷機進入官場，不管別人怎麼混日子，他始終堅守自己的原則。不管世界亂成什麼樣，都與他無關，李廷機有自己的節奏。

他在南京任職期間，整頓商業，恢復當地經濟。在浙江負責會試的時候，嚴肅考風，杜絕作弊，同時還推薦給朝廷許多優秀的人才。在朝中禮部為官時，為官員謀福利。他本人則是清廉剛正，又樂善好施。但凡遇見乞討者，都會伸出援手，自己的日子卻過得一貧如洗。

也許李廷機的廉政和能幹，感動了懶宅的萬曆。又或許，懶皇帝本身就很需要這樣的勤快人幫他做事情，這樣可以更加放心地躺平。萬曆三十四年（西元一六〇六年），李廷機被提拔進入內閣，做了宰相。

人們也許會想，在更高的職位上，李廷機可以大展宏圖，甚至連他自己最初也可能是這麼想的。可是真正進入內閣之後，他看到了這個王朝真正的面目。中央官員大量空缺，每天來自全國各地的奏摺堆積如山，可萬曆皇帝從來不看。眼不見，心不煩。不缺吃穿的皇帝每天過著躺平的日子。

原本的朝政已經足夠糟糕，雖然皇帝什麼都不管，但朝中的政治紛爭從未停歇。東林黨勢力日漸壯大，一心想要換掉這個有能力又不站隊的宰相，讓自己人做宰相。所以，這些人集結在一起，隔三差五寫奏摺彈劾他，變著法地造謠他。

越是靠近權力中心，越是令人失望。所以，李廷機不做了。他準備遞上辭職信，做好離職交接，一走了之。

他知道這個皇帝有點懶，所以多寫了幾份辭職信，想著有個三五份總是能批下來的。他還把自己的住所捐給了窮人，自己搬到了廟裡住，就等著辭職手續辦完離開，足以見得他辭職的決心。

但他低估了萬曆的懶惰程度，五封辭職奏本遞上去，連個水花都沒濺起來，毫無回音。李廷機也沒放棄，萬曆不批覆，他就一直寫，寫到皇帝批覆為止。就這樣，他在破廟裡度過五個春秋，寫給萬曆皇帝一百二十三封辭職信。不得不說，李廷機的「命題作文」寫作程度，真是無出其右。

結果，還是沒有結果，萬曆從未批覆。他倒是得了個「廟祝閣老」的名號。李廷機的耐心徹底被耗光了，最後徹底撂挑子，炒掉了皇帝，跑回了老家。這種做法的直接風險就是：如果朝廷追究，李廷機會因抗旨而獲罪，甚至有殺頭的可能。但李廷機顧不得了。

不過，好在萬曆足夠懶惰，朝廷大事小情堆積如山，他都不管不問，所以更懶得去追究這位落跑宰相的責任。在李廷機去世之後，萬曆竟然罕見地勤快了一次，賜贈他少保頭銜，諡「文節」。

李廷機這一生，曾有熱血，曾有失望，但是在那個烏煙瘴氣的王朝裡，他沒有同流合汙，而是堅守本心，在自己力所能及之處發光發熱。他拯救不了昏暗的政治、腐朽的王朝，但是他無愧於己，亦無愧於歷史。

第三篇　那些文人墨客不為人知的另一面

曾經滄海難為水的深情終究是可以裝的，粒粒皆辛苦的憐憫終究是可以變的，歷史的車輪碾過，我們對那些人與事的了解，又有多少是片面的？

鑿壁偷光的匡衡最後竟因貪腐被免職

「鑿壁偷光」是我們小時候就耳熟能詳的故事，它往往和「囊螢映雪」這個故事搭配出現。《西京雜記》卷二：「匡衡字稚圭，勤學而無燭，鄰舍有燭而不逮。衡乃穿壁引其光，以書映光而讀之。」

這個故事很簡單、很勵志，它講的是貧苦人家的孩子匡衡，從小為了讀書，鑿穿了牆壁，借鄰居家的燭光來讀書的事蹟。足以見得，其在學習上是何等發奮刻苦。長大後的匡衡也的確如人們所預測的那般，非常勵志地完成了人生的翻轉，縱然仕途之路並不順利，但匡衡有著足夠的韌性。他經過了九次考試，中了丙科。不過經過這九次考試，他累積夠了運氣。當時還是太子的漢元帝，在看到了匡衡對《詩經》的見解之後非常喜愛，也很欣賞他的才華。

後來，在漢元帝即位之後，匡衡就得到了重用，一步步被提拔，官至宰相。後來匡衡在漢成帝時期仍是擔任宰相一職。

據《漢書．匡張孔馬傳》記載，匡衡在輔佐漢元帝和漢成帝兩位君王的時候，經常會向皇帝進言，勸諫他們不要沉迷於享樂，而是要勤儉愛民，並從《詩經》中引經據典來跟他們講道理。兩位皇帝都非常尊重並且信服匡衡。

如果只看這一面，這是一個絕對勵志、絕對典型的完美故事，值得讚頌，值得廣泛傳播，堪為勵志典型。

可真實的世界往往是殘酷的，人心也總是複雜的。

官場就是一個江湖，匡衡非常珍惜來之不易的官途。所以，在官場的摸爬滾打中，他一邊為朝廷發光發熱，一邊習得了不少官場上結黨營私的手段，他接受了宦官石顯一派的拉攏，排除異己。

匡衡晚年，又與同僚反目，彈劾石顯一派。而政敵們自然也會不遺餘力地挖他的黑歷史。《漢書．匡張孔馬傳》裡詳細地記載了他「專地盜土」的事。

當時，匡衡被漢元帝升任宰相，賜為樂安侯，他的封地就在臨淮郡僮縣樂安鄉。而臨淮郡在繪製郡圖的時候畫錯了邊界，多畫了四百頃給匡衡。

在漢成帝即位後，全國統一重新繪製郡圖，這時候有人發現臨淮郡的郡圖繪製錯誤，並將這件事情上報到丞相府。

匡衡沒有直接做決策，而是將這個球踢給了曾經負責臨淮郡郡圖繪製的主簿陸賜。他說：「主簿陸賜過去擔任奏曹，通曉劃分封地邊界的事情，現在擔任集曹掾。」

而陸賜的態度是，郡圖邊界的變動事關重大，最好是請丞相向皇帝請示。

這樣的結果顯然不是匡衡所期待的，不然，他大可以直接下令修正，或者向皇帝請示。

匡衡對這件事的最終表態是，這麼小的事情不應該去驚動皇帝，況且如果將郡圖修正，那正是指出前任主簿陸賜的錯誤，這會使他陷於尷尬境地。所以將錯就錯，把郡圖改了。而匡衡則是為了不讓別人為難，自己「忍痛」繼續享有多出的四百頃地，做個堂而皇之的地主。

漢成帝得知此事後，嚴懲了匡衡，將他貶為庶民。這位充滿勵志色彩的兩朝宰相，從巔峰回到了谷底。

歷史是真實的，有時候甚至帶著一點殘酷，但這也正是它的有趣之處，即使它會摧毀你的一貫認知。

其實，「毀童年」的故事，不止這一個。

就像我們所熟知的「孔融讓梨」。四歲的孔融就懂得謙讓的美德，在吃梨子的時候選擇了小的，把大的留給哥哥吃。

但這個故事，還有後半部分。

孔融長大後，有一次家中來了一個名叫張儉的人，當時中常侍侯覽密令州郡捉拿他。此人是孔融兄長孔褒的好友。當時孔褒並不在家，而孔融則自作主張地收留了他。不久，東窗事發。孔褒和孔融也被捉入獄。

最後，官員需要處死一人來承擔此次窩藏罪犯的責任。孔融和孔褒兄弟二人爭相承擔罪責。因為孔融從小讓梨給孔褒，這一次孔褒承擔了罪責，最後官員判孔褒死刑。

孔融是孔子的第二十世孫，也是「建安七子」之一。很多人都會認為，自幼就如此謙讓，又是孔老夫子的血脈傳承，那麼孔融也必定是一位溫潤如玉的謙謙君子。

尤其是在父親孔宙去世後，孔融悲痛欲絕，傷心得難以站穩，需要人扶起。這件事當時也傳遍了整個州縣。這樣一個人，必定是仁義慈孝的。

但事實上，孔融是個個性青年。他曾與曹操共事，但是言辭耿直，能言善辯，常惹曹操生氣。《後漢書．孔融傳》中記載著這樣一件事，在建安年間，天災和戰爭輪番的洗劫，造成了糧食短缺。糧食是頭等大事，為了解決這一問題，曹操召集團隊開會，並頒布一條禁酒令。因為釀酒需要消耗很多糧食，禁酒便可以在一定程度上緩解糧食緊缺的問題。

對於此項提議，眾人一致點讚。唯有孔融很不給面子，跳出來指出：自古都說女人是紅顏禍水，為何不把女人也禁了？這口才，放到現代，或許能在辯論大賽拿個好成績。

眾人啞然，曹操無言以對，但在心裡的小本子上又記了孔融一筆。

像這樣的事情可不止一次。孔融滿腹才學，又很聰明，但就是很不會講話。曹操一直忍耐，尋找一個讓孔融徹底閉嘴的方法。

這個機會，並不難找。

孔融發表過「父之於子，當有何親？論其本意，實為情慾發耳。子之於母，亦復奚為？譬如寄物缶中，出則離矣」的言論，他認為，子女不過是父母情慾的產物，豈有恩情可言。很難想像，這樣的話竟是出自那個能讓梨，能為父親的離世哭到無法站立的人。

當時以「孝」治天下，「不孝」是為大罪。孔融就這樣以「違天反道，敗倫亂禮」的罪名被處死，並滅了滿門。

血淋淋的歷史告訴我們，天狂有雨，人狂有災，做人還是要低調。無論你在追夢的路上走多遠，記得守護好自己的初心，別丟了最初的自己。

魏晉時期的名士竟然有一種學驢叫的癖好

學驢叫這種奇特行為，披上了魏晉風流的殼後，就成了一種小眾藝術。將這種藝術推向頂峰的人物叫做王粲。有人為金錢迷醉，有人為權力傾倒，有人為美色沉淪，而王粲則為驢鳴痴狂。每當他聽到驢叫的時候，整個人的靈魂就好像得到了淬鍊，讓他沉迷此間不能自拔。

王粲在建安時期屬於大明星中的一員，被劉勰稱為「七子之冠冕」，像這種頗具影響力的人物，足能引起一種新藝術的風潮。礙於當時與人溝通的方式太過單一，王粲也只能跟自己的好友當面按頭推坑，才將這種藝術小範圍地推廣了一下。試想一下，如果當時就有網路，按照王粲對驢叫的痴迷，他肯定會親自譜曲，然後在全國流量最大的音樂網站上上傳一曲〈學驢叫〉，再找他的好友們一起宣傳，對著自己的粉絲洗腦，讓他們認同自己的藝術。

曹丕是王粲的頭號粉絲，也是對他的藝術最為推崇的人。作為數不多能私聯偶像的人，曹丕秉著偶像做什麼都對的原則，經常在宴會上與王粲一起學驢叫，將別人的笑聲視作最大的誇讚。

或許曹丕的內心活動是這樣的：看，跟著偶像學驢叫，我就是這場宴會上最酷的人。

所以說，這種在我們現在看來比較奇葩的行為，也是在名士遍地走的魏晉時期一種非常好的爭名聲方式，俗稱「炒作」。

可惜王粲英年早逝，曹丕十分傷心，於是他為王粲準備了一場別開生面的主題追悼會。據《世說新語·傷逝》記載：「王仲宣好驢鳴。既葬，文帝臨其喪，顧語同遊曰：王好驢鳴，可各作一聲以送之。」

這裡驢鳴的功能應該和現在送葬時的喇叭差不多，都是為了把王粲送走，只是功效更為強大，穿透性和記憶點十足，後人但凡在行為上有一點放不開，都很難複製這場盛況。前來參加追悼會的人都在王粲的墓碑前獻上了自己獨一無二的驢鳴。我們無法親眼見證，但是從寥寥幾筆的記載中，依然能感受到王粲生前特立獨行的氣質。如果能夠用手機拍攝後上傳到短影片平臺，這場驢鳴追悼會的點閱率絕對爆表。

一個人自然很難發展一種藝術，王粲死後，也沒見曹丕對驢鳴的喜愛，不過西晉詩人孫楚（字子荊）和他的好兄弟王武子也喜歡聽驢鳴。

據《世說新語》載，孫子荊以有才，少所推服，唯雅敬王武子。武子喪時，名士無不至者。子荊後來，臨屍慟哭，賓客莫不垂涕。哭畢，向靈床曰：「卿常好我作驢鳴，今我為卿作。」體似真聲，賓客皆笑。孫舉頭曰：「使君輩存，令此人死！」

靈魂伴侶的去世讓孫楚傷痛不已，他在好友的遺體前用他們共同的喜好去表達哀思，卻引起了圍觀者的嘲笑。

好在孫楚還算有涵養，沒有直接開罵，只是暗諷了兩句。

不過從側面也能看出來，聽驢鳴學驢叫這種藝術，是真的小眾到一般人都理解不了，否則也不會引起眾人發笑。以至於因為孫楚學驢鳴學得像，把驢鳴稱為「孫楚聲」這件事是在誇人還是罵人，有待考究。

寫下「粒粒皆辛苦」的詩人，其實生活極盡奢靡

除了「鵝，鵝，鵝，曲項向天歌」之外，你一定背誦過這首詩：「鋤禾日當午，汗滴禾下土。誰知盤中餐，粒粒皆辛苦。」

它是每個小孩的啟蒙詩歌，它教會我們從小就要懂得珍惜糧食。

〈憫農〉一共有兩首，第一首傳誦度高，但第二首的張力更強。「春種一粒粟，秋收萬顆子。四海無閒田，農夫猶餓死！」

這一字一句，像一把鋒利的劍，直接刺向社會現實，剝開當時社會貪汙腐朽的統治者對農民殘酷剝削的現狀。

人們大都會理所當然地認為，能寫出這一首人人稱頌的詩歌的人，一定深諳百姓的疾苦，有著一顆悲憫之心，也必定是個節儉惜物之人。

但是，真實的歷史很打臉。

這首詩的作者是李紳。他並不是兩袖清風，反而生活極其奢靡。

李紳出生在官宦之家，他的祖父做過宰相，他的父親做過縣令，但他的生活並不富足，小時候反倒是過了不少苦日子。在他六歲的時候，父親就過世了，留下孤兒寡母，艱難度日。

為了生活下去，他們必須忍受生活的重重苦難，也不得不承受各色人物的白眼。處於社會底層的李紳，早早地看盡了世間的人情冷暖。

逆境也激發了他的鬥志。所以他一直都勤奮好學，期盼著早日迎來出頭之日。

二十七歲時，李紳考取了進士，走上了仕途，成為大唐國子監的助教。當時的李紳還是位意氣風發的志士，心懷百姓。早年間的貧苦生活，讓他見識了百姓生活的不易，也更加痛恨社會的腐朽。

所以，他寫了〈憫農〉，為貧苦的百姓發聲，痛批社會的黑暗，盡情地抒發心中的不滿。

當初，剛正不阿的李紳，因為得罪了權貴，被關進了大牢，吃了不少苦頭。也有人想拿他的詩句借題發揮，向皇帝控訴他汙衊朝廷。

但是現實來了一次大反轉，唐武宗看了李紳的詩句後十分欣賞他，認為他真正體恤百姓，因而讓他升了官。

就這樣，這悲憫百姓的詩句，成為他的敲門磚，將他送入更靠近權力中心的官場生活。

之後的人生，他一直泡在政治的大染缸裡。尤其是他趕上了「牛李黨爭」時期，其中的「李」指的是李德裕，李紳與其是好友。所以，他無可避免地被捲入了這場浩大的鬥爭，開始拉幫結派，依附權貴。

但在這裡，我們要講的不是他的政治生涯，而是他在政治生活中，不知不覺地染上了一身奢靡的習氣。曾經那個意氣風發、體恤百姓的李紳，已經留在了過往的歲月，留在了〈憫農〉的詩句裡。此時穿梭於宦海中的，是一個奢靡的官員。

「誰知盤中餐，粒粒皆辛苦」都拋在了九霄雲外，他早已忘了一粒米的珍貴，享受著永遠吃不完的大魚大肉。據說，李紳喜歡吃雞舌，他每吃一盤雞舌，都要殺掉三百多隻活雞。

說到李紳的奢靡，我們還不得不提到一個成語「司空見慣」。意思很簡單，就是說某種事情比較常見，不足為奇。這個成語的出處來自一次酒宴，所指的主角正是李紳。

李紳一直崇拜大詩人劉禹錫的詩名，是他的資深迷弟。但劉禹錫運氣不好，一直被貶在外。李紳也一直無緣見到偶像。在劉禹錫回到長安後，李紳激動地設宴款待，邀請他到家中做客。

在宴會上，李紳用自己的最高規格接待了劉禹錫，除了佳餚美饌，他還特地安排了很多歌女，用琵琶演奏當時教坊流行的名曲〈杜韋娘〉。他要把最好的一切都獻給偶像。

整場宴會被李紳籌備得熱鬧非凡，酒過三巡，他已經快樂地沉浸其中。但是對於被貶了二十多年的劉禹錫來說，他見慣的是生活的苦澀、命運的漂泊，他更享受灑脫自由的生活。對眼前這一切，實在是提不起興致來，尤其回到長安後，許多老友已經凋零，更讓他心中一片悵然。

縱橫官場多年，迷醉在酒色中的李紳，除了仰視偶像的才情外，已經無法與其共情。他還像個求簽名求合影的小迷弟一樣，請劉禹錫作詩。

面對此情此景，劉禹錫吟誦了一首〈贈李司空妓〉：

高髻雲鬟宮樣妝，春風一曲杜韋娘。

司空見慣渾閒事，斷盡江南刺史腸。

「司空見慣」這個詞，也就誕生了。

在詩的後兩句中，劉禹錫直言，李紳李司空見慣了這盛大排場，但是對他劉禹錫來說，他不習慣，也承受不起。

同樣也是直白地表示，李紳和他不是一路人。

也許，曾經的李紳還有滿懷壯志，還可以和偶像暢談抱負。但此刻的李紳，心中裝滿了政治，再也回不到從前，又或者他根本不想回去。

李紳算計了一輩子，做到了尚書右僕射、趙國公，進了中樞，相當於宰相職位。他把對百姓的悲憫拋得乾乾淨淨，卻把官僚的腐朽、奢靡、嚴酷……演繹得淋漓盡致。

《雲溪友議》中記載，李紳發跡之前，經常到一個叫李元將的人家中做客，並尊稱對方為「叔叔」。但在李紳發跡之後，李元將因為要巴結他主動降低輩分，自稱為「弟」，為「姪」。但李紳都不買帳，直到李元將又降了一輩，稱自己為孫子，李紳才算接受，大顯官威，毫無情義。

不僅如此，他還一手製造了吳湘冤案，這也成為他洗不去的汙點。對百姓的剝削，他也毫不手軟。靠著手段，靠著算計，他竟然在官場上縱橫了幾十年。

西元八四四年四月，李紳七十二歲的時候「暴中風恙」，中了風邪，不能上朝，基本退休了。八四六年，李紳病逝，享年七十四歲。

不知在他人生彌留之際，可否還記得自己寫過的〈憫農〉。也不知他的心中，是否有過悔意。

一生沉浮，李紳忘了自己的初心，忘了自己來時的路，成了自己曾經最討厭的人。

「曾經滄海難為水」其實是人設炒作

千百年來，任時光荏苒，滄海桑田，物換星移，關於愛情的故事卻總是歷久彌新，由愛情所衍生的詩歌佳作也往往蕩人心腸。即使在禮教嚴明的古代社會，抒寫男女感情的情詩也是層出不窮。在眾多的情詩才子中，有這麼一個人卻與眾不同，他才華斐然，官至宰相，又英俊非凡，簡直就是集才華、顏值於一身的超級大明星，他就是唐代大詩人元稹。

如果你對這個名字並不耳熟，但提到他的愛情詩你一定聽過：「曾經滄海難為水，除卻巫山不是雲。取次花叢懶回顧，半緣修道半緣君。」短短四句，二十八個音節，千百年來擊中太多人的心。這首是元稹悼念亡妻韋氏的詩作，言情而不庸俗，瑰麗而不浮豔，悲壯而不低沉，可謂情深義重，力透紙背。

「見過洶湧的大海，他方的水不值一提；除卻巫山彩雲，別處的雲就相形失色。經過花叢，懶得回頭一看，半是因為修道，半是因為想你。」

讀罷此詩，旁人如我也能體會到元稹對妻子韋氏及他們愛情的忠誠堅貞、愛不另與。這首詩無疑為元稹打造了一個深情款款的模範丈夫的人設，我們不被其真情實感圈粉都很難。經歷喪妻之痛，寫下如此穿透人心的詩句，我們猜測元稹可能會因痛失愛妻頹廢不已，一蹶不振。但透過歷史，當我們看到真相時，才知道自己真是想多了。那麼真實的元稹對待愛妻到底是情深不壽，還是薄情寡義？讓我們揭開唐朝的歷史一探究竟。

西元七七九年，在河南洛陽的一家宅院裡，隨著一聲響亮的啼哭聲，元稹出生了。他是北魏宗室鮮卑拓跋部後裔，北魏昭成帝拓跋什翼犍十九世孫，比部郎中元寬之子，可以說是出生在一個高門望族。而且從小長得眉清目秀，才華橫溢，如此發展下去，元稹的前途光明一片。但是在他八歲那年，父親因病去世，雖然有出身書香門第的母親鄭氏親自教導讀書，還是改變了他日後的人生軌跡，特別是改變了他的擇偶觀。在成年後的感情道路上，依靠美貌與才華的加持，元稹幾乎一直在吃軟飯。

貞元九年（西元七九三年），少年元稹為盡快擺脫貧困，獲取功名，選擇投考相對容易的明經科，一戰告捷。貞元十五年（西元七九九年），二十一歲的元稹寓居蒲州，初仕於河中府。當時蒲州不寧，駐軍騷亂。元稹藉助友人之力保護處於危難之中的遠親——表親崔鶯鶯一家，這樣開啟了元稹的初戀之旅。初見表妹崔鶯鶯，元稹便一見傾心，被荷爾蒙控制的大腦文思泉湧，對崔鶯鶯的表白情詩一首接一首。在得不到崔鶯鶯的回應後，元稹開始了耍賴的手段，放出要為愛絕食至死的大招。在封建社會，一個有才華的士人，為一女子絕食，這決心可見一斑，女孩子哪能受得了這樣的攻勢？崔鶯鶯終於回覆了一首約會詩給表哥元稹：「待月西廂下，迎風戶半開。拂牆花影動，疑是玉人來。」崔鶯鶯與元稹相戀了，受封建禮教的束縛，他倆只能花前月下，在夜幕裡互訴衷腸。

如果時光就這樣靜悄悄地過去，那麼元稹與崔鶯鶯也會成就一段佳話。但元稹是清醒的也是現實的，家道中落的他更是深知生活不僅要有愛情，更要有功名利祿傍身。按唐代的舉士制度，士之及第者還需要經過吏部考試，才能正式任命官職，和鶯鶯度過短暫的甜蜜時光後，貞元十六年（西元八〇〇年）元稹再次赴京應試。臨走之時，鶯鶯贈玉環給元稹並痴情囑咐說：「玉取其堅潤不渝，環取其始終不絕。」既表明自己忠貞不貳，也期待元稹莫要辜負。奈何進京後的元稹卻成了「陳世美」，不僅對鶯鶯始亂終棄，更為了逃避責任，多年之後將他和崔鶯鶯的故事寫成了《鶯鶯傳》。對於拋棄鶯鶯的做法，他非但沒有一絲愧疚，還辯解道「鶯鶯是個『尤物』，『必妖於人』，這樣的『妖孽』，我沒辦法搞定」。如此言語，真是讓後世被他的渣男行徑驚呆了。

這次進京應試，元稹並沒有如願取得名次，但他的才華卻得到了當朝高官新任京兆尹韋夏卿的賞識。當他得知韋夏卿的幼女韋叢尚未婚配時，他意識到這是一個走門路、攀高枝的絕好機會。崔鶯鶯的家世不符合元稹為官發達的人生要求，因此在愛情和仕途之間，元稹毫不猶豫地選擇了後者。恰巧韋夏卿也比較看好元稹，貞元十九年（西元八〇三年），元稹中書判拔萃科第四等，授祕書省校書郎，不久便娶了韋叢。元稹如果和原配韋叢恩愛到老，對於崔鶯鶯的事我們只能說元稹年輕衝動，犯過渣男的錯誤。但事實上元稹的渣男行為才剛剛開始。雖然這是一場政治婚姻，但韋叢真心愛上了元稹，婚後的韋叢放下千金小姐的身分，主動承擔起養家的重任。嫁給元稹韋叢才體會到貧賤是一種怎樣的體驗，野菜充飢，身著粗布，還要時不時典當嫁妝來貼補家用。但她通情達理，任勞任怨，一心一意和元稹過苦日子，連元稹都不禁寫下了「貧賤夫妻百事哀」。但對於韋叢，元稹談不上有多忠貞，在韋叢疾病纏身時，元稹也難戒流連花叢的毛病。就這樣，韋叢的隱忍，終致身體每況愈下，二十七歲便離開了人世。

韋叢去世後，元稹的感情生活並未停步。往四川赴任時，元稹結識了唐朝四大才女之一的薛濤，此時的薛濤已經四十二歲，足足比元稹大了十一歲，一直堅持獨身的薛濤原以為這輩子就這麼過去了，元稹的出現為她帶來了這一生唯一的一次愛戀。元稹也仰慕薛濤已久，才子遇見佳人，有些事情就會不可避免地發生。他們談詩詞、談政治、談社會、談愛情，相見恨晚。他為她磨墨捧硯，看她寫詩作畫，一時嘆為天人。如此郎情妾意三個月，元稹因為工作原因要離開了，鑒於薛濤的樂伎身分，他並未帶走薛濤。從此二人未再見面，後來薛濤遁入空門，了卻殘生。

離開薛濤後，在朋友的撮合下，元稹娶了第二任妻子安仙嬪，填補了他感情的空缺。兩人恩愛三年後，安仙嬪也病逝了，剩下元稹煢煢孑立。一年以後，他又續娶了山西道刺史之女裴淑。與前兩任妻子一樣，裴氏也是賢惠無比，勤勞善良，盡心盡力地照顧著元稹，以及兩任前妻留下的女兒和兒子。尤其可貴的是，裴淑本就是「河東才女」，茶前飯後，還能與元稹詩文唱和，其樂融融。

這樣走下去也算是歲月靜好了，但元稹又豈會單戀一枝花。在這期間，元稹又看上了唐朝四大女詩人當中的另一位——劉採春。劉採春不僅年輕貌美，更是一位能歌善舞的全能型藝人，這就更為吸引元稹了。他甚至不吝讚美劉採春道：「詩才雖不如濤，但容貌美麗，非濤所能比也。」在看了劉採春的演出後，元稹便展開了猛烈追求，遇到撩妹高手元稹，當時已為人婦的劉採春還是淪陷了，她離開丈夫之後就住進了元府。兩人纏綿七年，隨著元稹調回京城，劉採春也被拋棄了。可憐心灰意冷的劉採春無言面對夫君，投河自盡了。大和五年（西元八三一年）七月二十二日，元稹暴病，一日後便在鎮署去世，時年五十三歲，結束了他涼薄的一生。

不得不說在那個資訊不發達的年代，沒有輿論的監督，元稹還是很幸運的，遇到的女子均是才貌雙絕的佳人，她們對元稹也都是痴心一片。但是在仕途面前，她們對元稹來說都不值一提，所謂的「曾經滄海難為水」，看似專情不再戀的元稹，卻在情場裡不斷活躍，最終也不過是人設炒作罷了。

縱觀元稹的情史，我們不難發現，這個男人終究還是最愛自己。元稹的愛情觀和現代很多男人很相似：只要家裡老婆沒發現，外面多交幾個情人又何妨。這也告誡女人，愛人之前更要先學會愛自己，不要被男人的外貌和才華所迷惑，選夫最終還是要看人品，每個人都是不同的獨立個體，有些人的出現只是為了教會你一些東西，陪伴你到最後的只有自己。要學會做一個有能力的女人，有愛人的能力，也有坦然接受愛的能力。

溫庭筠竟然做過科舉「槍手」

當下有國考，古代有科舉，無論古今，人們都逃不開考試的命運。

科舉誕生大大地推動了人才選拔，但與此同時，在名利的吸引之下，也催生出了考試作弊。作弊的方式方法也是五花八門。

我們熟知的「花間詞」鼻祖溫庭筠，就曾做過科舉的「槍手」。溫庭筠才華橫溢自然不必多言，讀他溫婉清麗的詞，很多人會自動腦補出一個風流倜儻的翩翩公子形象，溫潤如玉。可現實與想像大相逕庭。

他的人生，是落魄又落寞。

他出身於沒落的貴族家庭，一生多次趕考均是落榜，未能得志。他的形象甚至還有些醜陋，《舊唐書》對溫庭筠的評語有「士行塵雜，不修邊幅」，《新唐書》中，亦有提及他「無檢幅」。人們還給了他一個「溫鍾馗」的稱號。

作為一個沒落家族的落魄子弟，科考是他實現人生逆轉的唯一方式。所以，他一次又一次奔赴科考之路，一次一次跌倒又爬起。只是他的考運不佳，數次應試，屢不中第。

雖然考試成績不理想，但溫庭筠是有才學的，並且在多次科考中累積了豐富的經驗。於是，他成了一名優秀的「槍手」。

唐朝時期，科舉考試很嚴格，考生在進入考場的時候都要搜身檢查，而且考生之間都有隔離遮擋，以防止考生之間傳閱試卷。

在這種條件下，作弊其實很難，尤其古人沒有高科技加持，更是難上加難。不過，高手終究是高手。儘管困難重重，溫庭筠還是完成了「槍手」任務。

西元八五五年的某次科考中，主考官早已得知了溫庭筠的「槍手」身分，為了防止其作弊，將他作為重點防範對象。

《唐才子傳．溫庭筠傳》記載：「大中末，山北沈侍郎主文，特召庭筠試於簾下，恐其潛救。是日不樂，逼暮先請出，仍獻啟千餘言。詢之，已占授八人矣。」由此可以得知，主考官沈侍郎特地為溫庭筠設定了一個考生席，將其置於簾下，與其他考生保持距離。

當日考試，一切如常。溫庭筠因身體不適，提前交卷離場。儘管提早交卷，他還是洋洋灑灑寫了篇千字文章。這可能就是屬於學霸的素養。

在考場外，溫庭筠告訴別人，他「已占授八人矣」。也就是，他已經在考場上幫助了八個人。而具體是用何種方法，歷史並無記載，只留下了一個讓人匪夷所思的謎團。

古代考試中，作弊情況時有發生，為了考出個好成績人們各顯神通，其中最常見的就是「夾帶」——將小抄藏在衣服、鞋襪、硯臺中，甚至直接謄寫在衣服或者身體上。這都是常規操作。

古代作弊的考生，就已經會「縮印」了。一九九七年，在河南開封出土了一套奇書。這套書的奇特之處就在於它特別小，小到只有火柴盒尺寸：六點五公分長，四點八公分寬，一點五公分厚。麻雀雖小，五臟俱全。這一套書刊載了《易經》、《書經》、《詩經》、《禮經》、《春秋》五經，還連帶注釋和序言，共三百四十二頁。這套小書製作得非常精巧，先是手工抄錄，然後再石刻印刷。

這套作弊奇書，也可謂用心良苦。

科舉作弊，膽子大一些的就會找人代考。由於古代沒有身分證，沒有照相機，所以常會找才學高的人代考。《通典．選舉五》裡記錄：「入試非正身，十有三四；赴官非正身，十有二三。」足以見得，當時代考很常見。

還有一種作弊方法是從考官身上下手，也就是買考題。唐伯虎當年在參加科考途中遇見的富二代朋友徐經，就曾在考前賄賂考官，提前得知了考試題，從而考出了優異的成績。但後來東窗事發，還連累了唐伯虎下獄，考試成績被取消，再也不得參加科舉。

在中晚唐時期，朝廷實行了鎖院制，也就是在考試前三天，讓主考官與外界斷絕聯繫，防止洩題事件發生。

此外，還有一種作弊方式，是以權力施壓，影響考試結果。

比如，唐代佞臣楊國忠的兒子楊暄參加科舉。其人才疏學淺，成績不佳。當時的主考官知道他是楊國忠的兒子，犯了難。他決定在楊暄落榜前把這件事報告給楊國忠。楊國忠的回覆是：「我兒何慮不富貴，豈籍一名，為鼠輩所賣耶？」

主考官迫於楊國忠的淫威，只能破格錄取了楊暄。

宋朝的奸臣秦檜，也曾利用手中職權干預科舉結果，迫使考官錄用他的孫子，從而使得已經考中的陸游落榜。

後來，為了防止走後門的情況發生，宋朝在科舉制度上又實行了兩個重要舉措。第一就是糊名，相當於我們現在的封卷，讓批閱的考官不知道是誰的答卷。第二則是謄抄。謄抄之後也就無法憑筆跡辨識考生身分。這兩項舉措也大大地減少了走後門舞弊的情況。

不得不說，考試舞弊行徑惡劣，卻在某種程度上反向促進了科考制度的不斷發展和完善。

大文豪王安石竟然是個邋遢鬼

提到王安石，我們會想到兩件事，一是他膾炙人口的詩詞，如「春風又綠江南岸，明月何時照我還」、「遙知不是雪，為有暗香來」，他因詩文卓著被列為「唐宋八大家」之一。二是王安石在宋神宗時期，曾任宰相，積極推行變法。他是個政治家、文學家、思想家、改革家。

他留給後人的印象，是有思想、有文采、有膽識、有氣魄……但如果靠近歷史，凝目細看，會發現我們意料之外的另一面。

王安石這個人非常邋遢，他周圍的人，對此已經見怪不怪了。王安石的生活條件並不差，尤其是後來擔任宰相，更無衣食之憂。那麼邋遢，就純粹是個人習慣問題了。

《宋史．王安石傳》這樣記載王安石：「性不好華腴，自奉至儉，或衣垢不浣，面垢不洗。」說的就是，王安石非常節儉，節儉到衣服髒了不洗，臉髒了也不洗。

蘇洵曾經在《辯奸論》中評價王安石：「衣臣虜之衣，食犬彘之食。」還說他「囚首喪面而談詩書」。意思就是他穿著囚犯一樣的衣服，吃著牲畜才會吃的食物，卻仍是淡定地暢談詩書。

當時蘇洵與王安石因為變法而存在一些過節，所以，他的評論可能會存在一些誇張成分，但在某種程度上也反映了王安石邋遢的事實。

據稱，王安石經常會長時間不洗澡、不換衣服、不洗臉，衣服上經常滿是油漬，當然也可能會有些味道。

這樣一個不修邊幅的人，在吃的問題上也同樣不會在意。

據說，有一次皇帝宴請臣子，並制定了一個有趣的規則。他命人為臣子們準備了魚餌，讓他們在御池中釣魚，然後每個人都可以用釣上來的魚，讓御廚為自己烹製喜歡的菜餚。眾人聽到了這個提議，都興致勃勃地去垂釣，只有王安石始終坐在臺子前陷入沉思。他竟一邊思考一邊把盛在盤子裡的球狀魚餌都吃光了。

周圍的人一片訝異，但王安石連自己吃的是什麼都不知道，更不記得什麼味道了。還好，王安石的夫人和他的朋友們都不曾嫌棄，始終對他愛護尊重。這也足以見得，王安石極具人格魅力。

他在個人生活上毫不在意，大抵是因為他把全部的心思都放在了更重要的事情上。正如《宋史．王安石傳》所說的，他「果於自用，慨然有矯世變俗之志」。他以天下為己任，立志要改造這個世界。他心中裝著世界，所以常常忘了自己。

的確，他的一生都在為了自己的志向而奮鬥。官居宰相高位前後達八年，他一心為國，建言獻策，卻從未用手中的權力為自己或者親屬謀求半點私利，廉潔自好，令後世讚服。

〈岳陽樓記〉可能是一篇看圖作文，范仲淹或許從未登過岳陽樓

岳陽樓作為一處名勝，與湖北武昌黃鶴樓、江西南昌滕王閣並稱為「江南三大名樓」，風光秀麗壯美，引得古今無數人駐足停留。

尤其是每每有人踏足，總是會激盪出滿懷詩情。比如杜甫途經此處時，曾吟誦了〈登岳陽樓〉：

昔聞洞庭水，今上岳陽樓。
吳楚東南坼，乾坤日夜浮。
親朋無一字，老病有孤舟。
戎馬關山北，憑軒涕泗流。

比如，杜甫的偶像李白，在登上岳陽樓後吟誦了〈與夏十二登岳陽樓〉：

樓觀岳陽盡，川迥洞庭開。
雁引愁心去，山銜好月來。
雲間連下榻，天上接行杯。
醉後涼風起，吹人舞袖回。

還有李商隱、劉禹錫、白居易等文人，都曾在此留下恣意瀟灑的筆墨，也留給現在的孩子們需要默

寫背誦的名篇。

但其實，提到關於岳陽樓的篇章，在人們心中烙印最深的，還是〈岳陽樓記〉。

若夫淫雨霏霏，連月不開，陰風怒號，濁浪排空；日星隱曜，山岳潛形；商旅不行，檣傾楫摧；薄暮冥冥，虎嘯猿啼。登斯樓也，則有去國懷鄉，憂讒畏譏，滿目蕭然，感極而悲者矣。

至若春和景明，波瀾不驚，上下天光，一碧萬頃；沙鷗翔集，錦鱗游泳；岸芷汀蘭，鬱鬱青青。而或長煙一空，皓月千里，浮光躍金，靜影沉璧，漁歌互答，此樂何極！登斯樓也，則有心曠神怡，寵辱偕忘，把酒臨風，其喜洋洋者矣……

就算放下課本許多年，這些波瀾壯闊的句子，仍舊熟悉而驚豔。

我們在學習和默誦這偉大的篇章時，也自然而然地預設為范仲淹在岳陽樓上，一定是大受震撼，才會大發感慨。我們也會被他的文字帶入他當時的所見所感。

但很多人可能不知道，范仲淹很可能從來沒有到過岳陽樓，〈岳陽樓記〉只是一篇優秀的看圖作文。

事情是這樣的，在西元一〇四四年，滕子京被貶到岳州，他在任期間重修了這座岳陽樓。

如此壯闊秀麗的風光，一定要配上一篇好文章。於是，滕子京首先想到了和自己一樣遭到貶謫的范仲淹。范仲淹才學出眾，文章更是一流。但當時，范仲淹被貶河南鄧州，與之相距甚遠，無法親臨觀摩。最後，滕子京找畫師繪製了一幅〈洞庭晚秋圖〉，命人送到范仲淹手中，以此求記。

按照宋代的習慣，邀人作「記」，通常要附帶一份所記之物的樣本，也就是畫卷或相關文獻之類的資料，以供作記之人參考。

范仲淹在看到這幅圖後，文思泉湧，創作了這篇傳誦千古的〈岳陽樓記〉。所以，這篇〈岳陽樓記〉其實是范仲淹在河南完成的。

也有一些學者經研究考證認為，范仲淹其實曾經是到過岳陽，見過洞庭湖的。朱熹曾為江陵府曲江樓作記，曰〈江陵府曲江樓記〉，在文中末尾，他寫道：

予於此樓，既未得往寓目焉。無以寫其山川風景、朝暮四時之變，如範公之書〈岳陽〉。獨次第敬夫本語，而附以予之所感者如此。後有君子，得以覽觀焉。

他的意思是，因為自己沒有親眼見過江陵府曲江樓，所以自然無法像范仲淹有過親身體驗，才寫出了〈岳陽樓記〉這樣的千古絕唱。因而，朱熹的觀點是，范仲淹曾經是到過岳陽的。

再比如說，范仲淹在八歲的時候隨著家庭來到安鄉，度過了一段難忘的童年時光。而當時的安鄉就在洞庭湖的一角。並且，他在後來回顧童年的詩句中也曾寫過，如〈和延安龐龍圖寄岳陽滕同年〉詩：

優遊滕太守，郡枕洞庭邊。

幾處雲藏寺，千家月在船。

或許，他的童年就曾被洞庭湖的壯美所驚豔。

但即使〈岳陽樓記〉是一篇看圖作文，也不管范仲淹是否到過洞庭湖登過岳陽樓，都不會影響它的魅力。

也正是這篇佳作，賦予了岳陽樓不朽的靈魂，樓與文交融，成了中華文化的一處瑰寶。

「不以物喜，不以己悲」、「先天下之憂而憂，後天下之樂而樂」已經成為岳陽樓的精神核心，傳遞給一代又一代。

李清照不只是個婉約才女，還是個「賭神」和「購物狂」

提起李清照，很多人首先聯想到的是一個婉約才女的形象。她才華橫溢，創作了〈聲聲慢．尋尋覓覓〉、〈一剪梅．紅藕香殘玉簟秋〉、〈醉花陰．薄霧濃雲愁永晝〉等膾炙人口的詞作，整個人都散發著一種文藝氣息。

提到李清照，就會出現這些習慣性標籤：婉約、文藝、才女、憂鬱氣質……的確，「倚門回首，卻把青梅嗅」、「簾卷西風，人比黃花瘦」、「才下眉頭，卻上心頭」等，她創作的這些需要默寫並背誦全文的詞作，使她整個人都散發著一種文藝氣息。再加上她後半生悽苦飄零的境遇，的確很容易讓人腦補出她的古典憂鬱形象。

但是，這只是她的A面，李清照的快樂你想像不到，而這些都藏在她的人生B面。

首先，李清照出生在一個頗有名的學者仕宦家庭，父親李格非官至禮部員外郎。所以，她是一個家境殷實又有文化的「官二代」。

然後，她在那個媒妁之言的時代裡，嫁了個令她怦然心動的「國民老公」。她的老公趙明誠，是一個會填詞、愛金石，能和李清照玩到一塊去的「官二代」，他的爸爸還當過宰相。

李清照在婚後的很長一段時間裡，都非常開心。

賣花擔上。買得一枝春欲放。
淚染輕勻。猶帶彤霞曉露痕。
怕郎猜道。奴面不如花面好。
雲鬢斜簪。徒要教郎比並看。

——〈減字木蘭花・賣花擔上〉

門當戶對，情投意合，感情值拉滿，隨便填首小詞，就能閃瞎人們的眼。李清照愛購物，開心了要買買買，不開心了也要買買買，堪稱超級購物狂！而且她買的不是普通物品，而是古董！

她經常會和趙明誠一起蒐集、品鑑金石文物。有錢要買，沒錢了也要買。特別是遇到古人書畫和夏、商、周三代古器，兩眼必定發光。

這是老東西啊，必買！

沒錢了？好說，當掉衣服。

幸虧當年沒有網購，不然小倆口家裡一定是快遞堆積如山。

作為超級玩家，寧可不過日子，也要把愛好奉行到底，夫妻二人還寫了一部《金石錄》。

後來，他們家境沒落，趙明誠到他鄉赴任，李清照最初沒有隨夫遠行，寧可過著「食去重肉，衣去重採，首無明珠、翠羽之飾，室無塗金、刺繡之具」的節儉生活，也要守著這些金石古器和書畫。可真是愛古物愛到了骨子裡。

在古代，男人飲酒是豪邁灑脫，女人喝酒那叫沒規矩，不成體統，不像樣……但是，這條「潛規則」，在李清照這裡被推翻了。

生而為人，我憑什麼不能喝？酒這麼好喝，它惹到誰了？

所以，在她的詩詞裡，我們隨處可見酒的痕跡。李清照存世作品裡有二十三首都是關於喝酒的。花開了要喝，花謝了也要喝。開心了要喝，憂愁了也要喝……好像人生種種，要泡在酒缸裡，才會更有滋有味。

常記溪亭日暮，沉醉不知歸路。
興盡晚回舟，誤入藕花深處。
爭渡，爭渡，驚起一灘鷗鷺。

——〈如夢令・常記溪亭日暮〉

喝醉了，找不到家了。
划著船，哼著歌，搖搖晃晃到了藕花深處。

一灘鷗鷺撲稜稜地飛起，灑下點點水光，好似閃閃星光，好美，好歡樂！「東籬把酒黃昏後」飲「三杯兩盞淡酒」，她醉眼矇矓地指著窗外的海棠花笑說，「應是綠肥紅瘦」！

年少時，用酒陪襯喜悅；中年時，用酒浸泡憂愁；年邁時，用酒溫暖回憶。總之，從青蔥少年到蒼蒼暮年，酒陪伴在她的生命中，也融進了她的詩詞裡。

人生的快樂，不只有詩酒花，還可以沒事賭兩把。文化人無論玩什麼，都能玩出點境界。

李清照喜愛金石，和丈夫創作了《金石錄》；愛賭博，就寫了個〈打馬圖序〉。據有人考證，「打馬」就是今天麻將的前身。

打馬是李清照的心頭好。「予性喜博，凡所謂博者皆耽之，晝夜每忘寢食。但平生隨多寡未嘗不進者何？精而已。」意思是：「我愛賭博，並沉迷其中，廢寢忘食。所以啊，我這輩子，經歷過大大小小的賭博。」

為什麼她會如此痴迷？大機率是因為，她能賭贏。這應該就是贏家的快樂吧！

「自臨安溯流，涉嚴瀨之險，抵金華……奈此良夜乎。於是乎博弈之事講矣。」就是在北宋滅亡後，流亡在外，李清照剛剛租好了房子安頓下來。長夜漫漫，人生苦短，她就先來賭兩把消遣消遣。

人生，又何嘗不是一場賭博？

人生的後半段，李清照抓到了一把爛牌。

國破家亡，愛人離世，生活悽苦，用盡全力拚命守護的金石古物也丟了不少，剩下點值錢的東西，還被惡人盯上了。

這個惡人叫張汝舟，是個大渣男。

渣男最懂花招，他在李清照孤苦無依的時候，各種噓寒問暖，表達崇拜，攻破了才女的心理防線。婚後渣男撕碎了面具，溫柔蕩然無存，把李清照當成了他的銀行，頻頻要錢，花式瀟灑。並對她進行家暴以及精神上的欺壓。

但是李清照經歷了人生的起起落落，必定是見過大場面的。況且能寫出「生當作人傑，死亦為鬼雄」這樣句子的人，怎麼可能會任人欺凌、哭哭啼啼？

所以結婚不到一百天的時候，她就提出離婚。當時宋代的法律規定：妻告夫，雖屬實，仍須徒刑二年。就算告贏了，李清照也是要坐牢的。

但是寧可坐牢，也不能放過渣男，李清照就是這麼強悍。

最終張汝舟被朝廷罷官，並流放柳州。而李清照幸得翰林學士綦崇禮幫助，向皇帝請恩，只坐了九天的牢，就重獲自由了。

雖然這件事被後來一些學者詬病，但我相信，李清照永遠不會後悔。因為於她而言，比起別人的非議，更重要的是為自己而活，活出自己。

酸甜苦辣，詩詞歌賦，人間煙火……一一嘗過，高級玩家李清照，定是無悔、無愧、無憾，興盡歸去，大呼人間好歡樂！

陸游竟然是個吸貓達人，歷史上有這些你不知道的貓奴

今時今日，溫順可愛的貓咪，成了很多人的愛寵，一個可愛的小眼神，就可以輕鬆讓主人們淪陷。主人需要餵食、鏟屎、陪伴，卻樂此不疲，甘之如飴。

在古代，人們就開始養貓為寵，彼此陪伴。有一些我們耳熟能詳的名人，其實也是貓奴。比如大詩人陸游，就是個資深的吸貓達人。

陸游給人的印象，是一個憂國憂民的大詩人，同時還有那段被母親拆散的悽美愛情。一首〈釵頭鳳〉，讓人們見識到了他的柔情與深情。

但同樣，他也是一個著名貓奴，如果古代有臉書、IG，那麼他很有可能是一個優秀的寵物部落客。對於可愛的貓咪，他從不吝惜筆墨，寫下了十二首詩。

> 甚矣翻盆暴，嗟君睡得成！
> 但思魚饜足，不顧鼠縱橫。
>
> ——〈嘲畜貓〉

這首詩中，他在嘲笑貓咪貪吃貪睡，根本不去理會到處亂竄的老鼠。詩句中名為嘲笑實則是對貓咪充滿了憐愛。

風捲江湖雨暗村，四山聲作海濤翻。
溪柴火軟蠻氈暖，我與貍奴不出門。

——〈十一月四日風雨大作〉

下雨天，不出門，燃起柴火，裹著毯子，吸貓最舒服。這是令多少人沉醉的愜意場景。也由此見得，這位大詩人很懂生活，也很愛生活。

薄荷時時醉，氍毹夜夜溫。
前生舊童子，伴我老山村。

——〈得貓於近村以雪兒名之戲為作詩〉

看到貓咪沉醉在貓薄荷裡時的憨態可掬，想必他的眼中一定是充滿溫柔。不光是詩人，也有皇帝愛貓如痴。

明朝晚期，明仁宗和明宣宗這對父子就對貓咪情有獨鍾。明仁宗有一次連畫了七隻貓咪，身旁的大臣為了奉承皇帝便為貓咪題詩三首。皇帝大喜，直接把他升職。這位用心吹捧皇帝愛貓的就是同好了，對明仁宗來說，同好值得擁有高官厚祿。

明宣宗傳承了父親對貓咪的愛，同樣也是愛吸貓，愛畫貓。他一生中的「貓畫」無數，並成為他一大標籤。若是放到現在，他的社交媒體上也應該全都是貓咪的美照和美圖吧。

晚清名臣張之洞，也是個著名貓奴。

張之洞是晚清四大名臣之一，是近代史上一位非常重要的人物，他在推動近代工業化以及教育改革等方面做出了不少貢獻。但是很少有人知道像張之洞這樣的大人物，卻是個十足的貓奴。他的堂兄在寫信給家人的時候就曾提到，張之洞非常喜歡養貓，在家中養了幾十隻貓咪，個個都是他的心頭好。

張之洞每天會餵食貓咪們，貓咪調皮，在家中胡亂竄跳，有時候還會隨處大小便，甚至會在他的書籍和公文上排便，他也不會生氣，而是耐心地用紙擦掉。

威嚴的朝中大臣，在貓咪面前，就是個溫柔的貓奴，永遠心甘情願地臣服。而且他還會告訴身邊的人，貓咪是無知的，不要去責怪它們。

張之洞的作息像貓一樣，常常是白天睡覺，夜間辦公。很有可能是受到了貓咪的影響。

由此可見，無論是在古代還是現代，貓的魅力，始終如一。

大明最低調的男神沈周

明朝有一位男神，擁有眾多優質標籤，堪稱完美的人設，他就是「畫痴」沈周。

這個名字並不出眾，甚至在他出生的明朝也並不耳熟。

他是一位畫家，與文徵明、唐寅、仇英並稱「明四家」。是明代中期文人畫「吳派」的開創者，主要作品有〈廬山高圖〉、〈秋林話舊圖〉、〈石田集〉、〈客座新聞〉等。

人生最幸福的事，莫過於以自己喜歡的方式過一生，而沈周正是如此。他熱愛畫畫，就畫了一輩子，也從未參加科舉。

沈周之所以能如此心無旁騖地投入到自己所熱愛的書畫創作事業中，相當程度上是因為他的家族非常厲害。

沈家是書香門第，也是非常有名望的高門大戶，家境殷實。沈家祖上都不喜歡做官，而喜好詩畫，志趣高雅。

沈周的曾祖父酷愛收藏，〈女孝經圖〉、〈天池石壁圖〉、〈富春山居圖〉等真跡都被他收入囊中，這其中隨便一幅就是無價之寶。

沈周的祖父在永樂年間被舉薦，但是並沒有去做官。他的伯父和父親在人們的眼中是清雅的隱者。沈家人都愛讀書，就連奴婢都懂得寫字撰文。

這樣的家庭背景和家庭環境使得沈周的物質生活和精神生活都非常富足。

沈周心中只有畫。畫外，他是凡俗中的滄海一粟；畫裡，他是乾坤世界的主宰者，隨筆勾勒，隨心而畫。開心了要畫，不開心也要畫。

沈周活到了八十五歲，其中五十餘年都用來畫畫。可以說，他把時間用在了自己最喜歡的事情上。不為生活憂愁，不為前途煩惱，只是單純地追求著自己所熱愛的事。人生如此，誰人不羨。

熱愛加天分，再加上持之以恆，筆耕不輟，所以他的畫藝也非常精湛。作為吳門畫派創始人的他，為後人留下了〈盆菊幽賞圖〉、〈秋林話舊圖〉、〈滄州趣圖〉等眾多傳世珍寶。

沈周出身富貴，卻沒有半點貴公子習氣，為人隨和，就像鄰家大哥，是個熱心腸。每當有人求畫，他都會應允，哪怕對方只是個普通百姓。

他的繪畫水準高超，但並不會因此故意抬高畫的價格。因為熱愛，所以他一定不會把畫畫當成賺錢的工具。有時候，為了幫助別人，他還特地「自降身價」，甚至贈予對方畫作，以解其燃眉之急。正如沈周自言：「天地一痴仙，寫畫題詩不換錢。」

沈周的性格和才華都為人稱道。當地太守也非常欣賞他，這麼優秀的人才，一定要舉薦給朝廷。但是世人所看重的，並不是沈周所看重的。而且，他從《周易》占卜，得到了「遁」的啟示，於是更加堅定了隱世的決心。

也許卜卦不過是個幌子，沈周的父輩就已經遁隱避世。沈周的選擇不過是遵從本心。

沈周的生活非常雅致。他的住所，有流水、竹子、亭子、書畫、香爐、美酒……經常會有名人來訪，可謂談笑有鴻儒。

沈周是個溫暖的人，他的溫暖會帶給朋友愉悅，也會給親人最貼心的照顧。他曾為了陪伴母親，而拒絕與朋友遠遊。弟弟生病了，他把弟弟接到身邊，照顧了一年多。他不勝酒力，但還是會陪伴父親應酬，幫父親擋酒。

高門大戶裡常常上演宅鬥，但沈周的家庭中卻處處都是溫暖。

沈周為人十分和善，甚至被抓去當苦力也毫無怨言。有一次，州府的知府徵集畫工為他家裡的牆壁繪畫。有人嫉妒沈周，就偷偷報上了他的名字，所以沈周也被當勞工帶走。有人勸他，找相熟的王侯貴族幫忙，免得勞碌。但沈周並沒有，而是耐心地完成了所有繪畫工作。

沈周雖然並不在朝為官，但一直很有名望。不久後，知府進宮朝見皇上，朝廷中不少官員問他沈周先生的近況，是否一切安好。知府不知如何作答，只是含糊應承下來。

離開之後他向人打聽沈周是何許人也，詢問之後才知道，各位大人口中惦念的沈周先生竟然是為自己家裡做彩繪的勞工。

回去之後，知府親自登門拜訪，不停地道歉。但沈周並沒有放在心上，更是沒有為難知府。

沈周還非常調皮可愛。某日裡，他寫了一封信給好友祝枝山。先是大讚他的文采高妙，可以與元稹和白居易這樣的大家相媲美，緊接著話鋒一轉，又吐槽他稿費低，最後還添了一筆「呵呵」，像極了現代好友之間的吐槽。

沈周對明朝的畫壇影響深遠，只是他一生淡泊，在史書上並沒有留下太多的痕跡，因而沒有被後世廣泛傳頌。但於沈周而言，他遠離俗世的紛擾，投身於自己所熱愛的繪畫事業中，以自己喜歡的方式度過一生。這也是少有人能得到的圓滿和瀟灑。

幸福如此，此生無憾。

唐伯虎活得並不瀟灑，才子也曾裝瘋賣傻

提起唐伯虎，人們首先會想到他的瀟灑風流。就像他的詩句「桃花塢裡桃花庵，桃花庵裡桃花仙。桃花仙人種桃樹，又折花枝當酒錢……」，滿是自由、灑脫。

對於多數人而言，唐伯虎的形象都是來源於電影《唐伯虎點秋香》。所以人們也會理所當然地認為，他多才也多金，提筆就是佳作，這樣一個人生贏家也必然會過得快活。

可揭開歷史的面紗，它呈現的卻是和我們所想像的完全不同的模樣。唐伯虎真正的人生非但不快活，而且過得辛酸、坎坷、落魄。

在生命的最初，命運於他還算和善。

他生於商賈之家，家境優渥，豐衣足食。他天資聰穎，十五歲的時候就考中了秀才，被人們稱為「神童」，成年後娶妻，按部就班地成長，享受生活的幸福。

但在他二十四歲這一年，命運陡然變調，先是他的父親去世了，緊接著他的母親、妻子、妹妹相繼離世。

一個原本幸福的人，被孤獨地留在了人世間。作為家中唯一活著的人，很難說到底是幸運還是不幸。

失去了家人的唐伯虎，變得很頹廢。好在朋友在身邊一直支持和鼓勵他，他重新走上了科考之路，

參加了鄉試，並獲得了第一名。那一年，他二十八歲。

也許人們會認為，他走出了親人離世的谷底期，考上了解元，以後自當是一片坦途，前途無量。

在鄉試第二年，唐伯虎奉命進京參加會試。不出意外的話，才華橫溢的他，會取得不錯的名次，從此走入仕途。

可偏偏意外還是來了。

在進京趕考的路上，唐伯虎認識了同去參加考試的富家子弟徐經，兩人聊得投緣，成了朋友。多個朋友多條路嘛，這本身沒毛病。

但這位朋友卻靠不住。徐經在會試時買通了考官，偷了試題。那一年的考試試題很難。考場上大部分考生都是眉頭緊鎖，而唐伯虎和徐經卻筆走龍蛇，文采極佳。

當時的會試主考官程敏政和李東陽對二人的文采也大為讚嘆。

唐伯虎和徐經在考生中一下子脫穎而出，但同時也惹人眼紅。在會試考試結束後就有人告發徐經買通考官作弊提前得到了試題。

科考本是為朝廷選拔人才之舉，關係著國家的發展，科考舞弊，朝廷自然是嚴懲不貸。唐伯虎也因此被連累進了大牢。

案子查了一年多，雖然唐伯虎沒有參與買題，但最後還是被波及，取消了科考成績，永遠不得參加科舉，永世不得為官。

這對於一個滿腹才學的才子而言，是最殘酷的懲罰。曾經的躊躇滿志，曾經的得意和瀟灑，全都變了。

他的才學不能用來施展抱負，只能變成詩文和畫卷以維持生計。

唐伯虎又頹廢了很久，後來，寧王朱宸濠向他拋來了橄欖枝，請他奔赴南昌，到其門下做事。

當不了皇帝的臣子，退而求其次，當個王爺的幕僚也是個不賴的選擇。舞臺是小了點，但總歸是有個臺子，熱血和才華也就有了拋灑之地。

於是，唐伯虎又一次點亮希望，投到了寧王門下。

他以為自己迎來的是一個光明的未來，卻不知道自己奔赴的是一個巨大的陰謀。寧王的確欣賞他的才華，想要重用他。

不過唐伯虎很快發現，這位新長官有些異常。他囤積了很多糧草、兵器，還經常會接觸一些土匪流氓。這些動作的目的已經足夠明顯了。

是的，寧王要造反。

他不僅想要治理自己的封地，還想治理整個江山。

原本碰上科考舞弊案，沒了大好前途，唐伯虎覺得已經夠倒楣了。沒想到這一次卻碰上新長官要造反，而他如今成了寧王的幕僚，這可是要掉腦袋的事情。

想要保命，只能快速溜走，和寧王脫離關係。

但離開並不是打個辭職報告那麼容易的，寧王是不可能輕易地放一個了解這麼多內情的人離開的。在危急關頭，唐伯虎激發巨大的求生欲，想到了一個妙招——裝瘋。只有讓寧王相信他是真的瘋了，他才能活著離開。

因為一個瘋子，無論說什麼都是不會有人相信的。為了快速達到預期效果，唐伯虎直接亮出了絕招——裸奔。他光著身子在街上亂跑，對來往的人群傻笑，還在人群中高呼「我是寧王的貴客」，用實際行動噁心寧王。

唐伯虎的瘋人舉動很快傳開了，同時也把寧王的面子丟光了。最後他如願以償，寧王命人將唐伯虎送回蘇州，眼不見為淨，自己安安心心籌備謀反。《明史》中記載，唐寅「察其有異志，佯狂使酒，露其醜穢。宸濠不能堪，放還」。

後來，寧王造反的小火苗，被王陽明掐滅了。

經歷了大起大落的唐伯虎總算是撿了一條命，後半生困頓寂寞，沉醉在詩詞書畫裡。明世宗嘉靖二年（西元一五二三年），唐伯虎黯然辭世了。死後葬在桃花塢，成了桃花樹下的桃花仙。

死前唐伯虎留下了〈絕筆〉詩：

生在陽間有散場，死歸地府也何妨。
陽間地府俱相似，只當漂流在異鄉。

唐伯虎這一輩子，其實並不風流瀟灑，反而是坎坷重重。才華橫溢，卻與仕途無緣。但好在他的才華沒有被歷史淹沒，他的詩畫成了傳世經典。曲折和悲傷被淹沒，活在人們記憶裡的他，始終倜儻瀟灑。這也不失為一種美麗的成全。

第四篇　被顛覆的歷史真相

古往今來，順時間洪流而下的故事，有多少真假？
白駒過隙，集日月精華於身的文字，又怎判對錯？

因為「葉公好龍」這個成語，葉公被誤解了幾千年

「葉公好龍」這個成語，是小學課本上的內容，用來比喻人們自稱愛好某種事物，實際上並不是真正愛好，甚至是懼怕、反感。其出處為漢代劉向所寫的《新序．雜事》。文中說道：「葉公子高好龍，鉤以寫龍，鑿以寫龍，屋室雕文以寫龍。於是天龍聞而下之，窺頭於牖，施尾於堂。葉公見之，棄而還走，失其魂魄，五色無主。是葉公非好龍也，好夫似龍而非龍者也。」

文中講的是葉公子高，作為龍的傳人，也是龍的鐵粉，柱子上刻龍，衣服上繡龍，牆繪也要畫龍。天上的真龍被這位鐵粉感動，於是來到葉公面前，想要給鐵粉個驚喜，卻萬萬沒想到成了驚嚇，葉公嚇得失魂奔逃。文章辛辣地諷刺了葉公這種唱高調、不務實的壞作風。用這個反面教材，告誡人們做事要腳踏實地。

然而事實上，葉公真的很冤，又無法為自己發聲。

歷史上確有葉公其人，姓羋，名諸梁，字子高，是楚國王室貴族。葉公大約與孔子同一時期，是春秋末期的軍事家、政治家。因被楚昭王封到古葉邑，所以也被稱為葉公。《風俗通》載：「楚沈諸梁，字子高，食採於葉，因氏焉。」

葉公勤政愛民，謙虛低調，在葉邑治水開田，政績斐然。曾組織百姓修築了東、西二陂，蓄水澆田。防治了水害，又使農田得到了灌溉。

《葉縣誌．水利》：「東西有二陂，方城山有湧泉東流，蓄之以為陂，方二裡，即西陂也。陂水散流，經葉縣東南而北注澧水，澧水又東注葉陂，即東陂也。東陂最大，東西十里，南北七裡，引水以溉民田。二陂並葉公諸梁所作，今遺址尚存，名水城。」

葉公在當時很有名望，就連遊歷各國的孔子都曾慕名拜訪，並與葉公探討治國之道。兩人侃侃而談，交流彼此的政治主張，這就是著名的「葉公論政」。

《荀子．非相》評價葉公：「葉公子高，微小短瘠，行若將不勝其衣。然白公之亂也，令尹子西、司馬子期皆死焉。葉公子高入據楚，誅白公，定楚國，如反手爾，仁義功名善於後世。」

葉公曾率兵平定了白公勝的叛亂，從而穩定了楚國政權，使得飄搖的楚國轉危為安。

那麼葉公好龍一說又是由何而來呢？

葉氏譜牒《始祖．諸梁公傳略》載，葉公宰葉時，為了戰勝旱災，決心修築東、西二陂。西陂注方城山之水，東陂引澧河之水，蓄水灌田，以利農桑。為縝密籌劃施工，在牆壁繪製出一幅幅巨大的渠網水系圖。有一天，一位來訪客人把牆壁上的水系圖當成了群龍起舞圖，就毫不隱諱地說，人言葉公好龍，我看葉公並非真的好龍。

葉公問是何故，客人回答說：「風從虎，雲從龍。圖中之龍不畫雲，故從得知。」葉公笑笑說：「我只想引龍出水，不求騰雲駕霧。」

客人問道：「何謂引龍出水？」

葉公說：「鑿渠引龍，龍就出水了。」

客人又問道：「群龍真可以引出水嗎？」葉公說：「少引則宜，多引則懼。」

客人又問其中原因，葉公接著說：「引一龍而需工千額，需糧萬斛，所以不可不慎重。」

由此可見葉公所好之「龍」，是水渠之龍；葉公所怕之「龍」，是怕百姓無法承受過重的修渠任務。

葉公雖然為人清正，但是也有政敵，對其進行言辭攻擊。所以有人藉此故事，以訛傳訛，汙衊葉公。後來申不害將這個被加工過的故事編寫在了《申子》一書中，並流傳下來，後來被漢代劉向轉錄，得以廣泛流傳。但葉公的形象，卻隨著這個成語的廣泛傳播而失真了，並被引入了小學語文教材中。

對於後世人而言，葉公好龍是一則警醒人們的寓言故事，教育人們要務實。但對於葉公本人而言，著實冤枉。

最正宗的中國情人節不是七夕

也不知道從什麼時候起，七夕被炒作成了「情人節」，其實古人談戀愛，並不在七夕。所謂「七夕是古代情人節」實乃史上最大的誤會，歷史上的七夕真的跟情人節沒關係。

七夕準確來說叫做「乞巧節」，至少在漢代就已經出現了。起源當然是大家所熟悉的牛郎和織女的傳說：相傳，織女是天界的女神，她出身高貴，卻意外嫁給了出身貧寒、以放牛為生的牛郎。此後，小倆口過起了男耕女織、和和美美的小日子。

誰知，天上的王母娘娘知道了這件事，不僅拆散了他們倆，還劃了一道銀河，讓他們一年只能見一次面。但這個傳說僅僅是說織女和牛郎的愛情故事，重點不在於牛郎織女的「鵲橋會」，與大家理解的男歡女愛關聯不大。

其實七夕應該是「女生節」，是和姐妹們聚會的日子，並且這個節日僅限於未婚女性！七夕那一天，未婚的少女們會成群結隊地遊玩，向星空上的織女星乞求變得心靈手巧。與此同時，她們還會開展各種女紅比巧的比賽。所以說七夕實打實是少女聚會遊玩的節日！

後來，隨著城市商業的快速發展，七夕這天晚上，街道燈火通明，街市中催生了專門賣乞巧物品的市場，少女們在這天晚上可以出來逛街買東西，這與情人節的寓意大不相同。

在古代，女孩子基本上很難有機會出門遊玩，特別是那些大家閨秀。既然連門都出不去，更別提談情說愛約會了，所以七夕不可能是少女與情人約會的節日。

那麼古代人就真的不過情人節嗎？其實還是有類似情人節的節日存在的，元宵節和上巳節就比較符合情人節的標準。

元宵節歷史非常悠久，東漢末年已有，距今近兩千年，是較為浪漫的傳統節日之一。那時的元宵節，被稱為上元節，是一個非常隆重的節日。元宵節期間，大城市都會張燈結綵，歌舞昇平。官府會下令特許開啟坊門，弛禁三夜，任由人們徹夜狂歡。因為沒有宵禁，女人們也可以正大光明地出門，所以這天晚上已婚的成雙成對，兩情相悅。未婚的可以自由約會，單身的則可物色對象。

元宵之夜，深閨中的女子可以結伴而出，賞月、鬧花燈、猜燈謎，為情竇初開的少男少女提供了邂逅的良機。即便在程朱理學盛行的宋代，女孩子們依然能到街市去觀賞花燈，盡興遊玩。即便深夜不歸，旁人也不會多加苛責。因此，元宵節這天也就造就了無數良緣美眷。

但男女相會並非節日主題，只是個別情況罷了。所以，雖然元宵節的由來不是為了撮合男女相會，但從習俗來看，元宵節比七夕更具有「中國情人節」的味道。元宵節有著浪漫的韻味，上巳節則更像是正宗的情人節。在古代三月三上巳節來臨時，青年男女到郊外遊春，官府更是鼓勵男女相會。

早在周朝，「三月三」就可以說有著法定情人節的地位。《周禮．地官．媒氏》中有記載：「仲春之月，令會男女，於是時也，奔者不禁。」

大概的意思就是，在這個適合談戀愛的季節，大家千萬不要錯過。而且約定之後，缺席者要遭到懲罰；而兩情相悅的參與者，就算是私奔，也不會遭到阻攔！可以說，上巳節才是中國最正宗的情人節。

《古代風俗百圖》這樣描繪先秦鄭國民俗：「溱洧河畔鐘鼓交，踏青遊人樂陶陶。紅男綠女佩香草，兩情相悅贈芍藥。」人們會在上巳節這天與愛人花下漫步、約會，未婚男女遇到心悅之人，則大膽私定終身，互贈一束芍藥花為約定。而芍藥，也成了愛情之花，戀人別離時，常以芍藥相贈，深深淺淺的情意、百轉千迴的思緒，都包含在這一束芍藥花裡了。

當然古人結婚也不能只靠送芍藥花了事，相反，上巳節送芍藥定情僅是開始。古人的婚俗禮節要比現代人複雜隆重得多，從請媒人提親開始，到雙方互通姓名八字、去祖廟占卜合婚，再到送聘禮、擇日請期，之後才能正式迎娶新娘過門。

除了是戀愛的節日，上巳節還是一個多元化的日子。早在巫蠱盛行的神祕上古，上巳節已經出現。人們經歷了一季冬藏，邪氣內沉，為祛除體內不祥，在專職女巫的帶領下，大伙在三月上旬的巳日齊聚河濱，用蘭草濯洗，用柳枝沾著花瓣點頭身。

而上巳節中，「巳」的本義，指胎包中的小兒。已婚女子，在上巳節求嗣，或祭祀生育之神——高禖，或在水中浮雞蛋、紅棗；女子爭相撿食水中的雞蛋，吞食可以得子。文人雅士則玩起了「曲水流觴」，把一個節日的意義拔高到極致。大家坐在河渠兩旁，酒杯自上游順流而下，停在誰的面前，誰就把酒吟詩。跟我們現在年輕人玩的漂流瓶有異曲同工之妙，只不過漂流的不是瓶子，而是酒杯。

古人如此形容上巳節：「上巳良辰近，三春淑氣妍。穠花輕著雨，細柳淡籠煙。燕翦當風掠，鶯梭拂露穿。」如此佳節，有許多浪漫，非常獨特。

從發展上看，三月三歷史悠久；從習俗上看，三月三提供給古代男女一個相會的機會；從時間上看，三月三是在萬物復甦的春天，是最適合談戀愛的時候。並且有一些學者認為，七夕時屬「七月流火」，陽氣盛極而衰，更多的是秋日裡悽切的閨怨。而三月三正值萬物生長、青春萌動的時節，從某種程度上說，古人將三月三定為「中國情人節」也很符合歷史傳統和自然規律。

當然這種青年男女集會的場合，女孩們一定是盛裝出席的，直到後來逐漸演變成「女兒節」。宋代以後，理學盛行，禮教漸趨森嚴，男女之間交往不能太過親密，上巳節風俗在漢人文化中漸漸衰微。

現如今，人們已經遺忘了它是一個最古老最正宗的情人節了，只記得三月三（上巳節）是廣西少數民族的傳統節日。在農曆三月三這一天，廣西會有許許多多的少數民族帥哥美女成群結隊對歌，以歌傳情。

青龍偃月刀直到唐朝才出現，關羽是肯定用不上的

說到關二爺，幾乎無人不知無人不曉，武聖關羽已成為一個符號，他代表著忠義，影響著後輩無數的人。這一切都要歸功於羅貫中寫的小說《三國演義》。

小說中寫關羽殺顏良誅文醜，溫酒斬華雄，過五關斬六將，千里尋劉備，忠肝義膽。英雄配好馬，於是「馬中赤兔」的赤兔馬，成為關羽的坐騎，一騎絕塵，如入無人之境。良將用好刀，於是青龍偃月刀成為關羽的武器，寶刀在手，大開大合，所向披靡，無人能敵，於萬千兵馬中可取上將首級。

但演義不是歷史，小說不是史實。作者羅貫中是帶著個人主觀意念傾向寫的小說，他以劉備這方為主角，寫出了劉備仁義、關羽忠義、諸葛亮智義。但正如魯迅先生評論諸葛亮的話，「多智而近妖」，小說也將關二爺描繪得神乎其神。

就拿關羽的武器青龍偃月刀來說，《三國演義》是這樣描述的：「雲長造青龍偃月刀，又名冷豔鋸，重八十二斤。」按照東漢的計量單位換算，一斤相當於二百多克，大概四十斤；如果按照羅貫中所處的明朝來算，有九十多斤。關羽高大威武，身材壯碩，即便他可以把重幾十斤的大刀靈活揮動，他的馬大概也難以承受這個重量。更別說是千里行軍、領兵打仗了。

其次，青龍偃月刀是在唐代才出現的武器，原稱「掩月刀」。該刀最早見於《武經總要前集．器圖》。《武經總要》成書於北宋初期仁宗慶曆四年（西元一〇四四年），是一部由官方主持編修的軍事和兵器大百科全書。

書中「刀八色」章節共繪製了當時軍隊中使用的八種刀型，「掩月刀」便是其中之一。根據圖式來看，「掩月刀」刀頭闊長，形似半弦月，背有歧刃，刀身穿孔垂旄，刀頭與柄連線處有龍形吐口，長桿末有鐏。「刀八色」中的「屈刀」、「鳳嘴刀」與「掩月刀」形式相仿。刀名在當時雖然有細分，但在後世則基本以「偃月刀」作為這一類帶背刃的長柄大刀的統稱。

「偃月刀」作為重型兵器，劈砍的威力巨大，但其太過笨重且製造成本超高，在戰場上並不實用，更多用於演武、列陣以及操練，以此展現士氣軍威。還有的則被宮殿侍衛和鹵簿用作儀仗兵器，在清代早期甚至變成了武舉考核臂力的道具。

所以到唐代才出現的青龍偃月刀，是不可能穿越到東漢末年，來到關羽手中，成為他的武器的。那關羽真正使用的兵器是什麼呢？

《三國志》中記載：「曹公使張遼及關羽為先鋒，羽望見良麾蓋，策馬刺良於萬眾之中，斬其首還。」根據一個「刺」的動作，猜測關二爺使用的應該是長槍或者長矛；加上一個「斬」的動作，猜測關公還隨身攜帶著一把刀。

戰場之上，長矛這樣的武器較難舞動，且有被敵軍搶去的風險，所以備著一把刀，是比較符合邏輯與常識的。三國時期的刀，大部分是「環首刀」，在當時，各國軍隊汲取兩漢以來炒鋼、百煉鋼、淬火等鋼鐵冶煉技術，大量生產過環首刀。

歷史是由後來人所書寫的，你所能看到的，不過是記錄歷史的史官想讓你看到的。加上民間的口耳相傳，三人成虎。一葉障目之後，「整個泰山」都淪為歷史的塵埃，被後人忽視或遺忘。後世能記住的，不過是那一葉秋色罷了。

古代第一位西行取經的僧人不是玄奘，他出發時已經六十五歲

提到西天取經第一人，人們總是會想到唐僧。隨著《西遊記》的傳播，唐僧的形象已經深入人心。但事實上，僧人法顯的西行取經早於唐朝的玄奘大師兩百三十年，是中國佛教歷史上第一個到天竺去取經的僧人。他的取經路途，開始於他六十五歲之時，歷時十三年，經過了三十多個國家。

余秋雨曾經這樣評價法顯，「這位把彪炳史冊的壯舉放在六十五歲之後的老人，實在是對人類的年齡障礙作了一次最徹底的挑戰，也說明一種信仰會產生多大的生命力量」。

東晉晉成帝咸康年間，三歲的法顯被父母送入廟堂。這並非父母狠心拋棄，只是法顯之前，已有三個孩子夭折。貧寒的家境，更是讓這個孩子變得格外脆弱，面對這個體弱多病的孩子，郎中也無奈搖頭。這對貧寒的父母，陷入了深深的痛苦之中，他們不知道生機到底在哪裡。遠處傳來的鐘聲，帶給這對貧寒的父母啟示。父母最終決定將他們的孩子送到廟裡，以求佛祖保佑。

年幼的法顯站在廟堂裡，望著父母離去又頻頻回首的身影，充滿了不解與牽掛，卻不得不一步步走向自己的命運，自此開始了佛家生活。

東晉時代還未擺脫戰爭的陰影，在那片貧瘠土地上的人們不得不與飢餓為伴，寺廟中的僧眾必須自食其力，靠種植農作物得以生存，生活格外艱辛。而這殘酷的世事，卻孕育了法顯慈悲的心腸。

二十歲時，法顯受了大戒（沙彌進入成年後，為防止身心過失而履行的一種儀式）。與佛經相伴的日子，安寧而空明，時光靜默地流轉，轉眼便是四十餘年。法顯對於經文的參悟程度逐漸提高，對於經律越來越熟悉、精深，但同時，他也發現了更多的問題。

隨著統治者的大力推廣，佛教信徒逐漸增多，也形成了許多僧教組織。但是法顯生活的時代，來自印度的佛教戒律並不齊全，再加上翻譯的曲解，更是遠離了佛法的本意，而僧人們更是沒有一套系統的佛家戒律。眾多的僧團組織，很容易在迷茫中失去修行的發展方向。

而這些疑惑，卻又無人能夠解答。

於是，法顯立下宏願，要尋求最權威的佛家律法，便決定到西方的天竺（古印度）佛祖的故鄉，誓要讓眾人都能夠了解到佛法的大義。

很多六十歲的老人都開始養花遛狗研究養生，享受美好的餘生。但六十餘歲的法顯，將要用自己的人生暮年完成一生中最大的願望，他以信仰為枴杖，走上了求經之路。

他不像玄奘大師一樣被人津津樂道，進而延展出四大名著之一的《西遊記》，也不像鄭和一樣，帶著國家的使命下西洋。法顯的行走，遠遠超過政治所承載的意義。

東晉隆安三年（西元三九九年），法顯開始了說走就走的追夢之旅，他與慧景、道整、慧應、慧嵬等人一同從長安出發，開始了漫長的旅途。

長安是法顯旅途的起點，也是他旅途的終點。但走完這一個來回，他不知道需要多久，又或者，此生是否還有機會抵達終點。

法顯一行人，西出玉門關，開始了取經之路。很快，他們就面臨西行路上的第一個難關。

在法顯六十年來的佛學生涯中，從沒見過如此窮凶極惡的環境。「沙河」（即白龍堆大沙漠）並不是一條河，而是沙漠，如同《西遊記》裡流沙河的湍急凶猛，這裡曾是古代絲綢之路的重要通道，其凶險讓往來的商旅望而生畏。

在這片渺茫無邊的沙漠中，法顯一行人艱難前行。抬眼望去，沒有任何的標誌，死人的枯骨成了沙漠裡的路標。他們在經歷了十七個晝夜的前行後，終於抵達了西域的第一個小國鄯善。這個國家還有一個更聞名遐邇的名字——樓蘭。在樓蘭修整一個月後，法顯一行人繼續西行。

西元四〇〇年春，法顯和他的弟子們來到了于闐國（今新疆和田），對於普通的商旅來說，這裡可能是絲綢之路上一個遮風避雨的好場所。但是，對於信奉大乘佛教的僧人來說，卻並不一定如此。因為此前一百多年裡，信奉大乘佛法的中國僧人，不被于闐所容。第一位西行求法的僧人高士行，也因此受到了阻撓，止步於此。如今，法顯懷著忐忑的心情來到此地。他面對一個未知的答案，不知道自己能否克服宗教的分歧，將求法之路繼續延伸，答案無從得知，他只能向著佛祖默默地祈禱。

法顯到達此地時，正值一場盛大的佛事——佛誕節。壯觀的儀式，規模宏大，留下給法顯深刻的印象，而對於此時的于闐國來說，宗教的分歧已不再重要。而且，這裡規模宏大的瞿摩帝寺，也已經是大乘佛寺。法顯心中充滿了激動和欣喜。

在瞿摩帝寺裡，法顯驚喜地發現了許多非常珍貴的佛家典籍，而且這是中土沒有的。可驚喜之餘，也帶給了法顯困惑。前方路途凶險，很有可能命喪黃泉。將這些佛典帶回故國，便會獲得無上的榮光。

也許，法顯的心中，也曾有過一絲猶豫。但是，在於闐休整了三個月後，法顯又邁出了西行的腳步。

他們途經許多西域小國後，來到了竭叉國（今新疆塔什庫爾干塔吉克自治縣），又經歷了凶險的蔥嶺後，來到了雪峰。經過一個多月，求法的僧人成功走出了雪山，來到了天竺（今印度）。他們越過陀立國後橫渡洶湧的印度河，開始了天竺求法之旅。

西元四〇三年，此時跟隨法顯的人只剩下道整一個人。其他同伴，有的到別處求法，有的先行回國，有的在途中離世。

法顯終於來到了天竺境內，這裡是佛教的發源地，也是印度佛教文化最豐富的地區。古天竺彷彿自由的天堂，留下給法顯深刻的印象。他沿著佛祖走過的道路，行走在恆河流域，將他所見所感的點點滴滴，都記錄在《佛國記》中。

西元四〇四年，法顯滿懷希冀地來到了佛祖的誕生之地。然而當法顯駐足於此的時候，卻發現往日佛祖的榮光已經黯淡，佛法在此已經凋零。

在佛祖的故鄉，他沒有找到想要的律藏，那麼到底要去哪裡尋找？

西元四〇五年，法顯抱著最後一線希望，來到了巴連弗邑城。這裡是天竺最興盛的國家，人民富裕和樂，佛教興旺發達。這裡有一位名叫羅沃私婆迷的大乘佛法學者造詣高深，所以法顯慕名前來拜訪。而在這裡，他終於找到了他一直尋找的律藏。於是法顯留了下來，一邊學習梵文，一邊抄寫經律。在當時的天竺，還沒有造紙術和印刷術，經卷是寫在貝葉上的。所以抄書是一項極其考驗耐力的工作。陌生的語言，陌生的地域，對於年邁的他來說是一種挑戰。然而，他的心中，卻沒有感到任何疲倦。

他最先抄寫了一部《摩訶僧只律》，然後又抄了《薩婆多眾律》、《雜阿毗曇心》、《方等般泥洹經》等多部經書。

隨著時光的流轉，法顯已經將所有的典籍抄寫完畢。看著眼前的經書典籍，法顯知道，是時候離開了。啟程的時候，一起穿過雪山活下來的道整決定留在天竺，法顯不得不一個人孤身上路。

這一年，法顯已經七十歲，沒有同伴陪同，攜帶著大量的經卷，要回到萬里之外的故鄉，又談何容易？

順著一位商人的指引，法顯一路南下，一邊蒐集法典，一邊尋找回國的渡口。

西元四〇八年，法顯來到了多摩梨帝國（今印度西孟加拉邦塔姆盧附近），這裡是水陸交通的中心，而且佛教發展繁盛。佛經典籍和佛教繪畫極為豐富，這一切，讓法顯暫時停住了回國的腳步。法顯在這裡抄寫佛經，繪製佛像。日昇日落，一晃便是兩年的時光。學得了佛像繪製之法後的法顯，乘船南下繼續尋找回國的港口。隨後他來到了一個島國，也就是今天的斯里蘭卡。

在這個佛法昌盛之地，無畏山寺濃郁的寺廟氛圍，深深打動著法顯。那些佛家的戒律典籍，更是讓他難以割捨，所以他在這裡停下了腳步，他要將這些寶貴的精神財富帶回故國。

西元四一一年，法顯結束了艱難的求法之旅。他雙手合十，告別了佛祖的故鄉，踏上歸程。然而，海上氣象變幻莫測，他又是否能成功地穿越大海，回到他魂牽夢縈的故鄉？

一路上面對著肆虐的狂風和波濤，流連輾轉幾個月，被海浪狂風損毀的商船漂泊到了一個島上。

西元四一二年的五月，法顯乘上了修復的商船，開始東歸。然而，一場突來的狂風席捲印度洋。船上的旅客們，在搖晃的商船中四處逃竄。法顯卻平靜地端坐在船中，守護著自己的經書。

暴風雨徹底失去了控制，信奉婆羅門教的商旅們，認為這個佛教徒帶來了厄運。人性的醜惡籠罩著一個巨大的陰謀，他們商議著要將法顯投入大海，平息神明的憤怒。危急時分，一位商人挺身而出，保護了法顯。

東晉義熙八年（西元四一二）七月十四日，法顯終於回到了故土。

在山東即墨登陸的法顯，來到建康（今南京），將帶回的經書全部翻譯完。這些經書很快地傳播出去，對佛教發展產生了重大的影響。之後，法顯又開始記錄自己西行的歷程，他把十幾年的經歷，全部記載在《佛國記》裡。

《佛國記》又被稱為《法顯傳》、《佛遊天竺記》、《歷遊天竺記傳》等。法顯的《佛國記》不僅具有佛學價值，還在文學、歷史、文獻、地理、航海、經濟方面都有著重要作用。可以說，《佛國記》是中國古代第一部完整的旅行記。

《佛國記》的完成，為法顯取經畫上了一個完美的句號。東晉元熙二年（西元四二〇年），八十六歲的法顯圓寂於荊州。

被「黑」慘的武大郎夫婦其實郎才女貌、恩愛有加

前有《水滸傳》，後有《金瓶梅》，潘金蓮也算是古代大IP的經典人物。後人提起她，無不是用蕩婦來形容，不守婦道，毒殺親夫，將她惡毒女這一人設穩穩立住。

大多數人都認為，這只是個被用來寄託情感和對映現實的虛構人物，所以將一切負面的情緒全都加注在這樣一個德行有缺的女性角色上，絲毫沒有負擔。可事實上，潘金蓮卻是生活在明朝的一個真實而鮮活的人物。

如果潘金蓮是故事中那個做盡惡事的女人，那麼被萬世唾罵也只能是她活該。可真正的她，卻是一位善良貌美、品行端方的大家閨秀，就連她那矮窮醜的相公武大郎，實際上也是一位相貌不俗、身形高大且才學淵博的青年。

那是一段甜蜜的過往，少年武植因為家貧去潘家做短工，與荳蔻年華的潘家小姐潘金蓮相識相知，潘金蓮贈他銀錢助他讀書，而武植也不負所托，功成名就。一對有情人在父母的見證下成婚，從此夫妻恩愛共白頭，還一起孕育了四個孩子。武植在任職陽穀縣縣令時，為官清廉，政績卓著，平冤案、治水患，很受百姓愛戴，武大郎這個放在後世堪比罵人的名號，卻是百姓對父母官武植的尊稱。

就是這麼一對優秀的夫妻，卻由於一場惡意的報復，成了後人的笑料，被翻來覆去地「鞭屍」。

黃堂是武植的同窗，人如其名，做人十分荒唐。黃堂家中起火，他投奔武植，卻因為武植僅僅招待

他而沒有伸手幫助，就心生怨恨。陽穀縣地痞西門氏因為不滿武植，背地裡說了他很多壞話，這些話被黃堂聽見了，他靈機一動，在回鄉途中添油加醋地宣揚，甚至因為武植深愛潘金蓮，還鬼迷心竅地編造了西門氏與潘金蓮的緋聞。

陽穀縣的居民自然不會相信這些謠言，可是別的地方的人不知道武植和潘金蓮是何許人也，見黃堂說得有模有樣，便信以為真。就這樣，這段流言迅速傳播，並且愈演愈烈。黃堂回家後，發現自己被燒毀的房子已經修繕好，妻子說是武植出了錢幫忙修繕，他這才後悔自己的作為。

本來武植和黃堂二人只是同窗，並非近親，同窗之間若有急事，幫是情分不幫才是本分。可是黃堂作為求人的反倒把自己當作大爺，居然因為武植沒有主動幫助就心生惡意，還做了惡事。看到武植幫了他後就短暫地後悔一下，沒有為自己犯的錯付出任何代價，還白得了好招待和新房子。

本來事情發展到現在，就是一樁民間口耳相傳的八卦，真正讓這件事變了性質的人是施耐庵。施耐庵在創作《水滸傳》時聽到了這樁八卦，在沒有任何考核的情況下，也未經當事人同意，就當作素材寫進書中。可能當時對於他而言，自己僅僅是做了一件抨擊狗男女的好事，可是對於武植和潘金蓮來說，卻是一場災難。

古人看重聲名，可憐武大郎和潘金蓮，卻因為交友不慎背上了汙名。黃堂和施耐庵僅用一張嘴、一支筆、幾頁紙，就對這對夫妻造成了無法挽回的傷害。作為男性的武大郎，沒了一生為官的清名，成了醜陋猥瑣的失敗男人；而由於古代對女性的枷鎖更重，潘金蓮直接被釘在了恥辱柱上，成為一種另類的玩物。

二〇〇九年十二月十八日，施耐庵的後人來到清河縣武植祠為武植和潘金蓮塑像，並寫下了道歉詩，這遲到了幾個世紀的歉意，卻永遠無法穿越時空，傳到二人耳邊了。

陳世美的千古清名被兩個老同學毀了

戲劇《鍘美案》為我們貢獻了一個經典渣男形象，劇中陳世美翻身考上狀元，立刻爹媽不管、妻兒不認，緊緊抱住公主大腿，將軟飯吃得徹徹底底。老家遭了旱災後，陳世美父母餓死，妻子秦香蓮帶著兒女一路乞討，終於尋到了陳世美。可陳世美怕自己的公主老婆知道真相，打算從根本上解決問題，於是派人滅口。情急之下，秦香蓮鼓起勇氣上開封府告狀。包青天頂住多方壓力查清事情真相，最終將陳世美送上斷頭臺，達成了糟糠妻絕境逆轉、打敗渣男的好結局。

包大人的斷案故事帶給了我們痛快，陳世美不仁不義不孝，人人得而誅之。可誰又能想到，這被傳唱成經典的故事，卻是一樁天大的冤案。

陳世美和秦香蓮的原型是清朝人士陳年穀和秦馨蓮，兩人雖是二婚夫妻，卻是恩愛不離，攜手白頭，既沒有公主插足，也沒有買凶殺妻。

這對古代模範夫妻，之所以會變成戲劇中的模樣，都是因為兩個惡毒的同學使壞。

早期的陳年穀是個本地知名貧困生，本來只想低調讀書，存錢考試，可是家鄉中幾位有錢的同學總感覺自己上京路上缺了個對照組，於是幾個人商量過後決定一起贊助陳年穀，讓他們的漫漫考試路多點樂趣。沒想到多人上京考試，只有陳年穀這個陪考考中進士，剩下的全都落榜。

陳年穀入職成為饒陽知縣後，以自己出色的工作能力和一顆堅定的愛民之心，績效考核次次評優，事業一帆風順，最後做到了貴州按察使兼任布政司參政。

從事業上看，陳年穀走得順風順水，所以在升職加薪的路上，總會有人來找麻煩。按照小說慣例，最先來的應該是家裡的白目親戚，可是到了陳年穀這裡，卻變成了白目同學。

胡夢蝶和仇夢麟是當年資助過陳年穀考試的人。這兩個人見陳年穀官路通達，十分眼紅，無奈自己能力不行，當不了官，於是這兩個人想出了一個自認為絕妙的辦法。

他們找到了陳年穀，先敘舊，再談恩情，最後談目的——走後門。

按照他們的說法，陳年穀能這麼有出息，都是靠他們的贊助，所以陳年穀的官位應該有他們的一份，現在他們要求陳年穀靠關係謀個官位不算過分。

陳年穀驚呆了，世上怎會有這種無恥之人！欠債還錢，欠恩還情，但讓他以權謀私，這是不可能的。於是陳年穀果斷將這兩個異想天開的老同學請出家門。

兩個老同學越想越生氣，回鄉途中路遇戲團，聽了一場《琵琶記》，男主忘恩負義的故事讓二人來了靈感，大筆一揮，惡意修改《琵琶記》，把陳年穀夫妻寫進了新編的戲劇中。不過由於陳年穀的仇人不多，他們也怕被人發現後遭到報復，於是陳年穀變成了陳世美，秦馨蓮變成了秦香蓮。

雖然胡夢蝶和仇夢麟讀書不太行，可是他們在編劇這方面的確頗有天賦，改編版的《琵琶記》成了爆紅神劇，被人稱作《賽琵琶》。如果當年有版稅或者版權費這一說，他們二人有可能會在創作路走上人生巔峰。因為這齣《賽琵琶》太過精采，觀眾經常大呼沒看夠，所以戲團把這個最成功的改編曲目與當時的另一個爆紅神劇《陳州放糧》融合在了一起，形成了故事框架更大的《鍘美案》，讓包青天從宋朝跨越時空來到了清朝，增加了一份流傳百年的大業績。

一齣好戲，毀掉了一個好官的千古清名，這大概就是媒體的力量。

因為《白蛇傳》，人們對法海誤解太深

許多悽美的玄幻愛情故事，故事中的痴男怨女有的會經歷苦難最終相守，有的卻是慘淡收場死生不見。法海和天帝，一個阻止了人蛇相愛，一個中斷了仙凡廝守，兩個最會棒打鴛鴦的男人，在故事中總是以反派的形象登場。然而天帝是一個虛擬人物，真正的法海卻特別想說一句「冤枉啊」。

法海的俗家名字叫做裴文德，作為正經的官二代，他從小得到了頂尖的教育資源，最終不負丞相老爹裴休的厚望，成為風光無限的少年狀元郎。

就在裴文德準備在官場上大展拳腳的時候，他的父親非常沉重地宣布了對他未來的規劃：兒子，官場險惡，你不適合，就讓爹獨自在這深不見底的漩渦中沉淪吧。

當時正值一個皇子生了場大病，以當時的醫療水準算得上不治之症，裴休主動跟皇上請命，讓自己

的兒子出家為皇子祈福，皇上聽聞非常感動，在心裡點了一個大大的讚給裴休。就這樣，裴文德「喜提」法號「法海」，離開了朝廷，被迫轉投金山寺。

年紀輕輕的他不願意面對自己不能流芳千古的事實，不想承認自己是個和尚，經常會有點小抱怨，可是時間長了他也想開了，畢竟金子在哪都會發光。皇天不負有心人，法海終於靠著寺廟加持的運氣，從地基中挖出了大量黃金，成為皇帝眼前的大紅人。

不過這份功績，最終卻敗給了他的一個小小舉動：白蛇咬人，法海驅逐。在史料缺失的情況下，人們口耳相傳，融會多個奇聞傳說，最後在明朝話本寫手馮夢龍的筆下，變成了高僧法海蛇妖口中拯救被困青年的故事。

這個版本的法海還是一個善良正直的好和尚，可是畢竟是民間話本，這樣一個降妖伏魔的故事太過老套，中規中矩沒有新意。到了清朝，人們把法海的故事玩出了新花樣，法海開始有了各種奇奇怪怪的身分，性格逐漸扭曲。白蛇和許仙卻成為真愛，上演感天動地的悲情故事。

魯迅一篇〈論雷峰塔的倒掉〉，徹底將反派法海形象釘在了後人心中。一九九三年的電影《青蛇》中，法海還與白蛇的妹妹青蛇有了一段「露水」緣分，好在演員足夠帥氣，也算是為這位高僧小小地挽救了尊嚴。

法海的傳奇故事，到現在也沒有定型。至於他到底懂不懂愛這一議題，可能要留到未來其他版本的《白蛇傳》裡再討論。

「鴛鴦」一詞最早並不是用來形容情侶的，而是指兄弟

在高歌愛情的時候，我們常會說「只羨鴛鴦不羨仙」，以此來形容眷侶之間恩愛相伴。因為美麗的鴛鴦一雌一雄，總是成雙結對地出現，它們在結成配偶之後，會比翼雙飛。這也正像人們對美好愛情的期盼。所以，鴛鴦也經常會出現在歌頌愛情的詩句中。

所以，這種解釋從任何一個角度來講，似乎都不存在什麼問題。但是在古代，鴛鴦最初其實並不是用來描寫伴侶關係的，而是用來比喻兄弟情深。

《昭明文選》的《蘇子卿詩四首》中有一首詩寫道：「骨肉綠枝葉，結交亦相因。四海皆兄弟，誰為行路人。況我連枝樹，與子同一身。昔為鴛和鴦，今為參與辰……」

其中的意思是，兄弟之間的關係就如同樹葉長在樹上，朋友之間的關係也是如此親近。四海之內都是兄弟，誰都不是不相干的陌路人，我們是枝幹相連的兄弟，生長於同一身體，從前親近得如鴛鴦，現在卻如同天各一方的星辰要分開了。由此可見，這裡是用鴛鴦來比喻兄弟贈別之情的。

《詩經．小雅》中「鴛鴦於飛」的句子，也不是用來形容夫妻的。

《答陸士龍》四首組詩，其中有一首〈鴛鴦〉的序文也寫道：「鴛鴦，美賢也，有賢者二人。雙飛東嶽，揚輝上京。」這裡的鴛鴦所指的是陸機、陸雲兄弟二人。一直到唐代，詩人盧照鄰在〈長安古意〉一詩中寫道：「得成比目何辭死，願作鴛鴦不羨仙。」才開始用鴛鴦比喻伴侶之間的情意，此後，鴛鴦才逐

漸成為愛情的象徵。

其實，這種古今文化細節差異還有很多。例如，如花似玉、小鳥依人在古代是形容男人的。但是從現代的角度來看，這樣的詞彙和男性搭配在一起，總會覺得怪怪的。

「如花似玉」出自《詩經．汾沮洳》：「彼汾一方，言採其桑。彼其之子，美如英。美如英，殊異乎公行。彼汾一曲，言採其藚。彼其之子，美如玉。美如玉，殊異乎公族。」

聞一多在《風詩類鈔》中首先提出「這是女子思慕男子的詩」，意思是女子形容自己的意中人「彼其之子，美如玉」。讚美對方有玉一樣美好的德行。

後來隨著時代的發展，玉的特質被淡化，而花則成為女性的專屬象徵，如花似玉也就成了對女子的讚美。

「小鳥依人」一詞出自唐太宗李世民對書法家褚遂良的評價。

《舊唐書．長孫無忌傳》記錄唐太宗和長孫無忌品評當朝人物時，對褚遂良作出了如下評論：「褚遂良學問稍長，性亦堅正，既寫忠誠，甚親附於朕，譬如飛鳥依人，自加憐愛。」意思是褚遂良在學問方面大有長進，性格耿直，對朝廷忠心，對我很有感情，一副飛鳥依人的模樣，令人憐愛。

再譬如「千金」在古代原指男兒。隋唐時期的姚思廉在《梁書》中記述道：

「（謝）朏幼聰慧，莊器之，常置左右。年十歲，能屬文。莊遊土山賦詩，使朏命篇，朏攬筆便就。琅邪王景文謂莊曰：『賢子足稱神童，復為後來特達。』莊笑，因撫朏背曰：『真吾家千金！』孝武帝曰：『雖小，奇童也！』」

意思就是，神童謝朏十歲時就能出口成章。對於別人的誇讚，他的父親謝莊則說，這是我們家的千金。意思是出類拔萃的男子，其智慧可值千金。

追根溯源，歷史深處的真相，有時會讓我們有些驚訝，有時又給我們一些驚喜。而這些讓人意想不到的差異，正代表著文明的傳承與發展。

被誤解的成語

現在我們形容同患難的兩個人會稱之為難兄難弟。這個成語出自於《世說新語》：「陳元方子長文，有英才，與季方子孝先，各論其父功德，爭之不能決，諮於太丘，太丘曰『元方難為兄，季方難為弟』。」說的是東漢末年的名士陳寔有兩個兒子。長子陳紀，字元方；次子陳諶，字季方。兩個人品行才學都很出眾。

這兄弟二人的兒子都很崇拜自己的父親，並為誰的父親更優秀產生了爭論。二人爭執不下，最後去找了爺爺陳寔來評理。

最後，陳寔回答說：「元方難為兄，季方難為弟。」意思是二人都很優秀，難分伯仲。所以，難兄難弟，最初並不是一個同患難的悲情故事。

「二十四史」中的《隋書》也曾有言：「廣陵、甘棠，咸有武藝，驍雄膽略，並為當時所推，赳赳干城，難兄難弟矣。」同樣是沿用此意。

但不知從何時開始，這個成語已經失去了最初的本義，而用來形容共患難的兄弟。不過從字面上看，現代的用法也的確更直接。

在滔滔的歷史文化中，還有很多成語在傳承的過程中偏離了本義。

呆若木雞常常用來比喻一個人呆愣的樣子，就像一隻木頭雞一樣，是個具有貶義色彩的詞。此成語出自《莊子．達生》：「幾矣。雞雖有鳴者，已無變矣，望之似木雞矣，其德全矣；異雞無敢應者，反走矣。」

這個故事講的是戰國時期，齊宣王很喜歡鬥雞的遊戲，為此特地找了一位馴雞小天才紀渻子。齊宣王對此事特別用心，他非常希望自己的雞能在鬥雞大會上奪冠，所以經常來詢問紀渻子是否馴成。紀渻子馴雞完全不按套路出牌，總是說他馴的雞太好鬥，還要等等。

但齊宣王不解，一直在心裡碎念：鬥雞明明是要戰鬥的，為什麼紀渻子要反其道而行之，把雞馴得淡定下來？

後來，紀渻子終於把雞馴好了。齊宣王滿心期待，又有些惴惴不安。看著賽場上其他的雞鬥志昂揚、極其興奮的樣子，而自己這隻由紀渻子馴的雞則是一動不動，他心裡沒了信心。

但當紀渻子馴的這隻雞到了賽場上，神奇的一幕出現了，其他的雞竟都被嚇跑了。

因為這隻雞在戰鬥場上氣定神閒，氣場極其強大，其他的雞感受到了壓迫就主動投降了。「呆若木雞」這個成語也就由此誕生了。但從這個故事中我們可以知曉，它最初的意思指的是一種波瀾不驚、泰然自若的境界，而非今時所形容的呆愣的樣子。

還有「人盡可夫」一詞現在被用來指私生活不檢點的女子，可以和很多男人像丈夫一樣發生關係，帶有明顯的貶義色彩。但事實上，根據這個成語的出處，其本義並非如此。

《左傳》記載，厲公四年，祭仲專國政。厲公患之，陰使其婿雍糾欲殺祭仲。糾妻，祭仲女也，知之，謂其母曰：「父與夫孰親？」母曰：「父一而已，人盡夫也。」女乃告祭仲，祭仲反殺雍糾，戮之於市。厲公無奈祭仲何，怒糾曰：「謀及婦人，死固宜哉！」

這是「人盡可夫」一詞的出處。講的是鄭國的大夫祭仲權勢越來越大，鄭厲公擔心他危及自己的王位，於是派祭仲的女婿雍糾去殺掉他。

祭仲的女兒知道了這件事，崩潰又為難。自己的丈夫要殺自己的父親，她不知道該如何抉擇，便向母親請教。她問母親，丈夫和父親哪個更重要？而母親的回答是，父親只有一個，而天下男子都可能成為一個女人的丈夫。於是，祭仲的女兒有了答案，向父親告發了丈夫要謀害他的事情。因而，雍糾在暗殺祭仲時被反殺。

所以，從它的出處我們可以得知，「人盡可夫」的本義和現代釋義截然不同。

「出爾反爾」一詞出自《孟子．梁惠王下》：「出乎爾者，反乎爾者也。」我們現在用出爾反爾來比喻那些說了話又不算數，反覆無常的行為。但其本義卻另有所指。這個成語來自於這樣一個故事：在戰國時期，郯國與魯國交戰，郯國損失慘重。

郯穆公告訴孟子自己有三十三名官員在戰爭中被殺，而百姓卻無動於衷。他想殺了這些百姓，但又不可能去殺掉那麼多人，可不殺他們又難解恨意。

孟子引用了曾子的話「出乎爾者，反乎爾者也」回答了郯穆公的困惑。意思是一報還一報，當初鬧災荒的時候，這些官員也沒有去救濟百姓，讓百姓活活餓死。如果施行仁政，百姓自然會和你一條心。所以，出爾反爾的本義其實是指你怎樣對別人，別人就會怎樣對你。並且，這句話是曾子說的。

「大放厥詞」在今天被人們指作誇誇其談，大發議論，帶有一定的貶義色彩。但其本義卻是褒義。這個成語出自韓愈〈祭柳子厚文〉中「玉珮瓊琚，大放厥詞」，是韓愈讚美柳宗元辭藻精美，暢所欲言。但隨著時代發展，這個詞的詞意也慢慢跑偏，與本義大不相同。

「眉來眼去」原指觀賞美景，出自辛棄疾〈滿江紅．贛州席上呈陳季陵太守〉：

「落日蒼茫，風才定，片帆無力。還記得，眉來眼去，水光山色。」但現在已經被用來指代眉目傳情或者是暗地勾搭。

「愚不可及」現在被用來形容一個人愚蠢至極，但其本義卻是褒義的。這一成語出自《論語．公冶長》，子曰：「甯武子，邦有道則知，邦無道則愚。其知可及也，其愚不可及也。」意思是說甯武子在國家政治清明的時候會充分表現他的才能，而在政治混亂時，則會表現得愚鈍。而在該表現才能的時候表現才能，別人也可以做到，但是在該表現得愚鈍的時候表現得愚鈍，卻是別人所不能達到的。所以，愚不可及，實際上是讚譽他收斂鋒芒、識時務的智慧。

衣冠禽獸最初是褒義詞

破洞風格，儼然成為時下最流行的著裝風格之一。但你知道嗎？現代人們喜歡「破」，古代人卻對「補服」情有獨鍾，他們對「補」的追求可謂到了極致。用那時候的話來說就是：長大後，我想成為「衣冠禽獸」。

「衣冠禽獸」一詞，現在就是一個貶義詞，在古代怎麼就成了百萬平民夢寐以求的穿搭了呢？其實「衣冠禽獸」這個詞最初來源是明代官員的服飾，此時的人們所用的「衣冠禽獸」一詞其實是褒意，其中還帶著一點點羨慕。

歷代皇帝都喜歡將自己稱為「真龍天子」，所以他們的制服上都會繡上龍的模樣。到朱元璋當皇帝的時候，他穿上了真龍天子必備裝備，但穿多了之後發現光自己一個人穿龍圖騰的衣服太沒意思了。正所謂沒有對比就沒有傷害，沒有對比就沒有威嚴。於是他想出個辦法：讓全國官員的「制服」上都開始繡上小動物。這樣一來，最能彰顯自己「真龍」形象被百獸圍繞、高高在上、優越感十足的地位了。

但是要設計給手下的「制服」也不能像自己的衣服一樣圖騰遍布全身吧，畢竟太秀肯定會搶了自己風頭的。於是朱元璋決定在一塊布上繡上動物，再縫在手下穿的「制服」前後位置。那塊東西就叫「補子」，簡稱「補」，所以明朝官員的「制服」也叫「補服」。

不過，如無差別對待，恐怕會引起那些跟自己奮鬥過的手下的不滿，傷了這幫一直追隨自己的小夥伴們的心。所以大明朝的首席設計師也就因此誕生了，朱元璋想出一招，將所有人的「制服」安排得明明白白，哪種人要穿什麼衣服，規定得很詳細，劃分出三六九等的「制服」。

首先按照文職和武職來分，其次按職位高低來分。文官就繡一些攻擊力低、姿態比較優雅的飛禽：一品繡仙鶴，二品繡錦雞，三品繡孔雀，四品繡雲雁，五品繡白鷴，六品繡鷺鷥，七品繡鸂鶒，八品繡黃鸝，九品繡鵪鶉。

而武官的特點就是能抗能打，就像我們打《英雄聯盟》遊戲時「鬥士」的角色，所以他們的官服上就得繪一些攻擊力高、防禦力高的走獸：一品繪麒麟，二品繪獅子，三品繪虎，四品繪豹，五品繪熊，六品、七品繪彪，八品繪犀牛，九品繪海馬。

同時，為了更明顯地顯示尊卑品級，明朝官員的「制服」還會根據品級不同分為三色。一般一品到四品穿紅袍，五品到七品穿青袍，八品九品穿綠袍。

由於這一系列的操作，大家透過一個人的官服就能很清楚地看出來這個人到底是幾品官，是文臣還是武將。自此，補子上的飛禽走獸，就是明代官員行走江湖的一張「閃亮名片」。但也成為官員們的負擔：當年明朝有個開國元勛廖永忠，很早就跟隨了朱元璋，並在消滅陳友諒的水戰中立下戰功。但後來因穿錯衣服被朱元璋賜死，一度成為明代官場茶餘飯後流傳的熱門話題之一。

即便如此，當時的明朝職場人還是以此為榮：飛禽象徵文臣文采的華美，走獸則象徵武將的勇猛。這塊小小的繡花織物，更是暗示了中央集權制下為官者的尊貴感、品級的高低以及權力的大小。同時也生動詮釋了為何當年朱元璋在制定安邦治國方略時，會始終將服飾制度的確立作為鞏固江山社稷的重要舉措。

那有如此寓意的「衣冠禽獸」一詞是如何一步步「變壞」，到現在竟用來罵人的呢？究其根本在於：薪水太低了！明代的上班族薪水是公認的歷代封建王朝中最低的。但還有另一種說法：實際上在定薪水這點上，朱元璋並沒有那麼苛刻，一開始定下的薪水水準也不算低，在明朝早期養活一家老小還是穩夠的。王瓊《雙溪雜記》便寫道：「國初定製，百官俸給皆支本色米石，如知縣月支米七石，歲支米八十四石，足勾養廉用度。」

那為什麼明朝還是貪腐不斷？這只能歸結於朱元璋了，不知道他哪裡來的腦迴路，將這薪水定成了「永制」，也就是任時光穿梭、斗轉星移，明朝物價無論發生什麼變化，身為我的下屬，在我這裡領到的薪水永遠不變！那可不就是成了真的「死薪水」了嘛。

朱元璋去世之後由其皇太孫朱允炆繼位。這皇太孫也不是個安分的主，一上來就「新官上任三把火」，逼得朱棣弄了個靖難之役，不僅留給後人千古謎題「朱允炆去哪了」，還把之前好不容易存了不少錢的國庫弄垮了。所以當時原本是按稻米支付的薪水，因為朱元璋的後代「大打出手」導致整個國家糧食儲備堪憂，所以明朝的職場人薪水也就變成了兩部分，即：薪水＝本色＋折色；本色＝原來的稻米；折色＝白銀／寶鈔。

這原也無可厚非，畢竟剛打完仗，需要休整，但最大的問題就出在折色上。可能是覺得寶鈔在手，人無我有，自己想印多少就印多少，明朝高層大肆印鈔，便導致大明寶鈔發行腐敗得一塌糊塗。而且一代更比一代差，到後期，壓根就沒啥人用這玩意了。

此時的明朝高層不僅沒把寶鈔發行太濫這問題當回事，竟然還把社畜薪水裡的折色比例越提越高，這下社畜領薪水相當於領了一堆廢紙，讓原本就不富裕的家庭更是雪上加霜。就連大清官海瑞都感嘆：買二斤肉是真的不容易啊。

不僅如此，到了明朝中後期，職場之間竟然颳起一股「送禮風」，原本可憐的薪水補貼家用都不夠了，竟然還要打腫臉充胖子，今日來我家喝酒吃飯，明日去你家打牌聊藝術……長此以往，也就難免苦於囊中羞澀了。

但人情還是要維持下去不是？無奈之下，這些個光鮮亮麗的「衣冠禽獸」們不約而同地走上了貪汙的道路。雖說朱元璋在早期立了法，不管是誰，只要貪到了六十兩就直接人頭落地，但根本阻擋不了官員們走向貪汙的心。為了有面子，他們無所畏懼越戰越勇，利用智慧貪出新的「風采」！

據說當時一個七品知縣都能貪到一品官員年薪的十倍那麼多的錢。錢來得如此之快，當時的明朝職場又開始盛行「不作為風」，甚至有些官員專門魚肉百姓、貪錢斂財。老百姓苦不堪言，一肚子火氣，在他們心中，「衣冠禽獸」不再是之前光輝的形象了，而是一群穿衣戴帽的禽獸。而這群壓榨他們的「衣冠禽獸」，也從百萬平民之夢變成了百萬平民之恨。

「衣冠禽獸」最早用於貶義是在明末陳汝元所著的《金蓮記》裡，他在裡面寫道：「妝成道學規模，飛語傷人……人人罵我做衣冠禽獸，個個識我是文物穿窬（竊賊）。」

後來清代往後，「衣冠禽獸」便用作貶義，泛指外表衣冠楚楚而行為卻如同禽獸的人，比喻其道德敗壞。

第五篇　古代美食家

吃，往小了說是滿足口腹之欲，往大了說關乎世界和平。可無論從哪個角度講，民以食為天總是沒錯的。饕客自古有，而我們今天所吃到的東西，又有多少是老祖宗們「吃剩下的」？

唐代禁止吃鯉魚，捕到必須立刻放生

中國人賦予鯉魚很多喜慶吉祥的寓意：年年有餘、富貴有餘、鯉魚躍龍門……早在周朝，鯉魚就是國宴大菜，一般人很難吃到。《詩經．陳風．衡門》有雲：「豈其取妻，必齊之姜？豈其食魚，必河之鯉？」

足見鯉魚在中華文化中地位極高，就連孔子都為兒子取名叫「鯉」。秦漢之後，鯉魚地位不減，仍然是頂級的餽贈品。古樂府詩〈飲馬長城窟行〉中寫道：「客從遠方來，遺我雙鯉魚。」

到唐朝，鯉魚的地位更加與眾不同了，一躍成為「國寶」。並且鯉魚還有了個特別的名字「赤鯶公」，不能吃，不能養，那抓到鯉魚該怎麼辦？只能趁人還沒發現麻溜地放了，要是心生貪念膽敢偷偷將抓來的鯉魚進行販賣，那麼等待他的將是六十個結結實實的大板子。

這是因為唐王朝為李家天下，「鯉」與「李」同音，這「鯉魚」真就從此跳上「龍門」了，它成了皇族的象徵。為什麼這麼說呢？唐代以前，兵符是做成虎的形狀的，稱為「虎符」。唯獨唐朝特立獨行，改虎符為魚符，用銅鑄成鯉魚的形狀，作為兵權和皇權的象徵。

不僅調兵遣將用魚符，任免行政官員的信物也用魚符。新官上任時拿著朝廷保留的一半魚符到駐地，與舊官員的另一半魚符相合才可以上任，做查驗身分之用。同時還規定：五品以上的文武官員必須佩帶魚符，用以辨尊卑、明貴賤，並用作上朝或應皇帝的召見或引薦進宮的憑證。如果不小心將魚符弄丟，那後果可想而知。

唐代皇室之所以崇拜鯉魚，除了諧音外，還與道教有關。我們都知道唐皇室李氏有著游牧民族血統，是鮮卑族的後裔。他們為了能名正言順地統治中原地區，獲得漢族門閥士族的支持，就想出了這麼一招，沒想到還真獲得了大成功。

李唐皇室到處放風說與和自己同姓的道教創始人李耳為同一血脈。光說李耳可能一些人不知道，但是一說「太上老君」，很多人就會恍然大悟，原來是他呀！那麼為何唐皇室偏偏就要說和他有關係呢？

主要是因為當時的人信奉的都是道教，而太上老君在道教中享有極高的地位，李唐皇室奉同姓的老子為自己的始祖，以老子後人自居，極力扶植道教，企圖藉助神權來鞏固皇權。高宗和玄宗還先後封老子為「太上玄元皇帝」和「聖祖大道玄元皇帝」。如此一來，李唐皇室搖身一變，成了神仙的後裔……自然吸引了不少追隨者。

因為李唐王朝崇拜、保護鯉魚，竟有人不惜與鯉魚攀關係。《青蓮縣誌》中就記載了大詩人李白出生的傳說，相傳當時李白的母親在青蓮鎮西盤江的蠻婆渡浣紗，有一尾金色鯉魚躍入竹籃中，李白之母回家沒多久就懷孕生子了，這個小孩就是李白。把李白附會為鯉魚投生，無非是看中了鯉魚的崇高地位，以及鯉魚與唐朝李姓皇帝的親密關係，希望透過鯉魚向李唐王室套近乎，以提高自己的地位。

有人攀關係，有人卻迷戀吃。儘管朝廷發表了嚴格的政策，但玄宗皇帝遠遠低估了饕客們的能力，唐朝老百姓就是要吃它。這種魚的刺雖然多，但是肉質鮮嫩，適合生吃，所以唐朝人喜歡把鯉魚切片，這樣就不用太糾結魚刺問題了。

天高皇帝遠，明面上我們可以不吃，但私底下煮你也不知道呀。從平民到達官貴人，都離不開這種美味佳餚，甚至不惜違法。就連李白、杜甫這些人也擋不住它的誘惑，差點都把鯉魚吃絕了。

為了最大程度地保留鯉魚的鮮美，唐朝人只採用一種吃法，那就是「膾」，也就是將鯉魚切成片蘸著醬料直接吃。而最早的蘸料是蔥和芥末，那份貫通鼻腔的辛辣足以吞沒一切腥羶。

後來，所有辛辣食材似乎都被應用進來了，蘿蔔、生薑、蒜，以及酸甜的醋和橙、橘皮絲等。辛辣和酸性佐料，不僅可以提鮮去腥，還包含著傳統的膳食科學運用：芥末和蒜的殺菌能力，可以降低生食帶來的腸胃感染風險；紫蘇、蘿蔔，開胃解鬱，行氣寬中，緩解生食不易消化的問題。看來唐朝人真是不折不扣的老饕呀！

但不管吃的什麼蘸料，廚師的刀工才是直接影響這道菜口感和味道的因素。厲害的廚師可以把魚片切得薄如蟬翼，唐朝人把鯉魚做的這種魚片稱為「膾縷」。

著名詩人杜甫曾用詩篇形象地記述了他吃黃河鯉魚膾的經歷。他在〈閿鄉姜七少府設膾戲贈長歌〉詩中說：「姜侯設膾當嚴冬，昨日今日皆天風。河凍味魚不易得，鑿冰恐侵河伯宮。饔人受魚鮫人手，洗魚磨刀魚眼紅。無聲細下飛碎雪，有骨已剁觜春蔥。偏勸腹腴愧年少，軟炊香飯緣老翁。落砧何曾白紙溼，放箸未覺金盤空。」

從「無聲細下飛碎雪」，可見膾手刀工的純熟；從「放箸未覺金盤空」，可見老杜十足的吃興。

除了杜甫寫詩大讚鯉魚生魚片的美味之外，孟浩然、王維、王昌齡、李白、岑參、柳宗元、李商隱、白居易、陸龜蒙、皮日休等留下的詩句中都有關於鯉魚生魚片的痕跡。可見鯉魚在唐朝人心目中的重要地位。

不僅如此，唐代還出現了專業化的製膾廚刀，切出來的魚片薄得像絲一樣，輕得吹口氣就能飛起。市面上還有《砍鱠書》這類烹飪手冊之類的東西，其中刀法諸如「舞梨花」、「柳葉縷」、「對翻蛺蝶」、「千丈線」之類，梨花之輕、柳葉之細、蝴蝶之美、銀漢之疾，就是教大家「小晃白」、「大晃白」、「舞梨花」等各種刀法。我們甚至可以想像到，一位風度翩翩的俊逸刀客，手持雙刀，在暴雨梨花般的漫天魚片中起舞……用刀之妙，近乎於神。

這種吃魚風潮一直持續到唐末，不過因為鯉魚被明令禁止不能捕、不能吃、不能養，獲取難度太高，根本沒辦法滿足食客的需求，它的同類鱸魚、魴魚、鯿魚、鯽魚等無一例外都成了唐朝人的盤中膾魚片。

唐朝以前喝茶要用煮茶法，煮茶還要加入生薑和蔥花

中國人真的很愛喝茶，究竟有多愛喝茶呢？寧可食無飯，不可飲無茶！

縱觀茶史，每個時期都有不同的飲茶方式和風俗。上古時期，茶是藥，用來嚼；春秋時期，茶是蔬菜，用清水煮；漢代，茶是粥，要搭配各種調料；到了唐朝，飲茶風俗盛行於各個階層，形成了一種新風尚。

其實在唐之前，飲茶只是西南地區一種小範圍的生活習慣。飲茶的方式也很簡單，採摘茶葉，煮湯

來喝，有的人甚至直接將生茶葉嚼吃下嚥。這種直接粗暴的方式，好比嬰兒時期喝的蔬菜汁，寡淡無鹽，草味濃重，苦澀異常。此時飲茶的目的是為了解渴提神，或者是治療保健。因為這種茶湯表面呈稀粥之狀，所以古人還取名為「茗粥」。

隨著茶葉種植和飲用區域的逐漸擴大，飲茶習慣也從西南地區擴散到長江中下游地區。飲用的人多了，自然而然出現了產業鏈和供求關係，所以開始有人思索茶的烹製、運輸與儲存，於是製茶方法應運而生。

好比房地產的發展，房子最開始只是遮風避雨的場所。隨著時代的發展，房子要住得舒服，周邊配套得好，交通得方便，還得是學區房，同時還具備了投資屬性。茶葉亦是如此，經過加工烹製的茶葉，不但可以去除苦澀的味道，還增加香氣，更有利於儲存和運輸。

茶業發展到唐代的時候，全國流行，同時還影響到當時的日本、新羅、吐蕃等周邊地區，更厲害的是還流傳到了波斯、阿拉伯等西亞地區。

唐代的茶相比於前朝更講究、更精緻，品茶已由粗放轉為精細階段。煮茶過程注重技藝，飲茶過程重在情趣。古代文人墨客，皆喜歡以茶會友，於品茶間靜享生活之閒逸。

有著「詩魔」與「詩王」之稱的白居易在〈夜聞賈常州、崔湖州茶山境會亭歡宴〉中寫道：「遙聞境會茶山夜，珠翠歌鐘俱繞身。盤下中分兩州界，燈前各作一家春。青娥遞舞應爭妙，紫筍齊嘗各鬥新。自嘆花時北窗下，蒲黃酒對病眠人。」

其中「紫筍齊嘗各鬥新」的意思便是：大家一起品嘗各地「紫筍茶」，比較其品質好壞。紫筍茶是唐代著名的貢茶，產於浙江長興顧渚山和江蘇宜興的接壤處。唐代「大曆十才子」之一的錢起，曾與趙莒一塊辦茶宴，地點選在竹林之中。但他們不像「竹林七賢」那般縱酒狂飲，而是以茶代酒，聚首暢談，洗淨塵心，於蟬鳴聲中談到夕陽西下，好不愜意，好不快活。

錢起為記此盛事，特意寫下這一首〈與趙莒茶宴〉詩：「竹下忘言對紫茶，全勝羽客醉流霞。塵心洗盡興難盡，一樹蟬聲片影斜。」

除了文人騷客喜歡茶之外，朝廷對之也相當喜愛，為什麼？因為能增加財政收入。唐代開啟了破天荒的操作，第一次將茶作為商品進行流通，並開始收取茶稅，隨著茶商品貿易規模的逐步擴大，茶稅已經在唐王朝國家財政收入當中占了不小的比例。

當然茶業的盛行與唐代中期禪教興盛與傳播有關，出家人講究的是禪境，清靜無為。其實禪境便是茶境，品的是茶藝，悟的是禪機，所以飲茶之習慣風靡全國。不過要注意，唐朝人不「飲茶」，而是「吃茶」。唐朝人喝茶全是煮的：先用茶碾子把茶磚碾碎，碾成粉狀的茶末，再用茶羅把茶末過濾一下，然後把茶末投放到滾水裡，像煮餃子一樣煮上三滾，最後喝那一鍋茶湯。飲時還要新增許多佐料，如蔥、姜、棗、橘皮、茱萸、薄荷、鹽等，連吃帶喝，妙不可言呀。

但「茶聖」陸羽在所著作的《茶經》中十分反對這種「吃茶」方式，他認為應該保留茶葉本身的香氣，除了鹽之外，其餘的調料一律摒除。

其實飲茶方式是蘿蔔青菜各有所愛，公有公的喜好，婆有婆的樂趣，關鍵是一個開心，喝得爽才是王道。

當初文成公主入藏時，就曾把茶葉和茶籽帶入吐蕃。以肉食為主的藏民哪裡吃過這種讓人精神振奮的「湯」，紛紛稱奇，口耳相傳，飲茶便在藏區逐漸流傳起來。時至今日，西藏地區依舊保留飲酥油茶的習慣。

廣西北部地區的油茶與之有異曲同工之妙，將水盛入鍋中，放入茶葉，煮至沸騰，撒入少許鹽，均勻攪拌。用小碗將油炸好的米花、玉米、油果粒、蔥花、肉粒等佐料裝好，舀起沸茶，倒入碗中，品上一口，回味無窮。

喝茶，不僅是一種休閒，更是一種文化。

炒菜是北宋時期才發明的

吃，是人類最基本的生存需求之一。飲食文化的發展程度往往能體現一個社會政治經濟的發展程度。然而我們現代人每天都在吃的炒菜，在北宋以前壓根沒有這一說。其實，炒菜是到了北宋才被發明出來的，在這之前，古人們最常用的烹飪方法只是烤和煮。

原始社會，古人吃的食物可以說是相當血腥，人們餓了就直接去樹上採摘果實或者生吃獵殺來的動物肉，用成語來形容就是：茹毛飲血。但隨著火的出現，他們學會了用火來烤食物，這樣製成的食物更加美味，且更加安全。想不到我們天天吃的燒烤已經傳承了千年。

而之後隨著農耕文明的發展，陶器的出現更是讓人們品嘗到了「煮」出來的食物的鮮美。因為煮熟的食物，容易消化，又不像燒烤那樣容易上火，因而成為百姓們最為追捧的一種烹飪方式。到了周朝，古人還發明了蒸、燴、烤、糟、鹵、涼拌、燜等非常豐富的烹飪方法。

但這麼多烹飪方法中，唯獨我們現代人最常用的「炒」沒有身影，這是為何？主要是因為，炒菜這一烹飪方法需要用到的鍋和油對於遠古時期的尋常百姓來說是一種「奢侈品」。

儘管當時陶器已經普及，但鐵鍋並未出現。加之當時來自動物脂肪的油又相當稀有，只有上層貴族才能享用。所以哪怕是我們今天吃的最普通的一道炒菜——番茄炒蛋，對於北宋之前的人們來說都是吃不到的。

說到這裡有人就要質疑了，明確文字記載的「炒」在魏晉南北朝時期就已經出現了，為何說炒菜是北宋時期發明的呢？因為南北朝雖有「炒」的記載，但炒菜在當時只是小部分人才會的烹飪方式，並未盛行。炒菜初興時期，僅限於宋都汴梁，並且只有酒館、飯館才有，屬於首屈一指的烹飪方式，且菜品單一又賣得非常貴，尋常百姓根本享用不起。

由此，我們可以知道炒菜的起源和金屬炊具的普及有著密切關係。炒菜流行於宋代，一個原因在於宋代鑄鐵技術的發展，並且鐵產量比之前提高了很多，鐵已經不是很珍貴了。

史料記載，宋神宗元豐元年（西元一〇七八年），鐵的年產量達到十五萬噸，為中國十九世紀前的峰值，已超過歐洲十七世紀以前的總量。而繁華的唐朝鐵年產量五千噸，宋代是其三十倍；其他金屬產量是唐朝的十到八十倍。

加之宋代以前，歷朝歷代的鑄鐵技術不成熟，開採能力有限，所以鐵資源非常珍貴，不能用來鑄鍋。因此，人們經常用青銅器和陶土來鑄造鍋，但由於價格的原因，不是每個人都能使用。而炒菜需要金屬炊具，因此炒菜這種烹飪方式一直很難普及。

宋朝冶金業的突飛猛進使鐵鍋流行起來，人們終於可以使用它們了，鐵鍋不容易打碎，鍋底薄、傳熱快，適合爆炒、煎炸，還節省了柴火和做飯的時間。

有了鐵鍋，宋朝的人們也就有了炒遍天下的心思。宋人吳自牧編撰的《夢粱錄》說：「蓋人家每日不可缺者，柴米油鹽醬醋酒茶。」人們不分身分和社會地位聚在一間餐廳，因對美好食物的嚮往拉近了彼此的距離。在宋朝人眼中，一切適合的材料都可以製成美好的食物。

另一個原因是植物油以及各種調料的出現，為大火炒製開啟了一扇大門，宋朝還獲得了「饕客天堂」的美稱。因為炒菜使得宋朝美食水準達到了巔峰。關於炒菜的詳細描述也有記錄，著名的有生炒肺、炒蟹、炒雞、炒兔等，這時的炒已經做到旺火速成了，且生熟有別、南北不同，故而出現了生炒、南炒、北炒的不同炒法。同時菜餚還有甘、酸、苦、辛、鹹、香、鮮、辣味等，不僅有多種單味菜餚，還有多種複合味菜餚。各種煎炒、蒸煮、涼拌、燉熬的食物香氣撲鼻，琳瑯滿目。夏天有麻腐雞皮、麻飲細粉、砂糖冰雪冷元子、生淹水木瓜、砂糖綠豆甘草冰雪涼水，冬天則賣盤兔、豬皮肉、野鴨肉。

吃個不停的宋朝祖先不僅留下了舉世聞名的美食，還誕生了一大批愛做菜的士大夫、有才華的廚師、帶著羊肉上朝的官員；更過分的是，那時居然連外送都有！在家躺著等著吃的送上門，還真不是我們現代人的專利。

中國十大傳世名畫之一的〈清明上河圖〉，可能是最能反映宋代百姓生活的畫作了。在長達五公尺的畫捲上，展現了北宋東京（現開封市）一百餘棟樓宇。經過仔細觀察，可發現這些樓宇間幾乎有半數都是餐廳小店，可見宋代民間飲食文化的繁盛。

圖中的酒樓、小攤、餐廳以及當時宋人愛吃的石水湯、雲英面、通神餅……無疑都在宣告宋人愛吃，知道怎麼吃，吃才最能撫慰人心！

蘇東坡就是有名的代言人，是一個不折不扣的饕客。作為宋朝有名的文人，東坡先生每天不是寫寫詩歌，就是種種地，但是他還有一個愛好，就是發明美食。還自戀地將自己發明的食物用自己的名號命名，如東坡肘子、東坡春鳩膾、東坡魚、東坡肉、東坡豆腐等。其中最為著名的莫過於東坡肉了，味道香糯、酥爛可口的東坡肉不但家喻戶曉，且流傳最為廣泛，成為享譽古今的一道歷史名菜。

鑒於此，有人認為宋朝是歷史上經濟發展較快的一個時期，甚至覺得當時宋朝民間的富庶與社會經濟的繁榮遠超盛唐。經濟的發展使宋朝食品業有了很大的進步，與前代相比，宋代百姓的飲食結構有了較大的變化，鐵鍋連普通百姓也能用得起了，炒菜之所以普及是因為其烹調成本更低，更適合普通人。算起來炒菜的流行也就只有幾百年而已。

北京烤鴨是朱棣由南京帶入北京的

北京烤鴨的祖籍並不在北京，而是在金陵（今南京），對的，你不是最後一個知道的。眾所周知，南京人對鴨子非常偏愛，並將鴨子的吃法發展到了極致，一千個南京人有一千種「吃鴨大法」，當地還流傳著一句順口溜：「沒有一隻鴨子能活著走出南京。」

但這話被打臉了，「南京鴨」還真就走出去了，並且還自立門戶叫「北京烤鴨」。它是靠什麼走出去的呢？說出來，可能大家都不信：它之所以能名揚北京，全是靠明朝皇帝一手帶出來的。

人們都說，去了北京就一定要吃北京烤鴨。這北京烤鴨的故事，還得從金陵城開始說起。

中國地勢北高南低，明朝是少有的從南到北統一全國的大一統王朝。當時朱元璋一統天下之後將首都定在金陵，其實並不是很滿意，在朱元璋的心裡，南京過於偏安一隅，不能夠穩定全國。他還曾派人考察過關中地區，為遷都西安做準備，只是最後因政務繁雜而作罷。

朱棣發動靖難之役奪取皇位之後，不知是因為他長期生活在邊塞，不適應南方的生活，還是因為南京周圍有太多的建文朝舊勢力，他開始思索遷都到北京的問題。原因也很簡單，畢竟北京是自己的「龍興之地」。從北京發動靖難之役打進南京，所以他非常想給自己承繼大統加上一個合理的理由，所謂「自昔帝王，或起布衣，平定天下，或外藩入承大統，而於肇跡之地，皆有升崇」。

另一方面北京地理位置更加利於對抗蒙古，控制北方，所以朱棣決定遷都。到了永樂十八年（西元一四二〇年），北京宮殿營建完畢，他率領文武百官以及各行各業的服務人員循著運河水道向新都城出發，回到他的燕趙龍興之地北平府（北京），而且改南京為留都。

當時的南京老百姓愛吃南京鴨，皇帝也愛吃，據說明太祖朱元璋就「日食烤鴨一隻」。朱棣自然也是非常喜歡，還是一個「鐵粉」。此次遷都北京路途遙遠，路上難免會想念南京的烤鴨，乾脆順道把烤鴨也「打包」過去。

因此，在遷都時，除了文武百官也有不少宮廷的烤鴨高手被帶到了北京，朱棣嘴饞了就讓從南京帶來的烤鴨高手露兩手。後來烤鴨從宮廷傳到了民間，很快成為北京名菜。

明朝永樂年間，首都北京人口驟增，經濟發展空前繁榮。當時，除了富庶的河北、山東軍屬之外，北京人口最多的是來自南京的官宦人家。這些說江淮官話的人雖然跟隨朱棣到了北方，但在老家的飲食習慣還是很難改變，尤其是對鴨子的愛好。

有個北漂的南京人從中看到了商機，在北京城內開了第一家烤鴨店，取名「金陵鴨片」。因為店舖位置好，交通方便，被路人稱為「便宜店」，這就是如今大名鼎鼎的「便宜坊」。而我們熟知的全聚德，創始已經是清朝同治年間的事情了。

最初，食客們把切片鴨叫做南爐鴨，意思是從南方進口的烤鴨。《白下瑣言》記載：「金陵所產鴨甲於海內……正四時各擅其美，美不勝收。」南京鴨餚的烹飪技術與技藝體系達到頂峰：鹵、烤、煮、蒸、炸。烤鴨占據新式鴨餚一席不可替代的地位。

後來，北京烤鴨出了自己的新做法，風頭竟然蓋過了南京烤鴨。如今，吃鴨子的美食地圖已經是

「北烤鴨，南板鴨」。烤鴨好像沒南京什麼事了。

雖然叫「北京烤鴨」，卻是一個「混血兒」：它的燜爐技術來自南京，蔥絲來自山東，麵醬來自保定，大蔥麵醬式的搭配吃法是北方民族的專利，更不用說填鴨的鴨種選擇、蔥段改蔥絲、片鴨刀法和各式花樣吃法……

其中最值得說道的是，填鴨的鴨子選擇是很有講究的。最初做烤鴨的鴨子是由南京湖鴨馴化而成的，據說明代以前南京湖鴨就已經很有名氣了，因為這種鴨子是用稻穀餵養的，所以肥嫩多肉，特別適於烹製菜餚。後來明永樂皇帝從南京遷都北京後，把這種鴨帶到北京南苑飼養，更適合做烤鴨。「南苑的鴨子——海譜兒（撲兒）」就是對北京鴨馴化、繁殖過程的真實描述。

南鴨北上，皇帝當媒人，再加上京城裡全國各地的菜式匠人各顯神通，烤鴨和北京相愛，並不是一場意外。

宋朝的時候，就有各式各樣的美味冷飲和冰淇淋了

烈日炎炎的盛夏時節，人都顯得懶洋洋的，若在此時能有一杯冷飲加一桶冰淇淋，清涼又解暑，再享受著冷氣屋裡的絲絲涼意，作為現代人簡直不要太幸福了。那古代人夏季很難熬嗎？答案是肯定的，但是也不像我們想像的那樣苦不堪言，他們也有自己的消暑方式，在宋代的時候，冷飲已經很流行了，

甚至早早地就吃上了「冰淇淋」。

古代在相當長的一段時期，自然環境都是比較惡劣的，氣候也是反覆無常，夏天炎熱，冬天寒冷。雖然在古代還沒有現在的溫室效應，但夏日氣溫還是很高的，唐詩〈觀刈麥〉（白居易）「力盡不知熱，但惜夏日長」寫出了被酷暑折磨的精疲力盡。到了宋代，文人墨客對夏季更是燥熱難耐。宋代文人梅堯臣在〈和蔡仲謀苦熱〉中就寫道：「大熱曝萬物，萬物不可逃。燥者欲出火，液者欲流膏。飛鳥厭其羽，走獸厭其毛……」；愛國詩人陸游也曾在〈苦熱〉中寫道：「萬瓦鱗鱗若火龍，日車不動汗珠融。無因羽翮氛埃外，坐覺蒸炊釜甑中。」可見古人的夏日是十分煎熬的。

這樣的夏日，也激發出古人的聰明才智來防暑降溫。在西周時已經開始開鑿冰窖了；三國時期還發明了冰井，就是先打一口旱井，把冰塊放進去密封儲存，到夏季再取出使用；到了唐朝時期，對藏冰的利用更為廣泛，有頭腦的商人已經開始在夏季的市場上銷售冷飲，並且還出現了專門販賣冰塊的商人，加上唐朝對內與少數民族的融合和對外的經濟交流，帶來了種類繁多的水果和牛奶製品，由此發明了一種叫做「酥山」的冷飲，就是將冰塊上層的固態部分，經過反覆加工做成「酥」，再澆上煮熟的牛奶，成為牛奶沙冰，這種冷飲吃法的創新為宋朝冰淇淋的出現打下了基礎。不過在唐朝的時候，由於冰塊這種物品價格還比較昂貴，對大多數尋常百姓來說是可望而不可即的稀缺資源，《雲仙雜記》裡就有這樣的記載：「長安冰雪，至夏日則價等金璧。」因此由冰塊所製作出來的一系列冷飲產品只是貴族和富人階層的專屬品，平民百姓很難享受得到。

到了宋代，隨著科學技術的進步和商品經濟的繁榮，冷飲產業鏈條也得到進一步發展，經過不懈努力，宋朝百姓基本實現「冰塊自由」，「冰凍食品自由」也在社會各階層逐漸普及開來。北宋的皇帝還是很重視夏季避暑的，在北宋建隆二年也就是西元九六一年，朝廷專門設定了「冰井務」，掌藏冰以備用。主要職責就是研究和生產解暑降溫的冷產品，以供皇室使用。當然皇帝也會把冰井務生產的降溫產品依據官職的高低賞賜給王公大臣，以作為褒獎之用。在《歲時雜記》中就有記載：「自初伏日為始，每日賜近臣冰人四匣，凡六次。」北宋詩人梅堯臣也在〈中伏日永叔遺冰〉中詠嘆道：「日色若炎火，正當三伏時。盤冰賜近臣，絡繹中使馳。」

尋常百姓是享受不到這種待遇的，但是得益於宋朝經濟的繁榮，宋朝百姓手裡還是比較有錢的，夏日避暑也十分講究，除了搖扇子、洗冷水澡外，身為饕客的宋代百姓，也想像王公貴族一樣享受消暑食品這種高級的降暑方式。有需求就有市場，於是在汴京城內著名的商業街裡有了「冷飲專賣店」，比較有名的就有三家，一家是位於朱雀門外的「曹家從食」，另外兩家位於舊宋門外，年代久遠，店名已經失考，此外還有大大小小幾十家冷飲店，且這些冷飲店賣的品類也比較多。根據《事林廣記》、《武林舊事》等史料記載，有荔枝膏水、楊梅渴水、木瓜渴水、江茶水、香糖渴水、五味渴水、滷梅水、薑蜜水、綠豆水、椰子水、雪泡縮皮飲、杏酥飲、紫蘇飲、香薷飲、梅花酒、漉梨漿、甘蔗汁、木瓜汁、五苓大順散、乳糖真雪、金桔團、甘豆湯等多達幾十種的冰點種類，冷飲種類的豐富程度，絕對不輸於現代飲料菜單，時至今日聽起來都很誘人，這就極大地滿足了宋朝百姓的味蕾需求。

比較有趣的是，宋朝的時候人們並不將這些冷凍飲料稱為冷飲，而是根據配料不同稱作各種涼水，這種涼水並不真是水，屬於果汁類飲料。並且早期這些冰鎮的果汁飲料也是分等級的，據史料記載，當時富家子弟常喝的解暑飲料是藥冰水之類的，除了防暑降溫還能滋補身體，不過有時候富貴人家也會義務在街頭路邊「散暑藥冰水」積德行善，大多數情況下尋常百姓還是只能喝一般的涼水，即使這樣對他們來說也是極大的滿足了。在〈清明上河圖〉中，就有一些攤位是賣冷飲的，其中一個攤位上方還有「飲子」招牌。

在宋朝，除了這些避暑的湯水之外，也已經出現了冰糕和冰淇淋。在宋朝製作冰糕的方式不同於今天的「隨時可製」，它們製作受季節影響很大，只能在冬天製作儲存，夏季取出來販賣。極具商業頭腦的宋朝商人會在冬天用銅盆盛上一盆水，然後會在水裡放上糖或蜂蜜，也可以再放點果汁和果膠，之後端到外面讓它結冰。整盆水都凍結以後，運到冰窖裡去，到了第二年夏天從冰窖取出切割成小塊或者雕成小動物造型，在冷飲店裡出售。因為製作成本比「涼水」高一點，售價也就高了，但絲毫不影響它受歡迎的程度。在汴京夏季的夜市裡，它更是熱門商品，據《東京夢華錄》記載：「是月時物，巷陌路口，橋門市井，皆賣……冰雪、涼水、荔枝膏，皆用清布傘，當街列床凳堆垛。冰雪唯舊宋門外兩家最盛，悉用銀器。」

冰淇淋作為冰糕裡的「貴族」，也是在冬季製作完成的，它的用料更為好一點，是將半固體的牛乳滴在盤子上形成假山形狀，再在上面新增上各樣的果脯、果膠或蜜豆等，然後放進冰窖裡冷凍，一般幾個小時就能凍好，之後儲藏好等到隔年夏天販賣。因為冰淇淋的口感更為香甜，一經推出便大受歡迎，即使價格較貴，也深受饕客們的喜愛，甚至連文人都不吝為它記上一筆。北宋藥學家唐慎微在《證類本草》中指出：「石蜜既自有本條，煎煉亦自有法，今人謂之乳糖，是知石蜜字，乃白蜜字無疑。去古既遠，亦文字傳寫之誤，故今人尚言白沙蜜。」這裡的「乳糖」就是冰淇淋了。南宋詩人楊萬里為它寫了一首五絕：「似膩還成爽，如凝又似飄。玉米盤底碎，雪向日冰消。」南宋詞人周密也在《武林舊事》「都人避暑」中記載有「冰雪爽口之物」。這「冰雪爽口之物」就是冰淇淋。南宋王之道也寫詩道：「急宜買冰致凝壞，全勝汲井供潺湲。」由此可見冰淇淋的受歡迎程度。它已經是宋朝百姓生活中必不可少的夏季美食了。

宋朝如此發達的冷飲產業自然離不開製冷技術的支持，其實到了宋朝，製冷技術有了很大提高。一是藏冰數量增多，宋朝的時候有很多冰窖，皇宮有大冰窖，民間有小冰窖。連金庸先生所寫的《天龍八部》一書中都出現過對冰窖的描寫，這個冰窖還是書中三大主角之一的虛竹和他的夢姑定情之地。另外宋朝時也有了專門的採冰人，每年冬季（十二月至次年二月）採冰人都能開採到三十萬斤的冰塊，這就很好地保證了夏季冷飲業的冰塊供應。二是早期製冰工藝的出現，唐朝末年，發明火藥的同時，人們發現其中的材料硝石，只要將它放在有水的盆中，它就會吸收大量熱量，將水結成冰。到了宋朝，聰明的商人就利用硝石這一特性，在夏季製作出冰塊，但硝石在當時也不便宜，因此硝石製冰還不普遍，只是作為供冰的補充手段來使用。三是冰鑑的廣泛使用，周朝的時候已經有了冰鑑，是使用青銅器皿藏冰的，尋常百姓很難使用。到了宋朝，在長期實踐中人們發現木盒藏冰效果比較好，因此經過改造，冰鑑就成了一個帶有夾層的木櫃子，在夾層中放入冰塊，蓋上蓋子，冰塊很長時間都不會融化，可以用來儲藏瓜果蔬菜和各類冰飲等，因為製作成本不高，得到廣泛使用。

不得不說，宋朝真是一個極具魅力的王朝，文化藝術程度空前，商業經濟異常發達，餐食冷飲也發展到了高峰。於今日而言，製冰技術和冷飲冰淇淋已經是稀鬆平常之事，但是宋朝藏冰、製冰技術的進步是人類文明的進步，宋代人對冷飲美食的追求更是人們對美好生活的嚮往。要想生活變得好，聰明才智也要發揮好。

一日三餐開始於宋朝，而且宋朝時就有外送了

在世界許多國家，吃是一種文化。在古代就已經開始講究民以食為天。作為生活在現代的人民，一日三餐是基本，有時為了改善生活，還有下午茶和宵夜，「一日五餐」也不為過。但是在古代，若是平民階層，能吃飽飯就是一件很奢侈的事了。在宋朝以前，雖然皇室貴族一天可以吃三四次餐，但平民百姓卻是固定一天兩餐，直到宋朝以後，一日三餐的飲食風俗才真正成為主流習慣，並且還創造性地出現了外送。

中國是傳統的農業社會，但是在早期的時候，農業很不發達，並且時常受自然災害的影響，在防旱防澇建設方面也往往力不從心。一旦出現天災，基本就是顆粒無收，百姓流離失所，再加上糧食產量不高，有限的糧食要養活更多的百姓，吃不飽是常態，因而人們的飲食也是受限制的。據考古發現和現存資料顯示，原始時期的人們更多的是「飢則求食，飽則棄餘」，一日三餐定點吃飯是不存在的。

先秦時期，已經出現了「定時吃飯」。據史料記載，「商代人為兩餐制，一餐是在上午進之，約巳

時間，稱為『大食』，一餐在下午，約申時間，稱為『小食』，兩餐就食時間約定俗成，又被納為時辰專名」。由此可見，商朝以後實行「兩餐制」，即平民百姓之家一天基本就能吃兩頓飯，就是早餐和晚餐，早餐也稱為「朝食」或「饔」，在太陽行至東南方（隅中）時就餐，大約是上午九點的樣子；晚餐也稱為「飧」或「食」，在申時進餐，在下午四至五點之間，由於古代沒有電燈，而普通人家又用不起油燈或蠟燭，所以吃完這頓飯基本就要睡覺了，晚上沒有夜生活。這種習慣的形成也與古人「日出而作，日落而息」的原始生活狀態契合。

自從漢代以後，有一些人兩餐逐漸變為三餐甚至四餐。然而，普通人家和一些級別比較低的官員依然是一日兩餐，只有諸侯貴族可以享用三餐，皇室才能享有四餐。可以看出，用餐次數的增加，是生產力進步的一種表現，是富裕的象徵。從漢代起，進餐次數和身分地位捆綁上了，甚至形成制度，乃至帝王死後，祭祀也按照四餐制進行。這種情況一直延續到隋唐時期，雖然唐朝經濟得到快速發展，但是當時宵禁制度嚴格執行，晚上也就缺少了進食的需求和動力。

直到宋朝之後，終於出現了轉捩點。首先是宋代農業經濟比起前代有了長足的發展，由於五代十國戰亂頻發，北方地區的農業經濟和生產遭遇到了長期的毀滅性破壞，因此北宋建立之初，就十分重視農業發展，制定了一系列高效且實用的利農政策，確立勸農制度。利用五代十國時期出現的大量流民、災民，將他們重新投放到無人種的荒地上並給予財政支持，使得大量的土地被成功改造成耕地。與此同時宋朝不斷推廣先進生產技術，改造和創新新型農具，宋代農民對農作物的經營和管理程度提高，除了簡單的翻土、播種、灌溉、收穫之外，還學會了除草和施肥。這些因素大大提高了農業生產效率，比如當時在水源充足的南方地區，已經開始使用龍骨翻車進行水利灌溉，省時省力，由此解決了農業生產大量用水的問題。隨著占城稻從越南引入中原和南方水稻優良品種的培育，水稻的產量得到了很大提高，也使水稻成為宋朝糧食作物的首位。其他農作物產量也隨之翻倍，極大地解決了百姓的飢餓問題，這是宋朝能實現平民階層一日三餐最基本的物質基礎。

其次是宋代商業的發展。北宋時期已不再抑制商業發展，宋朝和世界上多個國家均有政治經濟上的往來，各國貨物紛紛傳到中國，國家的整體經濟實力大幅提升。隨著經濟發展的逐漸繁榮，各類集市如雨後春筍般出現在大街小巷中，再加上宋朝不再實行宵禁制度，人們的夜生活變得豐富起來，晚上出來逛街遊玩，玩著玩著就餓了，自然而然地就想到了吃，而宋代夜市裡各式各樣的餐廳也在這種背景下如火如荼地發展起來了。中國十大傳世名畫之一北宋張擇端所作的〈清明上河圖〉，在五公尺長的畫卷裡還原出的北宋東京城，百餘棟樓宇中經營餐飲的店鋪就有四十五家之多，可見宋朝餐飲業之發達。這就為北宋百姓養成吃宵夜的習慣提供了現實條件。人們養成吃宵夜的習慣以後，相應的第一頓和第二頓吃飯的時間也向前推移。至此，兩餐慢慢被三餐取代，一日三餐被人們普遍接受並盛行開來。

也正是宋朝餐飲產業的快速發展，使得在飲食文化發展過程中，宋朝成為一道分水嶺，不僅兩餐制發展為三餐制，烹飪方式有所改進，各類美食層出不窮，還出現了歷史上最早的「外送」工作。藉助宋朝經濟的繁榮，百姓的生活水準也有了很大提高，一些汴京城裡有能力的百姓已經不滿足於在家做飯了，開始上餐廳吃或者買回來吃。《東京夢華錄》卷三就有記載：「處處擁門，各有茶坊、酒店、勾肆、飲食。市井經紀之家，往往只於市店旋買飲食，不置家蔬。」有時間的可以直接去餐廳吃或者打包回來吃，如果沒時間去吃去打包，或者發懶不想去但又想吃怎麼辦？精明的餐廳老闆們總是能在人們的需求中發現商機，為了滿足人們不上門市依舊能享受到美食的需求，店家紛紛推出了送餐服務。在〈清明上河圖〉描繪的一千六百多個人物裡，就有一位不知往誰家送餐的外送員，左手拿著「打包盒」，右手拿著餐具，身上穿著店裡的圍裙，正要去送餐，這可是宋代外送業的真實寫照。

在宋朝還沒有手機、電話之類的通訊裝置，那他們又是怎樣進行外送活動的呢？其實在宋朝，根據點菜人的需求和身分地位的不同，主要發展成了三類外送方式：第一種是身分地位比較高的顧客，如果想吃哪家酒樓的飯菜了，就讓家丁去酒樓下選單，待酒樓做好之後就找專人送到顧客家中，顧客拿到飯菜之後再給錢；第二種是約定送餐，這種情況通常都是顧客比較中意某家酒樓，於是和酒樓達成一種長期協議，約好特定時間和菜色，到了時間酒樓就將飯菜送到顧客家中。前兩種情況一般都是有錢人的點餐送餐方式，那麼對於錢不充裕又臨時想改善生活的百姓來說，就有了第三種外送方式，就是到了吃飯時間，各家店鋪的小二拿著本店選單東奔西跑地吆喝，如果有人想訂餐就和小二說明自己想吃的菜品，然後由店鋪小二一一記錄下來，並且還要記錄客人的地址，避免送錯地方耽誤客人吃飯。然後小二就會返回店家告訴大廚，等做好飯菜後，再送到客人家中，客人貨到付款。

有外送服務，就必然會用到保溫餐具，令人稱奇的是宋朝時的外送保溫盒一點不亞於今天的保溫盒。在當時主要有兩種外送器皿：一種是溫盤，由上下兩層構成，瓷器材料，上薄下厚中空，使用時往中間空層注入熱水，既能保溫又能保證食物口感，可以說是相當出色的器具發明了，當然這是外送給有錢人常用的保溫器皿；另一種是食盒，多由竹子做成，內部層數不一，密封性好，利於保溫，在外送業務中使用得更為廣泛一點。

外送人員剛開始都是各酒樓餐廳的店小二兼職，但是隨著外送需求的增加，店小二畢竟是酒樓餐廳的主要服務人員，而外送服務路程遠近不一，且又在三餐尖峰期，於是專門的「外送小哥」——「閒漢」這一職業也應運而生。《東京夢華錄》中記錄道：「更有百姓入酒肆，見子弟少年輩飲酒，近前小心供過使令，買物命妓，取送錢物之類，謂之『閒漢』。」也就是以專門幫助別人跑腿為職業的人。閒漢的出現進一步推動了宋朝時期外送行業的發展。

點外送不僅是百姓的愛好，甚至連宋朝皇帝也比較熱衷。據說宋高宗趙構有一次微服私訪，到了晚上逛夜市時肚子餓了，就在夜市裡的攤販點餐體驗，結果發現這裡的飯菜竟然比皇宮御廚做得都好，當場就打賞了店小二。「直一貫者，犒之二貫」，這應該是最早的餐飲小費了。回宮以後宋高宗還時常懷念具有煙火氣息的攤販，之後就時常開始點外送解饞。此外據史書記載，宋孝宗也經常命人去宮外點一些名菜如李婆雜菜羹、臧三豬胰胡餅等帶給宮中的賓客享用。

不得不說，宋朝的百姓很是幸福，不僅用餐次數增加，而且各種美食層出不窮，可以說是「舌尖上的宋朝」了。而且陶瓷業的發展也為美食提供了精緻又實用的盛菜器皿，兼顧美觀性和實用性。繁榮的經濟，富足的生活，使人們更懂得享受，宋朝的百姓真是過著「宋瓷一樣精緻的生活」。難怪連陳寅恪先生都不禁感嘆：

「華夏民族之文化，歷數千載之演進，而造極於趙宋之世。」宋朝餐制的小小變革，昭示著人類社會的物質發展程度向前邁進了一大步，也反映了經濟基礎的重要性。

唐宋時代人們喜歡生吃螃蟹和魚

唐宋盛世不僅經濟繁榮，民風開放，也是飲食文化的高峰，食材超級豐富，飲食也頗為講究。吃東西，唐宋老饕最講究一個「鮮」字！在他們眼裡什麼樣的食物才是最鮮的呢？答案是必須是原生態。

唐朝人在魚上面把「鮮」做到了極致，而宋朝人讓「鮮」在螃蟹的食用上達到了巔峰。一個專注於吃「魚膾」，一個專注於吃「洗手蟹」，從此這兩個詞也成了最能代表當時唐宋飲食文化的代名詞。

何為「魚膾」？

魚膾就相當於我們現代人吃的刺身。關於生魚片最早的記載可追溯至周宣王五年（西元前八二三年），出土的青銅器「兮甲盤」記載了周宣王特意在宴會上用「炮鱉膾鯉」，也就是蒸煮甲魚和生鯉魚片來犒賞將士。

但吃生魚片成風卻是在唐朝，唐朝人把生魚片叫魚鱠。那時河湖中的野生魚類資源還很豐富，不管是貧窮或是富庶地區，只要住的地方附近有河流湖泊，人們就能享受到吃魚的樂趣。而且唐朝人對魚是否鮮活十分看重，買魚一定要買漁網剛打上來還活蹦亂跳的，或者是親自去捕撈。

唐人沉迷吃魚膾的程度已經到了只要得到一條新鮮的淡水魚，首先會考慮能不能做成魚膾。想必是吃魚膾經驗多了，民間還流傳著一本介紹適合做魚膾的魚的烹飪書《膳夫經手錄》，書中詳細地將適合做膾的魚進行排序：「鱠莫先於鯽魚，鯿、魴、鯛、鱸次之。」

可以說只要是魚，他們都會想做成魚膾。不僅如此，唐朝饕客還認為這些淡水魚都不算上乘，鯨魚才是上好的生魚片材料。韓愈有詩雲：「巨緡東釣倘可期，與子共飽鯨魚膾」；陸龜蒙則說：「長鯨好鱠無因得，乞取艅艎作釣舟。」竟然連鯨魚都惦記上了，可見這幫饕客真是夠貪吃的了。但實際上唐朝是否有人品嘗過鯨魚做的魚膾，我們就不得而知了，因為史料並未有記載。

食材準備好了，加工自然也不能馬虎，為此唐朝人又專門出了一本《砍鱠書》教人怎麼做魚膾，因為「鱠」十分講究刀工，要想魚片口感好，切出來薄如蟬翼、吹彈可破，就得掌握好小晃白、大晃白、舞梨花、柳葉縷、對翻蛺蝶、千丈線等魚膾的刀法。

刀法學會了，吃不能沒有醬料吧？我們現在吃的刺身配芥末，唐朝人吃生魚片也用芥末作佐料，沒想到吧？

不管是食材選擇、刀工用法、蘸醬，都各有講究，足以得見唐朝人對魚膾的喜愛。

按理說，這麼好吃的美食魚膾自然會被傳承下來繼續發揚光大，但是並沒有！到了宋朝，饕客們真的是恨死了唐朝愛吃魚的那些人，覺得就是唐朝人把魚膾捧上了天，才搞得自己吃魚變得非常困難。

據說到了宋朝，魚的市場價經常跌宕起伏。行情不妙的時候，一尾魚價值千錢；便宜的時候，則只需幾十文。魚價之所以起伏不定，主要是因為長途販賣、不易儲存，新鮮的貴，不新鮮的便宜，但都不一定能買到。

魚膾沒得吃，那就吃別的吧，饕客開發新美食的心是永遠阻擋不了的。因此，宋朝「第一個吃螃蟹的人」就出現了，以至於還形成了吃螃蟹的風潮。

《東京夢華錄》中這樣描寫北宋都城開封的小吃，說在當時最大的酒樓潘樓下面，每天早上都有人擺攤賣蟹，螃蟹上市的季節賣鮮蟹，其他季節賣糟蟹。

周密《武林舊事》描寫南宋都城杭州的飲食市場，說城裡賣蟹的商販太多，以至於居然組織了一個名叫「蟹行」的行業協會。

賣螃蟹的都那麼專業，那吃螃蟹的自然也不會輸，油炸、水煮、生醃……花樣多得很。然而無論採用什麼烹飪方式，最不可思議的一種吃法，生醃，地位始終無法撼動，它還有個很形象的名字「洗手蟹」。

何為「洗手蟹」？說的是這樣做蟹非常快捷，不用蒸煮，不用油炸，這邊客人剛洗完手，那邊主人就把一盆生蟹端到客人面前了。問題是，這樣做出來的蟹真的好吃嗎？

答案我們不得而知，但「洗手蟹」在宋代可是一道風靡大眾的美味，無論是平民百姓還是達官貴人都熱衷於吃「洗手蟹」。據《東京夢華錄》記載，在汴梁，大小飯館裡都有供應，食客就座之後，隨點隨吃，一嘗活蟹的肥美。

雖說生吃螃蟹在古代由來已久，不過，宋朝以前的文獻中很少出現相關線索。而在宋朝，宋人絕對鍾情螃蟹，否則，不會留下如此之多的文字記載。

當時的許多文人雅士就絲毫不掩飾自己對螃蟹的鍾愛。

蘇軾說：「堪笑吳中饞太守，一詩換得兩尖團。」自嘲用詩來換螃蟹吃。

黃庭堅說：「海饌糖蟹肥，江醪白蟻醇。每恨腹未厭，誇說齒生津。」吃蟹吃到懷疑人生，竟然還吃不膩。

陸游說：「蟹黃旋擘饞涎墮，酒淥初傾老眼明。」吃蟹吃到老年性白內障都痊癒了。

而歐陽脩更是直接說退休後就去阜陽，理由就是那裡的螃蟹比開封的好吃，後來，他還真是這麼做的。

後世的我們，也看到宋朝詩句中關於螃蟹的吃法數不勝數。「脂膏」、「鑲金」、「嫩玉」這類形容蟹黃、蟹膏、蟹肉的語句，甚至成了宋以後文人詩詞小品裡的高頻詞。

除了吃法，做法也有詳細的記錄。宋人高似孫寫的《蟹略》中把生吃的螃蟹叫做「蟹生」。蟹生的做法大體有兩種：一種是用鹽、酒將剁碎的蟹醃漬半天就可以吃了，叫「酒潑洗手蟹生」；一種則是將用酒醃製的蟹，拌上醋、薑末、橙肉泥，即刻開吃，有個非常生動的稱呼為「橙醋洗手蟹」。

不一樣的做法成就了蟹生不一樣的風味，有人偏愛無佐料，有人喜歡有佐料，但都不妨礙「酒潑洗手蟹生」與「橙醋洗手蟹」成為宋朝人不可或缺的一道菜式。除了這兩種螃蟹的做法，《武林舊事》裡記載以蟹為原料的菜品還有蟹羹、酒蟹、醉蟹等數十種。

由此我們可以看出，無論是唐代的魚膾，還是宋代的洗手蟹，都反映了古人的一種飲食文化，那就是喜歡生鮮的食材，進行簡單的加工，從而最大程度地激發出食材天然的鮮美。

康熙皇帝是第一個吃巧克力的皇帝

人生就像一盒巧克力，你永遠不知道下一顆是什麼味道。但康熙皇帝知道，他覺得巧克力是苦的，還差點讓巧克力變成一味中藥！因為在康熙的眼裡，巧克力不是糖，是藥。

作為歷朝歷代第一個吃巧克力的皇帝，康熙對於這玩意沒有一點好感，因為他看到的巧克力，是以湯藥的形式出現的。康熙皇帝只喝了一次，就讓現代人為之著迷的美味在清朝被封殺了。

巧克力最初翻譯成「綽科拉」，原產南美洲，當地人叫它「苦水」。西元十七世紀，西班牙航海家在美洲發現了可可樹，在當地土著的帶領下製作並食用可可。從中他們發現了商機，粗加工後帶回西班牙，不出所料，西班牙貴族真的愛上了這種可可果製成的飲料，熱愛程度甚至超過了咖啡。

不過他們當時用最原始的配方製作的巧克力，真的比湯藥還要難喝，那個味道跟我們現代人喝的熱巧克力完全就是兩碼事。當時，可可的食用方法是將可可豆烘烤，發酵後磨成糊狀，加入香料，用水或酒浸泡。並且當地人一開始喝可可，就是因為看中它的那股苦味有著提神醒腦的作用，並且越喝越有韻味，和茶相比，是截然不同的滋味。

令人想不到的是，這玩意一傳十十傳百，竟然被神化了。巧克力傳入歐洲後，搖身一變成了保健食品或藥品，還是官方批准的可以經常使用的藥物，可以用來治療發燒，緩解疼痛，幫助消化，甚至還有人把它當作春藥。

康熙四十五年（西元一七〇六年），巧克力隨洋人飄洋過海抵達中國，原以為能大賣，誰知道竟然鬧了一場笑話。

據說康熙四十歲時曾患上過瘧疾，宮中的御醫、民間的郎中都拿這病沒辦法。就在大家都以為康熙皇帝凶多吉少大限將至時，一位法國傳教士獻上西藥金雞納霜，也就是奎寧，將康熙奇蹟般地從死亡邊緣拉了回來，此後康熙便對西洋藥來了興趣。

當時，任職武英殿總監造的赫世亨，無意間打聽到羅馬教皇派來的使節鐸羅帶來了一種神奇的西洋藥物「巧克力」，就找鐸羅要了五十多塊，並且詳細詢問了巧克力的誕生時間、材料組成、食用方法、口味效果以及相關禁忌等。據此寫了一份上千字的說明書報告給康熙皇帝，說西洋傳教士經常飲用一種叫「綽科拉」的藥品，喝完之後提神醒腦。一聽說洋人圈裡流行喝提神醒腦的藥，好奇心滿滿的康熙皇帝便想馬上試試。

皇帝都下令了，臣子們哪有理由不立即執行。赫世亨特意精選了八種不同配方的巧克力，仿照歐洲上流社會吃巧克力的方法，專門打造一套銀器，配上黃楊木製成的攪拌籤子，一股腦送到了皇上面前。

還附上解說：「至綽科拉藥方，問寶忠義（宮廷裡的西洋大夫），言屬熱，味甜苦，產自阿美利加、呂宋等地，共以八種物質配製而成，其中肉桂、秦艽、白糖等三味在中國，其餘噶高、瓦尼利雅、阿尼斯、阿覺特、墨噶舉車等五種不在此……將此倒入煮白糖水之銅或銀罐內，以黃楊木碾子攪和而飲。」

康熙起初聞到一股異香，但看著杯中濃湯，抿了一口，覺得苦就加了點糖。大臣和太監盯著皇帝的表情，看到他皺著眉頭、咧著嘴笑，內心忐忑不安。康熙又喝了幾口，眉宇間輕鬆，嘆道：這是洋人天天喝的？比起我們的龍井茶簡直差遠了。雖然裡面放了糖，但還是很苦，他們西方人為什麼那麼喜歡喝呢？

於是，他寫了一封信，讓太監拿給赫世亨，問他：藥效呢？藥效你怎麼不說？

赫世亨看到信之後，知道康熙皇帝吃巧克力不是當糖吃，而是當藥吃了，直接嚇呆了，心想著皇帝對進口藥物和食品的監管力度實屬罕見。

於是，他立刻上書給康熙解釋說：「在美國那個地方，人們認為巧克力對老者、胃虛者、腹有寒氣者、瀉肚者、胃結食者，均應飲用，助胃消食，大有裨益。但是巧克力也有禁忌症，比如內熱發燒的、氣喘的、痔瘡流血的都是不可以吃的。」

康熙看到之後，瞬間嫌棄，只批了三個字「知道了」，也就沒什麼下文了。要說也是，康熙皇帝統治時期，清朝地大物博，誰家還沒一杯消食又提神的茶呢？可憐那送進宮去的五十塊「綽科拉」，自此再不見蹤影。巧克力本有可能成為一味傳統中藥，可它的清宮路，剛開始就戛然而止，等到它再次出現在中國已經是兩百多年以後的事了。

不過，幸虧巧克力沒有變成中藥，才有了如今香醇甜蜜的滋味。

中國古代私自殺牛是重罪

我們經常可以在古裝電視劇裡看到這樣的場景：一位俠客，步入客棧，招呼小二上前，點上兩斤牛肉、幾罈美酒，饒有興致地品嘗起來。

但電視劇終究只是供人娛樂消遣罷了，真實的古代很難出現這樣的場景。因為在古代牛肉價格昂貴，且私自宰殺耕牛還會觸碰法律，所以一般人根本吃不起牛肉。

《漢書．龔遂傳》中記載：「禁私殺牛馬，牛用耕田，有宰食者，殺無赦。」可見按照古代法律，私自宰殺耕牛可是殺頭重罪。朝代更迭，到了唐、宋、明、清幾代雖然對私自殺牛罪的量刑有所降低，但私自宰牛依舊是違法行為。直到清朝末期，才廢除了這項罪名。

耕牛為什麼在古代有如此地位呢？

古代延續幾千年的經濟主體都是小農經濟，農業便是封建王朝的支柱產業。自戰國時代開始，牛耕便逐漸推廣起來。由於那時生產力不高，牛便成為了重要的生產工具，它相當於我們現在使用的曳引機，承載著耕田開地的重任。因此，各朝各代都會制定法律條文，以此保護耕牛。

而且在古代，圈養一頭牛可不容易。雖然牛能在農忙的時候耕地工作，但一年四季都需要餵養。所以大部分農民是沒有耕牛的，有牛的都是大戶人家。

沒有牛的農民，又該如何耕田？朝廷為保障民生，出錢圈養大批耕牛，農忙之時，可租賃給農民。

但無論是朝廷所養，還是私人所養，耕牛都屬於國家的策略財產，私自宰殺都是要被處罰的。

唐玄宗李隆基曾經頒布過〈禁屠殺馬牛驢詔〉，他認為馬、牛、驢都能作為工具為人所使，因此不能隨意宰殺。

當然古人並非一點牛肉都吃不到，法律只是規定：禁止私殺耕牛。咬文嚼字，如果不是私下宰殺耕牛，便不算犯法了。也就是說，要殺牛得跑到衙門進行報備。

原來在古代，耕牛除了能夠充當農業生產工具與提供牛肉外，還有許多作用。牛渾身是寶，牛筋和牛角可製作弓，而牛皮則可以製作皮甲。弓與甲在古代可是重要的軍隊武器，朝廷自然得嚴格把控，否則影響政權穩定。畢竟若是有人私自製造武器裝備，將後患無窮。好比當年秦始皇一統天下之後，為防止六國遺民反抗，將天下武器盡收，鑄造成十二個大銅人像。

所以帝王對耕牛的宰殺會十分敏感，因為殺牛不但會影響農業生產，破壞經濟成長，還會在一定程度上威脅朝廷政權穩定。所以古代出於以上考慮，明文禁止私自宰殺耕牛。

由於一段時間的「禁殺牛令」讓牛得到了保護，牛類迅速繁殖。民間牛群氾濫，國家耕地面積不夠多，導致了供大於求。朝廷發現之後，開始放開政策，殺牛賣牛。但事前得和官府請示，得到審批後，官府會派人在現場監斬，對牛皮、牛角、牛筋等可用於軍事的部位進行回收，剩下的牛肉就可自由處置。如果牛自然老死，或者是發生意外，亦需要向官府報備，經過必須的流程之後，才可以自己處置牛。

總之，客棧在固定的時期是可以採購牛肉的，但也需要走特定的流程。進店便點牛肉的都是大人物。或者在牛群氾濫，官府放寬政策之時，才會有大量的牛肉流入市場，普通老百姓是很難吃到牛肉的。

隨著蒸汽機的發明，人類進入工業時代，到後來電腦出現，人類已來到資訊時代，傳統的農業工具已被摒棄，農耕文明一去不復返。耕牛地位一落千丈，失去了其最初的作用，只能作為食物被端上人類的餐桌。

時代的洪流奔流不前，耕牛無法阻止也無法預料自己的未來。而下一場時代變革，被淘汰、被端上「餐桌」的又將會是誰呢？

古代四川人基本上不吃辣椒，因為沒有

四川人吃飯需頓頓有辣、無辣不歡！但是你可知道古代四川人基本上不吃辣椒？

因為——沒辣椒可以吃！

眾所周知，辣椒起源於墨西哥，最早隨哥倫布船隊返回歐洲，開始小規模傳播。在明朝末年，才隨著遠洋貿易船隊飄洋過海抵達中國。

起初，這紅紅的辣椒可沒人敢吃，甚至它都未曾出現在廚房裡，那時候，達官貴人們將辣椒當成可

炫耀的高級進口觀賞植物。

明代高濂在〈遵生八箋・燕閒清賞箋〉中記載：「番椒，叢生白花，子儼禿筆頭，味辣色紅，甚可觀。」大概意思就是說，白白的辣椒花好看極了，結出來的果子像禿筆頭一樣，味道辣又紅得正，甚是好看。可見，當年誰要是書房裡能種上一盆辣椒那都是風雅之事。

為了炫耀自己有獨一無二的洋玩意，各地達官貴人爭先恐後地幫它取名字，有番椒、地胡椒、斑椒、黔椒、辣枚、海椒、辣子、茄椒等眾多不一樣的名字。因此辣椒在現代各地方言裡都有自己專屬的名字，至於全國統稱「辣椒」的這個官名，也不知是哪朝哪代的事了。

對於饕客來說，把任何東西變成食物的這種好奇心是非常強大的，不管它是珍貴還是好看……所以我們現在能吃到這辣椒的美味，真的要感謝古時候的饕客們。然而，辣椒的辛辣口感與人們當時的口味完全不符，不像現在人人都喜歡，哪怕不喜歡也會接觸到。尤其富庶之地，人們更不喜歡這種口味，甚至覺得上不了檯面。可以說，在古代，辣椒只有窮人才吃。

這是為什麼呢？這就得從辣椒進了中國，最先在哪裡落的戶，然後在哪裡花開遍地說起了。辣椒是通過海上絲綢之路進來的，第一站是浙江地區，隨後傳入湖南、雲貴地區，再然後才是陝西和山東，傳到四川已經很晚了。辣椒傳入四川的過程在整個歷史中看，還是一段頗為曲折的歷程。

而且可能最先吃辣椒的不是四川人，而是貴州人，因為窮！是的，你沒看錯，就是因為窮。

貴州因為群山環繞，交通不便，那時候的食鹽和蔬菜極其短缺和珍貴。康熙年間的窮人買不起鹽，吃飯就只能靠辣椒提味。辣椒又很辣，為了吃飯，只能硬著頭皮吃。飲食影響性格，所以大家聽貴州人說話，總感覺有股辣味，可能就是被辣椒慣出來的。

到了乾隆年間，辣椒已經被貴州人廣泛食用，因為辣椒可以掩蓋食材的不新鮮，搭配著食用那些沒辦法長時間儲存的食物，很多人才不會餓肚子。而當時的有錢人崇尚食材的原味，從口感上是以甜為貴，辣椒的辛辣刺激他們顯然看不上。

到了明末清初之時，朝代更替，戰亂不斷，百姓叫苦不迭，這神奇的物種隨之傳入雲南和湖南交界地區。辣椒對土地的適應能力太強了，就好像自來熟一樣，它容易種，方便儲存，價格又低，從此受到了雲南人、湖南人的廣泛喜歡。

嘉慶年間，已經有多個省將辣椒「種以為蔬」，吃辣大省四川也已是「山野遍種之」。川菜的調味料家族從此迎來了新成員。有句俗語「湖南人不怕辣，貴州人辣不怕，四川人怕不辣」，就是這麼來的。隨後辣椒順著蜀道傳到甘肅、陝北、河南等地，開啟了北方市場，一路向西北直達新疆，中華大地從此被辣椒染成一片紅。

從上可知，今天無辣不歡的四川普遍吃上辣椒，已經是晚清時候的事了，比湖南要晚上近五十年，距離現在也就一百多年的時間。

那麼沒有辣椒吃的四川人之前都吃什麼呢？原來，最早的四川人不吃辣，反而與江浙一帶一樣喜歡甜食。但川蜀之地一向是溼氣較重的偏寒地區，人們為了抵擋寒氣，就會吃一些比如花椒、吳茱萸、生薑等有辣味的東西。

吳茱萸就是王維詩裡說的「遍插茱萸少一人」中的茱萸。史料記載，歷朝歷代中辛辣味調料用量比例最大的是花椒。唐朝時，三分之一以上的菜餚都用到花椒；周朝時，四川地區多食花椒；三國時期，則多食芥末。可以說，花椒才是中國古代的「辛辣之王」。

也就是說，祖傳吃辣的四川人，在沒有辣椒前並不是不吃辣，只是吃的辣椒不是現在大家所看到的火鍋裡那種紅色辣椒，而是花椒，此「辣」非彼「辣」。常有人說「四川人吃辣兩百年，吃麻上千年」，這種說法也不無道理。

以至於現在在四川凡是帶了辣的菜，約等於是爽的代名詞，聽到「辣」字就情不自禁地吞嚥口水，聞到辣的香味就神魂顛倒。為何四川人對「辣」那麼情有獨鍾呢?可以說是長期以來形成的飲食習慣。中國素有北鹹、東南甜、西辣的說法，意思是氣候乾燥食為鹹、氣候溼熱食為甜、氣候潮溼食為辣。

四川盆地多雨而且潮溼寒冷，容易溼氣入體。「四川的太陽，雲南的風，四川的下雨像過冬；四川地無三裡平，天無三日晴，人無三分銀。」就形象地反映了四川的雨多而且特別陰冷，不管穿再多，冷也會浸入骨子裡。這樣的氣候對人體並不友好，卻恰恰適合辣椒的生長，所以當地人要吃辣椒除溼氣、祛寒。

這是因為辣椒中含有一種叫做辣椒素的物質，能使人血液流動加速，全身冒汗，身上的寒氣溼氣就會被驅趕出去。這就是從中醫學角度來說的辣椒具有溫中下氣、開胃消食、散寒除溼的作用。

除了地理環境所影響，還有歷史原因。古時的四川山高路險，道路崎嶇，交通極為不便，缺油少鹽，飯菜難以下嚥，為解決這一難題，只得用酸與辣來調味，酸就是酸湯，辣就是花椒、茱萸、辣椒等。長此以往，經常食用辣，能吃辣、愛吃辣也就成為四川人的一種特殊飲食習慣。

由此看來，如今餐桌上幾乎能和所有食材成功配對的辣椒，征服我們只用了四百多年時間。而無辣不歡之所以能在中國成為主流，不僅僅是因為現代人生活節奏加快、壓力大，吃淡味的成本越來越高，更是因為吃辣產生的內啡肽能夠在人體內製造類似於快樂的感覺，從而成為當代人在餐飲領域保留的為數不多的安慰。

第六篇　古今大對決

現如今，說話辦事不變通者被稱為「老古板」，不諳流行者被稱為「古代人」。可古人如果聽到這樣的話，脾氣暴一點的沒準會氣得活過來，跳起來找我們理論也是說不準的事。畢竟，我們現在所經歷的，很多都是人家玩剩下的，不信，就帶你去看看。

古人追星也瘋狂

娛樂年代，粉絲們為了追星，做出了不少瘋狂行為。一擲千金，瘋狂打 Call，更有甚者，跟蹤、偷拍……

但你有沒有想過，追星其實不是我們現代人的專利，古代的粉絲追起星來，同樣也很瘋狂。

先往遠一點講，魏晉南北朝時期，有位叫衛玠的美男子。他的容貌和風姿，絕對是在歷史榜單上的。無論是古代四大美男子，還是十大美男子，衛玠都是榜上有名的。他琴棋書畫樣樣精通，氣質脫俗。無論走到哪兒，都有不少迷妹。他所到之處，都會被人們團團圍住。

衛玠的舅舅王濟是驃騎將軍，他也是英姿豪爽，但是每次在衛玠身旁，就感覺珠玉在側，覺得自己醜陋無比。

衛玠的姿容太過驚豔，吸引了太多粉絲，最後卻因此喪命。

《晉書．衛玠傳》曰：「京師人士聞其姿容，觀者如堵。玠勞疾遂甚，永嘉六年卒，時年二十七，時人謂玠被看殺。」

衛玠在初到京師之時，被瘋狂的粉絲團團圍住。他本就體弱多病，積勞成疾。由於粉絲給的壓力過大，加速了他的病情。所以，他最終死在了這種熾熱的、對他充滿喜愛的目光中。

古代的文藝界，不流行唱歌跳舞演電視劇，寫詩詞的才是當時的明星。例如，李白、杜甫、白居易。

這些我們耳熟能詳的大詩人，在當時也是文藝界的絕對王者，被奉為大神一樣的存在，大神必然也會有粉絲膜拜，而往往這類大神的粉絲程度還不低。

「還君明珠雙淚垂，恨不相逢未嫁時。」寫出這句動人詩句的人，正是杜甫的迷弟張籍。

張籍是唐朝中後期的詩人，代表作有〈秋思〉、〈節婦吟〉、〈野老歌〉等，在唐朝璀璨的詩詞天空中，也有著自己的一席之地。

不過，張籍非常迷杜甫，他一直渴望能寫出杜甫那樣的驚世詩篇，甚至達到了走火入魔的境地。五代馮贄的《雲仙散錄》中就記載了這樣一個故事。

張籍曾經把杜甫的詩句認真抄錄下來，然後再把這些紙燒掉。此種行為，並不是為了寄託什麼情感，而是為了燒完的紙灰。張籍會把燒完的紙灰拌上一些蜂蜜，每天早上吃三勺。

老話常說「吃什麼補什麼」，但是這種補法的確清奇，也很傷腸胃。

有一次，朋友到訪時發現張籍正在吃紙灰，甚至以為他得了失心瘋。而張籍卻鎮定自若，稱自己吃了杜甫的詩，就能夠「改易肝腸」，寫出和杜甫一樣好的詩句。

這種迷之操作很另類也很瘋狂。

被奉為偶像的杜甫，也有自己的偶像，那就是「詩仙」李白。雖然在後世人們眼中，兩人同處一個時代，都是自成一派的明星，但事實上，他們之間的關係更像是明星和粉絲。

天寶三年（七四四），杜甫在洛陽與李白相識，二人相見恨晚，從此結伴同行，把酒言歡。「詩仙」與「詩聖」相見於失意之時，這在我們看起來是命定之緣。但歷史的劇情總是讓人猜不透。因為在這場命定之緣中，只有一個人淪陷。這個人就是杜甫。

杜甫無法自拔地迷上了李白，李白就成了星光璀璨的神，照耀著他的世界，指引著他的理想。他總要為偶像做點什麼，才能表達自己對偶像的喜歡。

而杜甫最擅長的，當然是寫詩。拿出最好的文采、最美的詞，誇就對了。

「白也詩無敵，飄然思不群。清新庾開府，俊逸鮑參軍。」

「昔年有狂客，號爾謫仙人。筆落驚風雨，詩成泣鬼神。」

總結來說，杜甫寫了〈冬日有懷李白〉、〈天末懷李白〉、〈夢李白〉、〈贈李白〉、〈春日憶李白〉等詩，前前後後有很多很多，都是寫給李白的。足以見得，這位高產的粉絲對偶像有多愛。

然而，面對杜甫的瘋狂輸出，李白也只是回了兩首。

杜甫把李白當作神，但李白眼中的杜甫，只是個匆匆過客。不過，這絲毫不會影響杜甫的追星熱情。畢竟，追星這種事，追逐的過程，是意義也是快樂。

李白還有個比較瘋狂的粉絲，名叫魏萬。這個魏萬名氣肯定遠遠不如杜甫，但他對李白的狂熱，可一點不比杜甫差。

魏萬作為一個資深老粉，非常崇拜李白，欣賞他的才華，把他的詩讀了一遍又一遍。

隨著對李白的崇拜和敬意越來越濃厚，他也越來越渴望見到李白。這是每一個粉絲的夢想。當時交通和通訊都不發達，見到偶像也就沒那麼容易。魏萬託了很多人多方打聽，才知道李白在長安。於是他馬不停蹄地趕往長安。可當魏萬到達長安時，李白已經到了荊州。魏萬跟著去了荊州，李白卻已離開，又一次錯過。

一方面古代的通訊和交通都差了點，再加上魏萬的運氣欠佳，這也使得他多次和偶像擦肩而過。一直到兩年後，他才終於在揚州見到了自己的偶像，並且求偶像為他作了一首詩。

魏萬這追星路很執著，也很辛苦，但還好，最後的結果是暖的。

如果說魏萬的執著令人動容，那麼更讓人跌破眼鏡的是竟然有人渴望當偶像的兒子，例如白居易。

白居易崇拜李商隱，但是他比李商隱大四十歲。

元代辛文房的《唐才子傳》記載：「時白樂天老退，極喜商隱文章，曰：『我死後，得為爾兒足矣。』白死數年，生子，遂以『白老』名之。」

李商隱為了感念白居易這份厚愛，在白居易去世多年後，為自己的新生兒取名為「白老」，也算是很「寵粉」了。

白居易也有一位瘋狂的粉絲，名叫葛青，極其崇拜白居易。段成式的《酉陽雜俎》記載了一段葛青的瘋狂行為。據說，葛青在渾身上下刺了白居易的三十多首詩。他要讓自己的每一寸肌膚都銘刻偶像的佳作，也銘刻了對偶像的敬意。但做完這些還不夠，又或者是因為他身上還有空白的皮膚，所以後來他又在身上刺下了三十多幅圖。這些圖都是根據白居易的詩所繪。一棵樹上掛著絲纈，代表「黃夾纈林寒有葉」。

白居易曾做過中書舍人，被人稱為「白舍人」，葛青身上的圖就被稱為「白舍人行詩圖」。真是愛偶像愛到了血肉裡。每每與人閒談，葛青隨手撩開自己的衣服，就是偶像的詩詞。這情境，也的確夠別緻了。

古今皆有追星人，但無論如何，凡事有度，理性追星，過猶不及。

古代官員的俸祿是多少？

「錢多事少離家近」，這想必是不少社畜夢寐以求的工作狀態。每個月最開心的也是要發薪水的那幾天。那麼你知道古代的社畜（官員）辛苦一年到底能賺多少錢嗎？

如今我們的薪水主要是錢幣一類，但在古代可不一樣。在古代，官員的薪水叫「俸祿」。每個朝代的情況不同，官員領俸祿的情況也各不相同。但古代主要朝代的俸祿都有一個共同的特點——發放形式的多樣化。國學大師南懷瑾在《論語別裁》裡說「『俸』等於現在的月薪，『祿』有食物配給」，「俸」即「錢」，「祿」即「糧食」。

古代有年薪制也有月薪制。一般來說，在現代生活中，通常只有薪水高的白領才會實行年薪制。然而在古代相當長的時間裡，從當官的到打長工的，主要實行的都是年薪制。在民間多叫「工錢」，官方稱之為「年俸」。

古代的年薪制，是真正的年薪制，要到年底才能領到一年全部的勞動報酬。古代年薪發的是什麼？並非今天花花綠綠的鈔票，也不是黃金白銀，而是土地、絲綢、茶葉、粟、谷之類的實物薪水。大家應該聽說過「吃皇糧」這個詞，其實就來源於薪水發糧食的緣故。

年薪制一直沿用到東漢。東漢第五位皇帝劉隆第一次進行了薪水改革。他規定薪水可以發貨幣，但還不是全發錢，而是一半貨幣薪水，一半實物薪水。到了唐代才出現全部用貨幣來發薪水的形式，當時有的部門發金子，但絕大多數是用銀子來支付。明代仍以年薪製為主。月薪制則始於南北朝的劉宋，宋文帝劉義隆對薪水制度進行了改革，「按月分俸」，這個便是我們現代人月薪制的雛形了。

聊完薪酬發放體系，很多人發出疑問：古代官員的收入換算到現代的標準相當於多少錢呢？是年薪百萬，還是恰好只能維持家用？這就得看他們是為哪個皇帝打工了，朝代不同，俸祿也不同。

我們先來看一下古代的銀子在我們現代能換多少。古代一兩銀子折合新臺幣在各個朝代有所不同：清朝中晚期，一兩銀子價值新臺幣六百七十元至一千元；在明朝中期價值新臺幣兩千七百元至三千六百元；在北宋朝中期價值兩千七百元至五千八百元（或四千五百元至八千元）；在盛唐時期價值九千元至一萬八千元（以稻米為衡量單位，推算過銀子的價值，雖然換算數字不一定準確，換算方法卻值得參考）。

為方便比較，統一以縣丞職位為例，將他們的俸祿全部換算成現在的新臺幣，從而得出歷朝歷代官員薪水排名。

第一名：宋朝，五十八萬元／月；第二名：隋唐，九萬五千元／月；第三名：清朝，八萬五千元／月；第四名：元朝，兩萬九千元／月；第五名：秦漢，兩萬六千元／月；第六名：晉朝，兩萬四千元元

／月；第七名：明朝，一萬三千元／月。

由此看來，最幸福的當數宋朝了，別看宋代疆域不大，可人家當時非常有錢，每月五十八萬元的薪水，放到現在是絕對的高薪了。

不僅如此，除了每個月可以領俸錢之外，朝廷還會發祿米。正一品官員，月領祿米一百五十石，俸錢十二萬文，外加每年綾二十匹，羅一匹，綿五十兩；九品官員，月領祿米五石，俸錢八千文，外加每年綿十二兩。

還有各種名目繁多的福利補貼：服裝、祿粟、茶酒廚料、薪炭、鹽、隨從衣糧、馬匹芻粟、添支（增給）、職錢、公使錢及恩賞等；地方官則配有大量職田等。就連官員家中役使的僕人衣食及工錢也都是朝廷買單，真的是很幸福！

宋代雖然薪水高福利好，但物價亦是極高。有專家曾根據史書算過，每月一百貫，大概是二十萬元，才能過上比較體面的生活。

相比宋朝富得流油的月薪，最貧窮的應該就是明朝的官員了。流傳很廣的故事就是不貪不腐的大清官海瑞，窮了一輩子，母親過生日，他買了兩斤肉孝敬母親竟成為轟動當地的大事，他死後還得靠同事湊錢得以安葬。

這樣的例子還有很多，市舶司副使羅倫，家裡十分貧苦，來客人時，妻子要去鄰居家借米；廣西道御史劉準的薪水太低，養不起妻兒，於是向同事、上司們借錢借米，直到劉準病死，所欠的錢米都沒能還上；還比如山西巡撫秦鉉為封疆大吏，自己的妻兒老小居然經常吃不飽。在明朝，清官大多是入不敷出，貧寒萬分。

據史料記載，明朝官員的俸祿制定得很低，許多低階官員靠官俸很難維持生活。高級官員則根本不可能靠官俸維持其豪華生活，所以地方官的實際收入大多來自地方稅收的截流（俗稱「火耗」），而京官的很多收入來自地方官餽贈。

舉例來說，一個縣官，正七品，年俸九十石米，也就是六千三百七十二公斤米，每人一年就算吃掉一百八十公斤米（在這個時候不可能那麼少），這些米也只夠三十五個人吃一年。

更可怕的是，有四成的米他是拿不到的，那一部分就被皇帝光明正大地折換成別的東西，例如絹布、棉布，甚至一些零碎的小東西。

而九品官員年俸六十六石稻米，大約是七萬三千元，正一品年俸五百七十六石稻米，大約是六十三萬元。其實明朝官員的薪水從數字上來看，在當時來講不算很低，但問題在於明朝經常發不出來薪水。發不出來怎麼辦呢？找別的東西抵吧。因此他們的薪水在實際發放時常常被布匹、胡椒、紙鈔頂替，官員看似可以得到普通老百姓無法得到之物，實際上，在明朝，鈔票是很容易貶值的，而且非必需品的調味品也很難換取必需品，也就相當於薪水被變相剋扣了。

整體而言，每一個朝代都有屬於自己朝代特色的官員體系，從夏商周到清末，官員的薪水制度發生了巨大的變化。歷代官場的發展見證了田、米的發展，錢與米的結合，最終以錢支付。但在挺多朝代都只是表面風光，如果你想穿越去古代當官，那可一定要謹慎，千萬不要跑到經常發不出薪水的明朝去。

還有，古代人七十歲方可退休。與現代人恨不得四十歲就退休的想法不同的是，當時宋朝的官員還變著法把自己的年紀改小，從而可以多領幾年薪水，以及各種福利補貼。

正常退休被稱為「致仕」，一般致仕在七十歲。漢朝官員致仕，薪水最高的超過兩千多石，退休可以得到原薪水的三分之一，少數極其優秀的官員甚至可以享受原來的薪水待遇。

此外，在退休時還有一次性獎勵：錢、黃金、食物、房屋、車馬等，怪不得大家都想透過科舉考試入朝為官了。

看完古代官員的薪水，你是否願意夢迴前朝，讀書入仕，博取功名，大賺一筆俸祿呢？

魏晉男性愛擦粉，用香囊

隨著生活水準的提升，精緻這一概念迅速流行，大家對於精緻女孩總是抱有善意，認為這是美與自信的體現，可是對另一個群體精緻男孩，大多數人持以批判態度，甚至認為男性就應該是陽剛之美，而不是雌雄莫辨。卻不知在名士輩出的魏晉時期，精緻男孩才是男性的主流審美。

在歷史中，剛剛經歷動盪的時期，就應該出幾個名垂青史、力拔山河的大英雄，可是魏晉時期就是歷史發展中的奇葩，魏晉男人更是讓時代有了不一樣的色彩。要是有人跟現在的男性說一句「兄弟，你長得好像個女的」，那很大機率能收穫一番謾罵，但若是跟魏晉男子說一句「宛若好女」，那麼對方必然會回一句「真有眼光」。

在魏晉南北朝，男子敷粉施朱，滿街皆是，不足為奇。旁人看來帶著點自戀與陶醉，卻是當時的審美風潮。別以為這只是遊手好閒、沒見識、沒文化的男子才做的事情，事實上當時滿腹才華的有為青年，同樣注重打扮，格外愛惜個人形象。當時的社會審美有別於秦漢的武烈剛強，喜歡偏柔美的「小鮮肉」。

究其原因，魏晉南北朝是歷史上一段特殊的時期，作為一個分裂動盪的歷史時期，當時的人們心裡已經沒有了什麼條條框框，國家也沒有過多的規矩，人們對服飾也沒有要求，各種顏色各種款式流行出現。

女子也不再足不出戶，反而大方地走上街頭，穿著各種款式的衣服，梳著千奇百怪的髮型，就像現在的時尚穿搭達人一樣，極力展示自己的個性，行為開放又大膽，更崇尚及時行樂。加之，朝代頻繁更迭，社會缺乏安全感，所以人生苦短的心態流行起來，性情的放任產生了對感官美的狂熱追求。

正是這特殊的風氣，塑造了魏晉南北朝的無數美男子。四大美男子中的潘安、衛玠都有「玉人」之稱。人們用「妙有姿容」來形容潘安，用「冰清玉潤」來形容衛玠，可見二人的姿色。

那時候的男子流行化妝，類似現在的時尚美妝男部落客，那麼當時的男子是怎麼化妝的呢？其實他們使用的化妝材料與女子的差不多，化妝流程也很簡單。從史書記載來看，他們最注重的是膚色，因而面脂就是最為關鍵的了，一般敷粉是最為流行的手法，出門必打扮，隨時把自己帥醒那種，從而也吸引了大把的女粉絲追捧。因此，才會流傳著潘安走上街頭被大膽的女子們圍住調戲的故事。另一位美男衛玠，每次出門都引起粉絲的狂熱圍觀，可是衛玠本身就患有重病，再每每被這麼圍觀，竟然勞累而死，這就是「看殺衛玠」的典故。除了潘安、衛玠，當時的嵇康、王衍、蘭陵王、慕容衝、獨孤信也都是出了名的美男子。

以至於到了後來，不知是不是為了適應大眾的口味，當時的老少爺們可都是拚命向美男子路線上走。尤其是貴族士子，幾乎每個人都要撲粉、塗口紅、噴香水啥的，一點不比現在的精緻女孩差。

比如，大才子曹植有次會見朋友，竟讓客人在大堂足足等候一個多時辰，而這時間竟然是花在往臉上撲粉上，只是為了臉色看起來更白淨。

玄學大師何晏本來就天生麗質，結果嫌不夠，早晚還得打扮一番，粉不離手，隨時補妝，偶爾還停下來，對著自己的影子欣賞一番。魏晉南北朝的男子很多是鏡子不離身的，一天要照好幾次鏡子補妝，幾乎到了不化妝就不見人的地步。

北朝鮮卑慕容氏在選繼承人或者封官的時候，優先考慮候選人的長相是否俊美。南朝士族階層普遍有敷粉妝扮用五石散作神仙狀的愛好。不僅如此，他們還喜歡在衣服上薰香，而隨身佩掛香囊的情形也是十分普遍。

或許難以想像，面容白皙、體態清瘦、身高甚偉，恰恰符合魏晉名士的審美標準。而且當時民風還沒有被禁錮，女子們熱愛追捧美男子，美男子與美男子惺惺相惜，所以魏晉南北朝有很多帥哥為後人所知。如此看來，古代男人真的把美男子當得相當專業，在當時網路都沒有的年代都能成為「全民網紅」，放到如今大概一出場便能秒殺一眾「明星小鮮肉」。

不過，在當時只是擁有柔美的容貌還不足以被熱捧。內外兼修、才華橫溢的美男才是明星。魏晉南北朝有很多男人，雖然容貌出眾，但給人的感覺大多是容貌至上，服裝考究，男寵遍地，美男當道，體弱病嬌，一走三喘。修身齊家治國平天下的理想，似乎被他們放在了第二位，有的人可能根本就沒放在心上過。但他們優秀起來，連史官都要專門在史書裡記上一筆，因為雖然他們「娘」，但戰鬥力照樣和顏值一樣爆表，有文才、有政才，堪當軍國大任。

何晏就是漂亮人物的代表，因為首先帶起吃五石散的風潮，又研究玄學，推崇清談，所以後世許多道學家都說他不理政務，誤國亂天下，將魏晉南北朝四百年動盪的根源放在了他身上，說他是「藍顏禍水」。

但實際上，何晏對政治一直都有自己的看法，譬如他和曹叡關係還不錯，便見縫插針，想盡一切辦法向曹叡委婉地表達自己的政治理念。從他奉命寫的〈景福殿賦〉中就可以看出，原本只是一篇歌功頌德的應制文章而已，但何晏硬是在文章裡強行插入了「君主要順應自然，實行無為之治」的政治理念，勸曹叡改革現在的政策，把不做事、白領俸祿的官員裁掉。

有句話怎麼說來著：看臉，其實是最大的輕敵。像何晏這樣的人還有很多，他們或者容貌漂亮，或者身體羸弱，但內心並不軟弱，一直深藏著一份為家為國的決心和操守，並非徒有其表。

譬如蕭梁的韋睿，從小身體羸弱，騎不了馬，但依然能坐在板輿上指揮若定，在大家都以為輸定了的情況下，以少勝多，大敗北魏名將楊大眼。因為鋒芒太盛，北魏將他喚作「韋虎」，還編了首歌謠說，「不畏蕭娘與呂姥，但懼合肥有韋虎」，就只怕他。

還有崔浩，史書上說他「纖妍潔白，如美婦人」，甚至可說長得有些陰柔了。

但正如他侍奉的君主太武帝拓跋燾所說，崔浩「尪纖懦弱，手不能彎弓持矛」，看上去是手無縛雞之力的書生人物，實際「胸中所懷，乃逾於甲兵」。

作為古代「竹林七賢」之一的嵇康亦是頂級美男子，「龍章鳳姿，天資自然」便是形容他。傳說他到山林之中採藥，竟然被誤以為是神仙下凡，可見他的外形之俊美。不只如此，他還是名曲〈廣陵散〉公認的最佳演奏者，嵇康最後一次彈奏此曲是在三千太學生為他請命之時。自此以後竟成絕響，其才華之出眾令人驚嘆。

所謂身體髮膚，受之父母，大多數古人覺得理一次髮、剃一次鬚都是對父母的不尊重。可是在魏晉男子心中，鬍鬚是影響他們顏值的一個大問題，必須每日晨起就要刮掉，然後細細上粉，用心修容，全心打造完美妝容。稍微有點抱負的男子，甚至已經達到了不化妝不見人的地步，這種堪比現在偶像的形象管理，很難讓人不敬佩。

魏晉時期百姓跟著世家走，世家皆以柔為美，百姓自然更是推崇，這種將美色貫徹到極致的追求，也相當程度上刺激了群眾感官。文學界大師左思看著街上總有名士出遊百姓圍觀的盛況，認為以自己的學問，定也能引起眾人追捧，於是淡定出街，卻慘遭嫌棄，有人把這一切歸為百姓膚淺，只喜歡淺薄的美色，卻不能欣賞深層的內涵。

百姓的確膚淺，知識已經被世家壟斷，不給百姓一點啟蒙的機會，而世家卻還希望百姓能在迷茫中看到他們渾身上下的所有優點。百姓自然不懂，也不在乎，他們只知道看著好看就足夠了。

唐朝食品管理極為嚴格，食物變質要立刻銷毀

「民以食為天，食以安為先。」一場突如其來的疫情打亂了人們的生活節奏，也使得人們對食品安全越來越關注。其實，食品安全問題並不是現代人的專有苦惱，在古代也是一個讓人頭痛的難題。

當時的人們對於食物沒有明確的範疇，只要是可以吃的，都稱之為食物。同時也認為食品安全是人類應有的基本權利，作為一枚注重食品安全的高品質饕客，自然馬虎不得。畢竟歷朝歷代中還有不少皇帝因為飲食問題丟了性命，普通百姓的飲食安全也就可想而知了。

那麼，從周王朝到清代歷經三千多年，加之科學技術又沒那麼發達，統治者如何保證民眾「舌尖上的安全」呢？

答案是，和現代人一樣，首先從根源上解決問題——立法。從史料中我們可以查到，古代的法律對食品安全有著非常嚴苛的規定，和現在相比可以說是有過之而無不及，歷史上第一部「食品安全法」出現在周朝。當時的周律是這麼規定的：

「五穀不時，果實未熟，不鬻於市。」翻譯過來就是：已經變質的糧食和沒長熟的瓜果之類，是不能放到市場出售的。

此外，為杜絕商販牟利而濫殺禽獸魚鱉，周代規定：「禽獸魚鱉不中殺，不粥於市。」（《禮記．王制第五》）即不在狩獵季節和狩獵範圍的禽獸魚鱉，不得在市場上出售。不過周王朝大都以教化為主，刑罰

較少，奸商自然是很少的。

但到漢唐盛世，國家繁榮昌盛，人們商貿交易往來頻繁，百姓安居樂業，對於食物的需求就更高了。酒樓和茶館遍地都是，在外面吃飯的人變多，可當時的保鮮條件遠遠不如現在，古人既沒有衛生意識，也沒有有效的殺菌技術，食品生產和儲存過程中不可避免地會出現食品安全問題。

畢竟食材不同，加工方式亦不同，如果使用了錯誤的加工手法，吃下去之後必然是會對人體產生傷害的。就像我們現在不時有人喝了自己泡的酒，或吃了醃製太久的食物後，輕則洗胃，重則一命嗚呼。又比如《金匱要略》記載桃子不能煮，生杏仁會傷人。《千金要方》也指出，食物放久了不能吃，所有的肉都要煮熟了再吃。

然而，在古代，人們在這一領域的知識太缺乏了，因為食用了以錯誤的製作方法做出來的食物後失去生命的人比比皆是。而對於食物的儲存古人也大都是放在陰涼通風處，減緩其變質速度，但效果可想而知，只能是短期有效，時間久了還是會變壞的。但也沒有辦法，在那個食物相對匱乏的年代，有得吃就已經很幸福了。因此很多貧困家庭，即使是食物變質了，但為了不浪費食物，還是經常會吃，因而食物中毒事件也頻頻發生。不僅如此，小商販面對這個問題時，也會因為心疼成本，抱著僥倖心理繼續出售過期食品。

為了防止有害食品流入市場，唐朝法律中明確制定了關於變質肉食品安全的法律條文，還劃定了處罰標準。唐朝的食品安全法是歷朝歷代中最嚴格的，那時候食品種類不多，保鮮條件也不好，針對這個現象，唐律也做出明確規定，如果發現食物變質，必須立刻銷毀，否則食物的主人就要被打上九十大板。

如果主人沒有及時處理掉變質肉，被人偷吃後，一旦發生食物中毒，肉的主人也要被處罰坐牢一年。情節再嚴重點，把人吃死了，直接絞刑，一命抵一命！雖說唐律詳細地考慮到了各種情況，罪行不同，則刑罰不同，但總體來看，仍然是透過重刑來進行壓制，朝廷為直接管理者。

縱觀整個唐朝，儘管政府對食品安全嚴格把控，沒有出現大規模的群體性食品安全事件，但是因飲食而導致的食品安全問題卻層出不窮。還是有人因為吃了變質的食物命喪黃泉，這其中還涉及著名人物。

流傳最廣的便是「詩聖」杜甫吃了變質的牛肉身亡的故事。相傳，當時郴州的地方長官聽說大才子杜甫要來，就送給他許多酒肉，由於當時類似冰箱的儲存方法還未出現，又恰逢是夏天，商家販賣的肉變質了。但由於杜甫長時間未喝酒吃肉，嘴饞心癢，不管三七二十一，大口喝酒，大口吃肉，不一會兒便中毒失去了性命，一代「詩聖」就此隕落。

不僅如此，唐律還規定，配製藥物須先有處方，依方配製，說明文字也不得差誤，否則大夫要被處以絞刑。那時候的大夫們開方子萬萬不敢如今天的醫生一般，下筆龍飛鳳舞，猶如天書。

同時，唐律對出售的藥品品質也嚴格控制。但還是有不法商家以身試法，大文豪柳宗元就曾中過招。緣起於一次柳宗元生病到大夫那裡問診，大夫說他問題不大，讓他自行去藥店買幾服茯苓，可奇怪的是柳宗元越吃病反而越嚴重了。

於是他打算去找「庸醫」罵他一頓，但大夫很奇怪，明明自己的方子沒有下錯，為何病不見好？他讓柳宗元把吃的藥拿來看，才發現原來是藥鋪掌櫃用老芋頭冒充茯苓賣給了他。最後按照唐朝律法，這個藥鋪掌櫃被官府判了坐牢一年，還被流放邊疆，也算是罪有應得了。此事，還被柳宗元寫到了〈辨伏神文並序〉裡。

南宋的法律也繼承了唐律的規定，對腐敗變質食品的銷售者給予嚴懲。同時為了加強對食品摻假、以次充好等食品品質問題的監督和管理，宋代規定從業者必須加入行會，而行會必須對商品品質負責。

由此可見，不管是在古代還是現代，食品安全問題都是政府極為重視的問題，畢竟「民以食為天」，食品安全確實不可以拿來開玩笑。

宋朝人的社會福利非常好，從生到死「一條龍服務」

在過去的歷朝歷代中，宋朝的子民大概是幸福指數最高的，因為宋朝是所有封建王朝裡最為百姓考慮的一個朝代了。這一點，從宋朝的社會福利上就能窺見端倪。

宋朝的社會福利可謂面面俱到，對百姓的關懷詳細到令人震驚的地步。只要是大宋朝的子民，從他出生那一刻起，一直到他死後，都能享受到各式各樣的社會福利。

說是從出生那一刻開始，其實並不準確，因為按照宋朝當時的福利制度，一個人出生之前，就已經開始享受具體的福利了。這項福利叫做「胎養助產」。

簡單地說，就是如果一個家庭非常貧困，但是這個家庭中的女性已經懷有胎兒，那麼當地政府就會給予這個家庭一部分資金，幫助他們供養這個懷孕的婦女，並幫助她順利生下嬰兒。

這對於貧困家庭而言是雪中送炭了。因為其實不管多麼貧困的家庭，只要硬撐還是可以活下去的，但如果出現了一個孕婦，那麼再按照之前的方式去硬熬，就可能會出問題。過去孕婦因懷孕期間營養不良而導致難產的例子比比皆是。所以這一福利是真正利民的好福利。

至於嬰兒出生之後，又會有新的福利跟上，那就是「舉子倉」。

對貧困家庭來說，雖然孩子順利出生令人欣喜，但接下來要把孩子養大仍然是個問題。如果說「胎養助產」這一福利幫助的是貧困的家庭，那麼「舉子倉」幫助的就是嬰兒本身了。

當一個嬰兒出生墜地，其實就已經是一個獨立的人了。但由於其心智未全，尚需要家庭的撫養。而如果其降生的這個家庭並沒有能力將其撫養長大，那麼他接下來就可能會面臨被遺棄甚至被餓死的命運。

「舉子倉」正是為了避免這種情況而設定的。

一個人在成人之後可能會有無限可能，但是在嬰兒期間，他只能任人擺布。宋朝的政府為了讓新生兒能得到很好的撫養，便規定每個有嬰兒的家庭可以去領取撫養嬰兒的補貼，每一個嬰兒能得到四貫錢的補貼。

這四貫錢對有錢人家來說是無足輕重的，但是對於連孩子都養不活的貧困家庭而言，那絕對能養活一條命。

而若是在領了補貼後，有的家庭因太過貧窮而實在無法養活孩子，仍然決定將孩子遺棄，這些孩子也仍有活下去的希望，那就是「慈幼局」。

慈幼局類似如今的福利院，專門用來收養那些被遺棄的嬰孩，讓這些孩子即便被家庭拋棄了，也還是有機會被養大成人。

當一個宋朝的嬰孩漸漸長大，到了需要上學讀書的年紀時，迎接他們的便是新的福利，即教育方面的福利。

宋朝作為一個重視教育的朝代，在教育方面有著很多福利，其中就包括貢士莊、學田制、廣文館等。貢士莊類似於慈善基金，它會接受來自社會愛心人士的捐贈，全部用來補貼上不起學的學生。學田制是學校自己將土地出租出去，收取的租金也用來補貼貧困學生。廣文館則是政府設立的慈善學校，專門收取貧困人家的學生，類似於如今的希望工程。

這一系列補貼之下，即便是家庭十分貧困的孩子，只要有一顆向學的心，就能夠得到很好的教育，未來完全有機會與有錢人家的孩子一同競爭，甚至封官拜相。其實一個社會，只要教育上的福利足夠完善，就相當於給了貧苦出身的孩子一條直通上層的天梯。這不僅僅造福了一些貧窮的家庭，更增加了社會人員的流動性，只有一個人人都能得到受教育機會的社會，才能真正保持活力與生命力。

當然，並不是每一個人都具備讀書的能力，這個世界更多的人還是那些資質一般的普通人。這些人在成年之後，不能透過讀書改變命運，也缺少鑽營的頭腦，最後只會成為最平凡也是數目最多的那群人，這群人在封建社會中的身分就是農民。對於這些農民，大宋朝仍然有福利來讓他們的生活輕鬆一些。這個福利就是「常平倉」。

常平倉是一個非常人性化的福利制度。在古代，當糧食收成好的時候，因為糧食太多，價格就容易被壓得很低，農民只能苦不堪言；而在糧食收成差的時候，因糧食量少，價格升高，這時受苦的就是買糧的百姓了。再加上一些地主在其中故意壓價或者抬價，市場規律只會令貧苦家庭的百姓苦上加苦。

常平倉的存在就類似於政府干預市場。即在糧食的市場價偏低時用高於市場價的價格向農民收取糧食，而在糧食市場價偏高時，再以低於市場價的價格向百姓放糧。

這樣一來，一方面，糧食的價格透過常平倉的調控而變得趨於正常了，穩住了市場的經濟形勢；另一方面，也幫助了貧苦的百姓度過難關。

此外，在醫療方面，宋朝的福利也非常到位。

宋朝時期，醫療水準已經達到了一定程度，治療各種疾病的藥物也十分齊全了。若是有人生了病，只要有足夠的錢，基本上都能買到對症的藥物。

可問題就在於，這些藥物雖然不缺，但是也沒有特別普遍，其價格對許多人來說仍是一筆不小的開支，對於一些貧苦人家來說，有些藥甚至可以說是天價。

為了讓貧苦人家也能抓得起藥，宋朝設立了官方的藥館，名叫「官藥局」。官藥局提供的藥材可能並沒有民間的藥材那麼名貴，但是在治病救人的功效上卻與民間藥店提供的藥並無太大分別。最重要的是，官藥局提供的藥都十分便宜，即便是貧苦人家也完全能買得起。

此外，為了讓貧苦人家不光能抓得起藥，還能看得起病，宋朝政府出面開設了許多醫館，這其中包括安樂坊、養濟院、翰林醫館院、太醫局，等等。病人去這些地方看病抓藥時，醫館只收取成本費。若是在疫病爆發時期，這些醫館會由政府安排，免費為民眾發放相關藥物，幫助大家共渡難關。

在這之上，宋朝還有另外一種保障體系，叫做安濟坊。與官藥局和安樂坊這類只按最低標準收費的地方不同，安濟坊是完全不收費的。只是，安濟坊收治的多為無親無故的疑難雜症患者，這裡是整個大宋朝的醫療體系對最底層的保障。

對於老年人，宋朝同樣有相應的保障措施。古時候，一些貧苦家庭的老年人，因為自身已經喪失勞動能力，家裡又養不起，所以可能會被拋棄，甚至還可能面臨被活埋的命運。但是到了宋朝，這種情況就不會發生了，因為宋朝頒布了一個法令，名為「居養法」。

在居養法的保障下，所有殘疾、孤寡、貧窮的老人，都由政府出面供養。宋朝當時設立了居養院，其功能就如同當下的養老院。居養院專門收留這些孤寡老人，最重要的是，政府不但不收他們一分錢，還會每天發放給他們一定的糧食和錢財，雖然不多，但足以活命。居養院的環境和生活條件，在當時來說算是中上水準。老人只要身體尚可，在這裡頤養天年頗為愜意。

作為大宋的子民，即便是死，政府也會讓其死得體體面面。當然，對普通人家或有錢人家來說，本就可以死得比較體面，但對貧苦人家，或者是孤寡一人的人來說，要想死得體面可就不那麼容易了。

為了給這些生前便無依無靠的人一個體面的身後事，大宋朝廷下令修建了漏澤園。這裡專門用來收留各種無人安葬的屍體。這些屍體在下葬的過程中，會由政府安排的僧人做法事予以超度。在下葬之後，政府還會專門僱一些寺廟的僧人時常去掃墓，讓這些人即便沒有家人或後人，其墓地也能保持乾淨整潔。

所以，在宋朝，一個貧苦出身的人的一生大概是這個樣子的：首先，在母親懷他的時候，原本吃不到什麼有營養的食物，但是政府為母親提供了助養金，讓他在母親的肚子裡時就能攝取足夠的營養用來成長；接著，在嬰兒時期，政府給他們家四貫錢，幫助他順利成長起來；到了上學的時候，他讀不起書，便去政府建立的廣文館讀書；後來他讀書不行，去當了農民，豐收的季節開開心心收了糧食去賣，發現糧食價格被壓得很低，但好在政府出高價收糧，也讓他賺到了足夠的錢；到老時，因為無家可依，就去政府提供的居養院；最後在居養院死去的他，就被安葬在漏澤園，這裡時常會有僧人前來掃墓，念著一些他聽不懂的經。

這裡才是真的可以說，一生都被安排得明明白白。

其實從一個社會的福利制度，就能夠看出這個社會的文明程度。宋朝的福利制度以今天的眼光來看，都是十分先進的，具有十足的人文關懷。

古代就有法定假日，宋朝時期全年假期高達上百天

對上班族來說，最幸福的日子，莫過於放假那幾天了。在現代文明之下，由於工業的發展和社會結構的系統化管理，我們的放假時間基本上都是全國統一的。除了週休二日之外，還有各種大小長假，一年加起來有一百多天都可以用來休息。若是在先進國家，休息日和假期就更多一些。

當然，這些休息日和假期，也是近百年前人民透過各種方式積極爭取來的，如今的五一勞動節正是用來紀念工人們為自己爭取足夠假期的節日。

所以在享受假期的同時，有人也會感激當年那些先驅者，認為若是沒有他們的不懈鬥爭，我們可能還過著暗無天日的日子。畢竟在我們的印象中，古時候的勞動人民可沒有這麼好的待遇。

我們徹底步入工業社會的時間並沒有多久，而在這之前的幾千年裡，都是處於農業社會之中。與工業社會形態不同，農業社會的勞動模式更依賴天時。當天公作美時，每一天都需要出門勞作，若是天公不作美，那就不是是否有假期的問題了，而是是否還能活下去的問題。

在這樣的社會結構之下，幾乎很難想像人們會如今天這般擁有足夠的假期。

但事實上，古時候人們的假期遠比我們想像的要多得多。尤其在宋朝，全年的法定假日已經高達上百天了。

沒錯，在農業社會之下的唐宋時期，就已經存在法定假日了。

這話說起來似乎有些不可思議，畢竟古時候並不能如現代一般對各種行業進行系統性的安排，若要強行休假，對很多行業來說都是並不現實的事。但實際上，古時候的社會結構遠比我們想的更加複雜。比如，雖說唐宋時期仍然是以農業作為社會主體，但那時候工商業的發展已經達到了一定的規模，尤其到了宋朝，各種作坊比比皆是，大有向工業社會邁進之勢。在這種社會結構之下，讓更多的人在法定假日中得到充分的休息是完全有可能的。

首先，最能夠貫徹執行休假制度的群體，莫過於官場了。農民要看天時，商人要認商機，可官員卻幾乎不會受到任何外來因素的影響，只要政府要求他們上班，他們就要上，政府不做要求時，他們就可以不上。因此官員是最容易進行有規律休假的人群。

事實上，從漢代開始，官員就已經有休假制度了。當時的規則是，官員連續上班五天後，就能休假一天。這在古時候叫做「休沐」。

我們知道，一週七天這個制度起源於西方的基督教，他們每隔七天就要去教堂做禮拜，而那天就被稱作禮拜天，其餘六天則用來工作。基督教傳入中國後，也在一定程度上宣揚了這種制度。只是，中國信基督教的人並不多，除了那些教徒，其餘人並不會使用這種制度。

不過，不論是東方還是西方，都認可人在連續工作五六天後必須休息一天這一事實，所以雖然東方沒有做禮拜的傳統，可在休息日的規定上，卻與西方的禮拜制度不謀而合了。

到了唐朝，雖然並未延續之前的休沐制度，但是唐朝時期有旬休制度，也就是每個月的上中下旬各休一日。這樣看起來，似乎假期比漢朝時要少了些，其實不然。因為除了旬休之外，還有許多傳統節日都被新增成了假期，其中春節和冬至的假期各自都有七天，元宵清明等節日也都有休假。這樣算下來，唐朝時期的政府工作人員每一年的假期已經超過了一百天。

即便是今天，將所有的休息日算起來，我們每年的休息日也只是一百多天，也就是說在唐朝時期生活的人，休息日並沒有比我們少多少。那個時期的人也並未如我們想像的那般水深火熱。

當然，這些休假的主要還是政府官員。平常百姓仍然很難擁有這麼多假期。如前面所說的農民，他們是否休假只能看天時，而不可能按照規定去休假，至於商販，他們只要多休一天，就會少賺一天的錢，所以他們是能不休假就不休假。這一點其實與今日也並無太大分別。我們當下社會裡，那些小商小販也基本都是全年無休的，只有一些稍有規模的公司，在勞動法的管制下，才會按時讓員工休假。雖然如今已經邁入現代化文明社會，但在社會管理上，我們仍然有可以進步的空間。

雖說古人已經有完善的法定休假，但縱觀歷史上的各個朝代，能媲美今日假期制度的也並不多。前面說的唐朝已經是假期非常多的朝代，能勝過唐朝的，也只有後來的宋朝。

根據記載，在宋朝，寒食、冬至都有七天的假期，而天聖節、夏至、先天節、中元節、下元節、降聖節、臘日則有三天的假期，另外，立春、人日、中和節、春分、春社、清明、上巳、天祺節、立夏、端午、天貺節、初伏、中伏、立秋、七夕、末伏、秋社、秋分、授衣、重陽、立冬，這些節日各有一天假期。

在這些日子裡，所有的政府官員都是不用工作的。

有人算過，按照官方的規定，宋朝的官員一年的休假，合起來長達一百一十三天。這其中還未包括省親假、婚假、喪假。

也就難怪唐宋時期的書生都想要考取功名了。畢竟一旦有了功名就能做官，只要做了官，不僅僅可以吃朝廷的俸祿，每年還能有將近小半年的時間帶薪休假，豈不美哉？

從這些休假制度，也可以看出為何唐宋時期的文壇空前繁盛了。有才華的人都去做官了，做了官就有非常多的假期，在這些閒暇時光，自然就可以吟詩作對，為後人留下寶貴的文化遺產。

若是在一個人人都被繁重的工作壓得透不過氣的社會裡，也就沒有人能夠創作出優美動人的詩章了。我們常說文化的發展從來都不是漸進式的，而是爆發式的，因為文化總是沉寂很久，又忽然湧出一大批文學家、藝術家等。其實這並非文化本身的發展規律，任何文化的發展都依託於當時的社會環境。縱觀古今中外的歷史，就會發現，磅礴噴湧的文化盛宴，不過是一個正良好發展的社會的副產品。

如果說唐朝時期能夠得到全部休假的主要是政府官員，那麼到了宋朝，休假制度就已經擴展到了平常百姓階層。

雖然宋朝時期社會生產關係並沒有真的成為當今西方的模式，但在當時，生產力程度已經足夠讓更多的人離開農田，進入工業生產的環境。而工業與農業不同，並沒有特別依賴天時地利，因此要讓這些工人實現規律的假期是完全可以做到的。

因此宋朝時期便為「工人階級」制定了休假的制度。按照當時的規定，大宋的工人一年可以有六十多天的法定休假日，其中包括每月的旬休以及元旦和冬至等長假。並且，為了保證工人的身體健康，在夏天，工人每天的工作時長是其他時期的一半。在宋朝，工人每日工作時長為十個小時。這個規定意味著夏天裡工人每天只需要工作五個小時，也就相當於只做半天的工作。

與官員的假期比起來，工人的假期還是少了許多。這畢竟是封建社會之下，社會有著明顯的等級分層，官員的地位始終比工人農民高上許多。在這種工人、農民地位低下的社會裡，仍然能保證工人能夠有足夠的假期，已經說明這個時代較同樣社會結構下的其他朝代要先進得多了。

假期多，就意味著各種娛樂活動必然會多，畢竟人們一旦放了假，就會想要遊玩。因此，宋朝的休假制度還大大刺激了娛樂行業，比如各種美食街、歌舞戲院、街頭表演等。作為大宋的子民，不但在工作之外能擁有足夠的假期，文化上也有許多娛樂享受，實在是再幸福不過了。

大概在當時，宋朝人會覺得自己正身處千百年來最好的時代了吧。可惜他們不知道，這樣的日子只是曇花一現。到了元朝，人們的假日被大大縮短，所有假期加上休息日，也只有五十多天；到了明朝，假期甚至只有十八天。清朝同樣延續著明朝的瘋狂工作模式。這也就難怪，唐宋時期鼎盛的文化，到了元朝之後沒落了。

人們再次擁有每年超過一百天假期的日子，就是如今的時光了。所以當我們去了解古人的生活，細數古時候那些種種變化時，除了感慨那如夢如幻的盛世，更要珍惜當下這得來不易的美好生活。

宋朝特別流行大齡青年

在大多數人的認知裡，古人十多歲接觸異性，談婚論嫁，可能十七歲便結婚，理所應當！如今，現代人要是十七歲談婚論嫁不僅會被家長和學校阻攔，更是違法。在早婚早育蔚然成風的古代，有一個朝代卻獨樹一幟，擁有大批的大齡青年，那就是宋朝。

在宋朝，即使沒有朝廷大力號召，男女也都很自覺地晚婚晚育，堪稱一大歷史奇觀。說到底，這一切都是優秀的科舉制度引領下的「及第熱」導致的。趙匡胤建立宋朝以來，大概是因為當時自己的國家是兵變得來的，所以他一直防範武將，從而重文輕武，優待士大夫。

為此還發表了一個高薪養廉政策。不僅開高薪水，且假期長、補貼福利優渥，偶爾還會有獎金。即使官員犯錯，他們也會相互包庇，從輕處罰，千方百計保護彼此的鐵飯碗，畢竟一榮俱榮，一損俱損。

據《宋史．職官志》記載：宋朝一個普通從八品縣令的月薪是十五貫，約合新臺幣兩萬元，年薪二十四萬元；一個宰相的月薪三百貫，約合新臺幣四十萬元，年薪超過百萬。除此之外，宋代官員還領取各種如祿粟、薪炭等名目繁多的津貼。

宋真宗還畫了一個超大的餅給宋人，勸他們應以科考仕途為重，不必急著娶妻，很有吸引力和煽動性。

其寫的〈勸學詩〉是這樣描述的：「富家不用買良田，書中自有千鍾粟。安居不用架高堂，書中自有黃金屋。出門莫恨無人隨，書中車馬多如簇。娶妻莫恨無良媒，書中自有顏如玉。男兒欲遂平生志，五經勤向窗前讀。」

用現在的話來說就是：在大宋朝，不要想那些花裡胡哨的，認真學習，努力考上公務員才是王道。如果你有幸加入宋朝公務員團隊，你就會有地位和價值。有了這兩樣東西，吃的住的你根本不用擔心。一首〈勸學詩〉本來是規勸大家要好好學習，天天向上，卻導致宋朝人晚婚晚育。

就這樣，為了進入仕途，宋朝掀起了讀書熱潮。無論是貴族子弟還是鄉野村夫，都努力學習，只為考上宋朝的公務員，這甚至成為宋朝人一生奮鬥的終極目標，「不及第不成親」還成了一些人的誓言。

但是大宋畢竟官位有限，只有最好的才能贏。全宋朝男子都在沉迷於讀書，成功考取功名的就順理成章做了官員，沒考上的又繼續埋頭苦讀，爭取來年中榜。

很多還沒結婚的男性就是這樣把自己拖成了大齡青年，他們還會以此為榮，畢竟考取功名是一件人生大事。男性都不願意結婚了，那自然也影響了大宋朝的女性。

俗話說「男怕入錯行，女怕嫁錯郎」，既然宋朝的公務員那麼吃香，那誰不想當擁有鐵飯碗的公務員的夫人呢？這樣的想法盛行，使得宋朝出現了一種奇特的「榜下捉婿」現象。

什麼意思呢？說穿了就是女追男。在全國放榜當天，宋朝那些有權有勢的官僚和有錢的地主們會一大早安排好人去蹲守，爭相挑選登第士子作為自己的女婿。現場簡直就是搶，搶到就賺了，坊間稱之為「抓老公」。一些富人為高攀新科進士為婿，不惜重金，甚至倒貼。

而被選中的人自然也是非常願意的，有現成飯可以吃，意味著都不用奮鬥了。從此，「榜下捉婿」就成了一些人名利雙收的管道，同時也像毒藥一樣麻痺了當時的男女。男的立志就算不結婚也一定要考上公務員，女的就算等到海枯石爛也要嫁公務員，這種現象還真就出現了。

據記載，有位叫韓南的書生，多年苦讀，終於考中進士，有人來「榜下捉婿」，他沒有回絕，還寫了首詩給媒人，詩曰：「讀盡文書一百擔，老來方得一青衫。媒人卻問餘年紀，四十年前三十三。」七十三歲了，高中進士之後，居然還那麼吃香，還有人主動上門來說媒，真是「書中自有顏如玉」。

然而和科舉市場一樣，進士女婿市場也是供小於求，貨源奇缺，所以能搶到好女婿的也是極少數，搶到的自然歡天喜地，搶不到的怎麼辦呢？等唄。只要能過上吃香喝辣的好日子，多等兩年也不打緊。就這樣，去年等，今年等，年年都在等的宋朝姑娘，終於等出了一批「剩女」。

除了眼光高的原因外，當時婚嫁費高漲也是一部分男女會被剩下來的原因之一。隨著宋代商品經濟的日益發達，老百姓手中也很有錢。整個社會逐漸形成了攀比奢靡的不正之風，紅白喜事都講究排場、撐場面，許多人家為了有面子，就算是借錢也要把宴席辦得風風光光，導致很多女性根本嫁不起。

在宋朝是女方出嫁需要出一大筆嫁妝錢。很多人都出不起嫁妝錢，如果家裡有好幾個女兒，就意味要「嫁得傾家蕩產」。

這樣的歪風難倒了一大批岳父，就連宗室都難以倖免。雖說宗室有錢，但未必買得起女方的嫁妝，家裡的女性出嫁，意味著需要掏空一個小宗室的錢才能行。達官貴人也是如此，除了一些高官，其他官員都擔心嫁女兒。要知道宋朝可是實行高薪養廉的，就這樣都嫁不起女兒，更不用說普通老百姓了。有很多女子因為出不起嫁妝錢而選擇不嫁，又不想讓家裡難堪，只能對外謊稱自己看不上。

由此說來，宋朝人也不想成為大齡青年，而是被當時的形勢所逼。男女都不想共同奮鬥，只想撿現成的，但哪有那麼多現成的可以撿？

在明代當「酸民」會觸犯《大明律》，最嚴重的可以處以死刑

自古以來，歷朝歷代都比較講究德行教育，與人不爭、善者不辯也是德行教育的基礎。饒是如此，當遇到不爽之事時，還是忍不住「口吐芬芳」，就連孔聖人不爽了都會口出「朽木不可雕也，糞土之牆不可圬也」、「老而不死是為賊」、「斗筲之人，何足算也」（「斗筲」就是指飯桶）這樣罵人不帶髒字的話，更別論那些沒文化的人噴起來是什麼情景了。

即使到了文明程度已經很高的現代社會，言語上無下限的「酸民」也是多如牛毛。關於「酸民」，正史記錄在案的就有我們耳熟能詳的諸葛亮、蘇轍、駱賓王、魏徵、海瑞等，但他們更多傾向於「憤青」一類的「酸民」，他們是「酸民」，他們酸得有理有據，酸得讓人信服，讓人無話可說；但是絕大部分的「酸民」是如三國時期禰衡一般的厚顏無恥之流。這種不文明的現象是無法杜絕的，但是在封建社會卻有這麼一個王朝，用特殊的方法處理了這個當代國人都處理不好的棘手問題，真是匪夷所思，這個王朝就是明朝。

明朝可以說是一個非常神奇的王朝，在歷史上出現的八十三個王朝裡它絕對算是最獨特的一個，除

去大家比較八卦的明朝各類奇葩皇帝，明朝在中華文明中所發揮的作用是毋庸置疑的。縱觀明朝歷史，它比漢代邊境更穩，它比唐代貿易更為發達，它比宋代手腕更為強硬，它比元代更為主張君臣平等，它比清代思想更為自由。不和親、不賠款、不割地、不納貢，天子守國門，君王死社稷，在各個領域都是英才輩出，可以說是中華歷史上最有可能自發進入現代社會的一個朝代。也正是這樣一個朝代，用極其特別的手段解決了各朝都不曾解決的「罵人」問題，關於「罵人」問題的解決方案被詳細地寫在了《大明律》裡。

罵人這個問題本該屬於公序良俗範圍內的道德範疇，正常的也應該是由社會道德來進行調節和約束。那麼為什麼會被寫進明朝的法律裡，還是寫進了類似於今天憲法地位的根本大法《大明律》裡，其實也是有著深刻的歷史原因的。一方面，明朝政權建立於元朝滅亡之後，元朝是由蒙古族人建立的，在整個存續期間所受到的漢化影響並不是很大。

根據《元史》記載，元代罵人已經成為一種社會風氣，甚至還出現了融合蒙古文化和漢文化的罵人語錄。在元朝漢人又是被罵的主要對象，這對於明朝開國皇帝朱元璋來說是不能忍的，因此規定了「罵詈」法，「罵詈」法也被視為驅除韃虜、恢復漢文化的措施之一。另一方面，對於朱元璋來說，他是實打實的平民上位，在封建社會來說還是缺少了「君權神授」的正統感。為了控制輿論，讓百姓更臣服於他的統治，同時他也明白只有禮法德行教育才能真的讓百姓心服口服，以他的出身經歷，認為如果百姓之間一有矛盾就要透過語言辱罵來解決，就很有可能引發暴力衝突，長此以往，就有造成內亂的危險，更為嚴重的可能會影響社會安定。他深思熟慮之後制定了《大明律》，把關於罵人的相關罪罰條例也寫了進去。

《大明律》是朱元璋在總結歷代法律施行的經驗和教訓基礎上詳細制定而成，同時立足於明代社會發展的現實基礎，適用法律的範圍涉及生活中的各方面，是比較貼近實際生活的。僅關於「罵詈」一條，就規定了八種罪名，涵蓋了一個人的所有社會關係。

第一層是廣義上的罵人罪罰。《大明律》規定：「凡罵人者，笞一十。互相罵者，各笞一十。」這條法律規定了所有罵人行為本身就是犯法行為，在明朝若是被人罵了，即使不動用暴力或其他方式解決，也可以憑藉此條法律給予罵人者打板子的處罰；而且還要注意的是被人罵了還得忍住，你再罵回去，是要受到同樣處罰的。這裡並沒有限制罵者與被罵者的社會關係，這裡顯示了明朝罵人罪適用的廣泛性。

第二層是關於罵官罪罰。《大明律》規定了兩種罵官處罰：一是罵制使及本管長官，「及部民罵本屬知州知縣、軍士罵本管指揮千戶百戶，若吏卒罵本部五品以上長官，杖一百，若罵六品以下長官，各減三等。罵佐貳官首領官，又各遞減一等（並親聞乃坐）」；二是佐職統屬罵長官，「凡首領官及統屬官罵五品以上長官，杖八十。若罵六品以下長官，減三等。佐貳官罵長官者又各減二等（並親聞乃坐）」。這兩條規定主要是調解官民和官官之間關係的，咒罵不同等級官員，處罰不同，並且多以下級罵上級有罪，顯示了封建王朝的等級觀念及尊卑地位。

第三層是關於家庭內部罵罪處罰。主要有四種，一是罵祖父母、父母的罪罰，《大明律》規定：「凡罵祖父母、父母，及妻妾罵夫之祖父母、父母者，並絞。須親告乃坐。」從此條法律可以看出，孫子女罵祖父母、子女罵父母及媳婦罵夫之祖父母和公婆的罪罰都是相當嚴重的，不管事發理由、情節輕重、結果如何，都處以絞刑，但前提條件是必須有親屬告狀才能受理，基本類似於現在的自訴刑事案件。可以說這條法律是朱元璋尊崇禮法的直接體現，古人極其重視孝道，「夫孝，天之經也，地之義也，人之行也」。孝是天經地義的事，對直系尊親屬有忤逆言行，如控告或咒罵祖父母、父母是十惡中的第七惡，也就是不孝，因此這條法律其立法理念就是重視禮法孝道，維護人倫綱常。與此同時也旨在調整家庭內部關係，緩解家庭矛盾，這對於促進家庭和睦乃至社會和諧有著重要作用，朱元璋為此可謂思慮深遠。而且放到現在來看，它基本填補了家庭內部罵人處罰的法律空白，雖然處罰過於嚴苛了點。

二是罵尊長的罪罰，《大明律》規定：「凡罵緦麻兄弟，笞五十；小功，杖六十；大功，杖七十；尊屬各加一等。若罵兄姊者，杖一百；伯叔父母、姑、外祖父母，各加一等。並須親告乃坐。」這條法律規定的是辱罵「五服」以內親人所應受的處罰，其中緦麻親指女婿對岳父、族兄弟等；小功親指對伯叔祖、堂伯叔等；大功親指祖父母對眾孫、父母對兒媳、兄弟之間等。這條顯示了明朝根據親屬關係等級及親疏遠近給予罵人者的刑罰不一樣，多為笞刑、杖刑，處罰嚴厲程度明顯低於罵祖父母和父母的罪行，此款規定旨在維護家庭宗族內部倫理秩序。

三和四都是妻妾罵夫期親尊長和妻妾罵故夫父母，《大明律》規定：「凡妻妾罵夫之期親以下，緦麻以上尊長，與夫罵罪同。妾罵夫者，杖八十。妾罵妻者，罪亦如之。若罵妻之父母者，杖六十（並須親告乃坐）。」、「凡妻妾夫亡改嫁，罵故夫之祖父母、父母者，並與罵姑舅罪同。」這款規定制定的意義與上述兩條一致。

第四層是關於奴婢罵家長的。《大明律》規定：「凡奴婢罵家長者，絞。罵家長之期親及外祖父母者，杖八十、徒二年。」這條是封建社會特有的，在今天看來已經沒什麼實際意義了。

看完《大明律》，讓人不得不感嘆，在明代當「酸民」都很危險啊，即便再氣憤，也不能隨便罵人。但是在明代有一類「酸民」罵人不會獲罪，那就是讀書人。朝廷甚至還設定了一個專門「罵人」的官職——御史，無論級別高低，權力大小，「罵人」是他們的專職。上自王公大臣，下至市井百姓，沒有他們不敢「罵」的，甚至連皇帝都是他們「罵」的對象。嘉靖時期的第一清官海瑞就是其中的優秀代表，他罵嘉靖皇帝「嘉靖嘉靖，家家皆淨」，但是透過罵皇帝，我們也能體會到海瑞的一片赤膽忠心，因此海瑞也名垂青史，萬古流芳。可見在明朝，罵人之前，還是要掂量掂量自己的身分，如果只圖一時之快，就很有可能禍從口出，輕則笞刑，重則坐牢甚至被判死刑，得不償失。

現在看來，雖然明朝的「罵詈」罪是一款極不平等的法律，但這種刑罰在當時很有成效，透過整頓，大大減少了人與人之間、家庭與家庭之間的矛盾，社會風氣也逐漸變得清朗。從現代文明角度來講，人民有言論自由，能夠順暢地、發自內心地發表自己的觀點、想法、言論，是文明社會下必須具有的權利。我們既然有幸出生在這個法律面前人人平等、民主高度發達的年代，就更要「做人先學禮」，講究文明，傳承文明。

第七篇　老歷史新發現

從冰箱到星座，從信貸到石油，從化學元素的命名到載人航天的實踐，讓我們踏著歷史的車輪印，走回去看一看古代的那些「敢為天下先」！

在西周時期古人就已經開鑿「大冰箱」了

現代社會，冰箱對於每個家庭來說就是一件很普通的家電，炎炎夏日，從冰箱裡拿出冰鎮冷飲、冰鎮西瓜，再配上冷氣、Wi-Fi，簡直是一件不能再幸福的事了。冰箱的出現大大提升了現代人的夏日幸福感，但是你不知道的是，在西周時期就已經開鑿「大冰箱」了。

無論是古代還是現代，氣溫始終是人類所不能控制的，冬天冷了可以加衣禦寒保暖，但是夏天熱了，即使脫盡衣服也不得清涼，難道夏天炎熱是無解命題嗎？聰明的古人告訴你，即使在炙熱如火的夏日，他們也有防暑降溫的好法子。相傳在西周初年，正值夏天，文王是個愛熱鬧的大王，一天閒來無事把大臣們召集在一起飲酒看歌舞。因為天氣太熱，跳舞的宮女竟熱暈了一個，搞得文王興趣全無，只好撤了宴席，自己去後花園的池子裡游泳了。一個大臣心裡記下了這件事，心想著再熱也不能熱大王呀。這年冬天的時候，天很冷，雪很大，冰很厚，這個大臣望著窗外，計上心頭，命人鑿了好多塊冰，藏在地窖裡儲存著。等到來年夏天，他把還未融化的冰塊裝進青銅做的鼎中，裡面還放上了瓜果、美酒敬獻給了文王。炎熱夏日還能吃到如此冰涼可口的瓜果，文王大大嘉獎了這個大臣，還將該大臣的冬日藏冰之法作為一項固定的宮廷事務規定下來。

故事的真偽已經不可考證，但是有明確記載的是周朝確實設定了一個很特別的職業：凌人。他們專門負責採冰、儲冰、啟冰、頒冰諸事，來滿足帝王的需求。據《周禮·天官·凌人》記載：「凌人掌冰正，歲十有二月，令斬冰，三其凌。春始治鑑。凡外內饔之膳羞，鑑焉。凡酒漿之酒醴，亦如之。祭祀，共冰鑑。賓客，共冰。」意思就是每年的寒冬臘月，凌人都要帶人到凍結的江河之上鑿取天然冰，因為儲存條件簡陋，冰塊在第二年夏天來臨之前容易融化，一般要採集需用冰三倍的分量，儲存在冰窖之中。到了春天就要開始檢查盛冰的冰鑑。凡是宮廷中所食用的珍饗膳饈、酒品果醬和其他各種美味都必須盛放在冰鑑中以防腐保鮮。另外祭祀和宴請賓客的時候都是要用到冰鑑的。

那麼冰鑑又是一種什麼東西呢?在古代，鑑是指一種青銅容器，其形似大盆。關於鑑的形制及用途，東漢經學名士鄭玄在他所注釋的《周禮注》裡寫道:「鑑，如甀，大口，以盛冰，置食物於中，以御溫氣。春而始治之，為二月將獻羔而啟冰。」這句話的意思就很明白了，在周朝的時候，鑑主要用於盛冰，用於存放食物以達到降溫防腐保鮮的效果，可以和現代人用的冰箱相媲美了。

雖然最早的「冰箱」出現在周朝，可惜的是到目前還沒有考古發現，而一九七八年在湖北省隨縣出土的曾侯乙墓中的曾侯乙銅尊盤（也稱曾侯乙銅鑑缶），尊高三十三點一公分，口寬六十二公分，盤高二十四公分，寬五十七點六公分，深十二公分，重一百七十公斤，製成於春秋戰國時期。銅鑑缶由方鑑和方缶兩部分組成，外為方鑑內為方缶，構成了一個整體。由於方鑑和方缶之間存有較大的空隙，夏天的時候就可以將冰塊置於空隙之間，在缶內裝酒，蓋上蓋子冷藏一下，就能喝上冰鎮美酒了;冬天的時候也可以將開水倒入空隙之間，蓋上蓋子加熱一下，就能喝上溫酒了，真可謂冬夏兩相宜了。曾侯乙墓中的青銅冰鑑，是迄今為止發現的最早的原始「冰箱」。後來的人們又將冰鑑做了一些改造，在冰鑑上加了一些氣孔，這樣夏天可以釋放冷氣，冬天可以釋放熱氣，具備了現代冰箱冷氣一體機的基本功能，不得不說這種技術即使放到今天也是很令人驚豔的。

雖然在周朝已經有了原始「冰箱」，但不是誰都能用得起的。周朝時期開採冰塊是被政府壟斷的，但民間是否有偷偷採冰的，我們不得而知。周王室開採的冰塊除了供王室使用外，周天子也會將冰塊作為珍貴的禮物賞賜給朝中重臣和身邊近臣。這種「天子賜冰」的做法在後世也廣為流傳。《左傳．昭公四年》中記載：「食肉之祿，冰皆與焉。」可見不是所有當官的都能獲此殊榮，只有有吃肉資格的官員才有資格獲得賜冰，這也是當時夏季冰塊稀缺的一種反映。

雖然夏季冰塊稀缺，但是它的用途卻很廣泛。一是用於王室祭祀，即《周禮》中的「祭祀供冰鑑」。二是用於食物保鮮和冰鎮飲品，《楚辭．招魂》裡就有「但取清醇，居之冰上，然後飲之。酒寒涼，又長味，好飲也」，這就是對冰鎮酒的誇讚。三是用於喪禮中的屍體防腐，但是只有王公貴族和重臣有資格使用，在《禮記．喪大記》中就有記載：「君設大盤造冰焉，大夫設夷盤造冰焉，士並瓦盤無冰。」意思是為了防止屍體腐敗，在國君的停屍床下放個大盤，用以盛冰；在大夫的停屍床下放個夷盤，用以盛冰；在士的停屍床下並放兩個瓦盤，裡邊盛水而不盛冰。四是用於室內降溫，《左傳．襄公．襄公二十一年》記載：楚康王派薳子馮做令尹，薳子馮稱病不去，當時正值夏天，薳子馮放冰然後安置床，並穿上新棉衣和皮袍，由此瞞過了楚康王派來的御醫，「瘠則甚矣，而血氣未動」。《吳越春秋》也曾記載：

「勾踐之出遊也，休息食室於冰廚。」這裡的冰廚就是冰室，在室內藏冰，是夏季為帝王供備清涼飲食的地方，甚至也可作為臨時的臥寢之所。可見當時古人已經把冰塊降溫用到了極致。

要想冰箱用得好，有兩個環節是不容忽視的：一是取冰，二是藏冰。周朝的時候，古人還沒有掌握製冰的原理，所以古代人用的冰塊都是自然冰，他們不生產冰，只是自然界冰塊的搬運工。如何取冰和藏冰，在當時就很關鍵。取冰環節主要在於時間和地點，古人取冰的時間一般是在寒冬臘月，此時冰層厚，冰質好，量也大，能夠滿足開採的需求；取冰的地點一般選取河湖和山谷（有水的背陰處）。

取冰之後，對藏冰技術要求也很嚴格，周朝時會將開採的冰藏於「凌陰」之處，《詩經．豳風．七月》中「二之日鑿冰沖沖，三之日納於凌陰」就生動描繪了古人鑿取冰塊、藏入冰窖的勞動情景，這裡的「凌陰」也就是冰窖，一般修建於陰涼的地下。古人取冰後會先在底下鋪上稻草和蘆葦，然後將冰放在容器裡置於上面，再覆蓋稻糠、樹葉等隔溫材料，密封窖口，直到來年夏天開窖取冰。後來藏冰處除了「凌陰」以外，還有「凌井」，也就是冰井，在現代河南新鄭、河北易縣、陝西咸陽等地，都曾發現戰國時期的冰井。在史料中也多有記載，《水經注．河水五》就記載了曹操所修建的冰井臺，冰井臺「高八丈，有屋一百四十五間。上有冰室，室內數井，深十五丈，藏冰及石墨焉」。

自古以來，我們的古聖先賢都比較敬畏自然、敬畏天地、敬畏神明，在古代冰取於自然，是天地自然的餽贈品，因此在周朝的時候就已經形成了一套比較完整的取冰、藏冰、賜冰儀式。取冰時，要在冰室內設桃木做的弓和棘做的箭，「桃」諧音「逃」，寓意逢凶化吉；「棘」有刺，是古人避邪之物。藏冰時，要用黑色的牲畜和黍祭拜司寒。司寒是水神，民間傳說他所用的東西都是黑色的。賜冰時，會召集文武百官在朝廷內舉行大典，完畢之後方可賜冰。形成於西周的這種儀式在後代多被沿襲，唐代詩人白居易就在〈謝冰狀〉中說道：「伏以頒冰之儀，朝廷盛典；以其非常之物，來表特異之恩。」

時間回撥到今天，自一九二三年瑞典工程師布萊頓和孟德斯發明的第一臺用馬達帶動壓縮機工作的冰箱問世，後來又經過人類的不懈努力，成功製造出了高效節能的現代冰箱，幾乎家家都能實現冰箱自由。雖然現代科技是人類進步的階梯，它在推進人類文明的同時，也讓我們的生活變得舒適便捷，但千年之前我們的先祖藏冰於窖、用冰保鮮的先進理念和事蹟，卻值得我們永遠銘記和傳頌。

信用貸款在先秦時期就已經產生

在當今社會，信貸業務幾乎是普遍存在的現象，當有購買欲望卻包裡沒錢時，大部分人可能都會選擇貸款消費，特別是當下的年輕人，買車買房，信貸先行，甚至只要條件具備，都能手持多張銀行信用卡。生活在現代，借貸如此方便快捷，那麼你是否好奇，在古代人們沒錢了該怎麼辦呢？事實上，也不用替古人發愁，因為信用貸款在先秦時期就已經產生。

不同於現代人類對自然環境的利用和把控，在原始社會末期，人類受自然環境影響還是很大的，一旦碰見自然災害連自身生存都成問題，因此各部落之間很默契地出現了以物易物或借貸的現象。最初交換和借貸的物品多是糧食、牛羊等生存物資，這種交換借貸行為以部落之間的信用為基礎，且沒有議定借貸利息，可以說是早期借貸行為的雛形了。

到了夏朝時，原始社會的氏族公社瓦解，開始有了私有財產，同時階級產生，出現社會分工和貧富差距分化。商品交換的條件逐漸成熟，加上貝幣等貨幣工具的出現，借貸行為也有了較大的發展。不過當時主要是實物和貨幣的借貸，並且社會中的貧困階層向富裕階層的個人借貸現象也比較明顯。

進入商周時代，商品經濟有了進一步發展，借貸方式和借貸群體都發生了變化。首先借貸方式趨於一致，由於物品種類、借貸時間、地點等多種因素的制約，很多人都已經不太喜歡實物借貸方式了，貨幣借貸成為主流。到了西周時期，貨幣不斷變遷，形成了幣制，這種貨幣由政府鑄造發行，在民間很有威信力，並且易於儲存，還便於出手交換其他實物，在民間廣泛使用，極大地促進了借貸行業的發展。其次借貸群體範圍擴大，不僅有私人之間的借貸，也出現了政府同民間的借貸。

在《周禮·地官·泉府》中就有記載：「泉府掌以市之徵布。斂市之不售，貨之滯於民用者，以其賈買之，物楬而書之，以待不時而買者。買者各從其抵，都鄙從其主，國人郊人從其有司，然後予之。凡賒者，祭祀無過旬日，喪紀無過三月。凡民之貸者，與其有司辨而授之，以國服為之息。」主要意思就是說泉府是當時的財政金融機構，除了日常的市場稅款和經濟業務管理外，還承擔著政府的借貸賒款等信用業務，對不同借貸情況還規定了時間，為祭祀而賒取不超過十天歸還，為喪事而賒取不超過三個月歸還。從「民有貸取錢物的，就同他的主管官一起辨別錢物而授給他」這條也可以看出，當時的借貸也有了擔保人的影子。此外，周朝的信貸業明確了要按照國家規定的稅率來收取利息，只不過剛開始的利息還是比較低的。

更為進步的是，在周朝時期，契約意識也已萌發，在借貸業務上已經有了借貸契約。《周禮》中記載「聽稱責以傅別」，「責」同「債」，「稱責」就是借貸合約，只不過在西周的時候這種借貸契約被稱為「傅別」，傅指「傅著約束於文書」，即把債的標的和雙方的權利義務等寫在契券上；別指「一別為而」，一般由竹子製成，分為兩半，債權債務當事人各執其一。由此可見，西周之時，信貸業務操作已經比較正規了，這也為信用借貸和信用票據的普及打下了基礎。

到了春秋戰國時期，工商業迅速發展，貨幣制度更為完善，加上社會貧富差距不斷拉大，借貸行為更為普遍。據《莊子．物外》記載：「莊周家貧，往待於鹽河侯，鹽河侯曰：『諾，我得邑金，將貸子三百，可乎？』」連莊子這樣的聖賢都要借錢度日，不得不說當時的民間借貸甚為流行。

比較有意思的是，不僅有民間的富者向貧者放貸，還出現過國君向百姓借貸卻還不起的事情。據《晉書．食貨志》記載：「王赧雲季，徙都西周，九鼎淪沒，二南堙盡，貸於百姓，無以償之，乃上層臺以避其責，周人謂王所居『逃責臺』者也。」說的是戰國末年，東週末代君主周赧王姬延在楚國的遊說下集合了幾千人軍隊並聯合燕、楚軍隊準備抗秦，但是糧草、兵器還是缺少很多，於是就想出來一個辦法，向國中的富人和百姓借了一大筆錢，但最終因寡不敵眾失敗而歸。百姓見周王帶著軍隊回來後，就紛紛拿著借券向周王討債去了。周王無錢可還，只好躲到宮後的一個高臺上避債，周朝人便把這個高臺稱為「逃債臺」，這也是「債臺高築」這個成語的由來。

在這一時期，借貸人基本上沒有抵押品，放貸人也是基於信用放款，但是此時放貸人是要收取利息的。到了戰國時期，不僅放款取息十分普遍，而且很多都還是高利貸，據《墨子》中「各以其賈倍償之」的描述可以得知借貸的利息已經高得和本金相同了。著名的戰國四公子之一的孟嘗君「邑入不足以奉客，使人出錢於薛」，就是在自己的封邑薛地放債取息，是豢養三千門客的主要經濟來源。雖然有一年薛地遭遇天災，很多人沒交利息，他派人催收，仍「得息錢十萬」，可見放債規模之大。

但高利貸也導致了社會財富差距極端化，富人透過高利貸斂聚鉅額財富，窮人愈窮，搞得「農民解凍而耕，暴背而耨，無積粟之實」，甚至出現「行貸而食人」的事情。這使得各國君主為了維護社會穩定，必然要進行金融監管。春秋時，齊桓公向管仲求教：「寡人多務，令衡籍吾國之富商蓄賈稱貸家，以利吾貧萌、農夫，不失其本事。反此有道乎？」可見齊桓公想縮小貧富差距，已經派官向富商蓄賈和高利貸者徵收賦稅，來幫助貧民和農夫維持農事，但還是想看看有沒有其他出路。因此管仲建議齊桓公派人做完民間調查後，發現齊國所有高利貸者，共放債三千萬錢、三千萬鐘左右的糧食，借債貧民三千多家。於是提出了「鏤枝蘭鼓」的辦法，就是由政府（也就是齊桓公）出面，召集放高利貸的人，將國庫裡藏有的「枝蘭鼓」花紋的美錦兌給他們，來替貧民們償還本息，免除貧民債務。這些放高利貸的人懼於國家權威，最後只得同意。

齊桓公的做法還比較溫柔，秦國是直接上法律。秦律中就有「府中公金錢，私貸用之，與盜同罪」的規定，明律禁止民間私自放貸。同時又規定，如果百姓借貸不能按期歸還，就必須服役抵債。這基本就是雙向禁止民眾借貸，防止財富積聚在少數人手中。

從古至今，借貸行為都是一種常見的經濟現象，它是社會底層人民為了生產和生活所進行的「非常規」融資活動，可以說是以不改變所有權為條件的一種社會財富再分配方式，是隨著經濟發展必然會出現的現象。如果規範得當，它作為一種融資方式既能便利於民，又能促進市場經濟的繁榮。並且借貸行為也是禁止不了的，既然堵不住，那就要會疏解，因此對於國家來說要完善金融制度，為人民提供能存能貸的金融機構，使社會財富快捷流通，才能規避高利貸不良事件的發生。

僧人吃素的規定是南朝梁武帝蕭衍制定的

人們對和尚的普遍印象是飲食必須全素，半點葷腥都不可沾，但凡吃了一點肉，都算是破戒了。而人們覺得和尚之所以如此，是因為佛教講究慈悲為懷，全素食是為了不殺生。

但對此觀點也有人時常提出疑問，既然食肉算是殺生，那麼食菜食草又算不算是殺生呢？難道植物就不算生命了嗎？如果說動物才算生命而植物不算，那算不算是將生命分成了三六九等呢？這樣一來就顯得十分矛盾，因為佛教素來講究的是眾生平等。

事實上，之所以會得出這樣矛盾的結論，是因為人們從一開始就出現了誤解。因為佛教其實從未禁止教眾食肉，全素食更是從未成為佛教的宗旨。所謂不許吃肉的規定，完全是當年南朝的梁武帝自己規定的。而這事就要從佛教的起源與傳播說起。

眾所周知，佛教起源於印度，由當年印度的王子釋迦牟尼所立。在印度佛教中，規定教眾在飲食葷腥時只能食用三淨肉。所謂的三淨肉，意為食用這肉的人第一不能親眼見到動物被殺死的場景，第二不能聽見動物被殺害時發出的悽慘叫聲，第三則不能讓這個動物是因為自己想吃才被殺死。

印度的佛教起源很早，在傳入中國之前已經經過了上千年的發展，其間也出現了許多分支和不同的教義，其中的確出現了一些要求教眾食素的規定，但這並非為了避免殺生，而是為了苦行。

在佛教中，「苦行」一直被視作一種修行，直到現在，印度仍然有一些以苦行為畢生追求的僧人，他們摒棄一切舒適的生活，過著常人難以想像的苦日子。而素食就成為眾多苦行方案中的一個。

沒錯，在印度的佛教中，食素雖然也是一種修行，但這從來都不是我們想像中的為了積德行善而做的修行，從一開始，這就是為了讓自己吃苦受罪的類似於懲罰的行為。其重點也根本就不是為了愛護小動物，而是為了吃苦這件事本身，透過摒棄對食物的欲望，從而獲得身體上的輕鬆與思想上的清明。

這一切，在佛教傳入中國之後卻發生了一些變化。

其實任何一種宗教，在被傳播到任何一個地區後，都多多少少會出現些本土化現象。這也是為什麼所有的規模稍大些的宗教都會出現不同的分支。畢竟每個地區的人在意的東西不同，遵從的道義也有所不同，當宗教被傳入後，當地人都會依據自身的特點對其進行修正和改進。到最後，很難說究竟是宗教教化了人，還是人利用了宗教。

東漢時期，佛教傳入中國，因為佛教本身的教義與中國講究的天人合一有所重合，所以很快在中國境內發展起來。不過那時候，佛教在中國也僅僅是一個比較有名的教派，並沒有如後來那般成為中國第一大教。佛教真正在中國大行其道，與一個人的推廣和發揚不無關係，這個人就是南朝的梁武帝。

梁武帝蕭衍是南朝梁國的開國皇帝，作為一位開國皇帝，他可謂文武全才。作為一個文人，他熟讀經史子集；作為一位將軍，他在沙場上無往不勝。可以說，他的一生是絢麗而璀璨的。

而最為著名的，還是他「皇帝菩薩」的稱號。

在早年，各個朝代都是以道教為尊的。當時的皇帝們更加信奉道教的教義，各種祭祀類的活動也多選取在道觀舉行，形式也完全按照道教的規則。梁武帝自小也是遵從道教，信奉的也是道教的神明。

而就在蕭衍建立梁國三年後，他毅然決定改奉佛教。

那是西元五〇四年的農曆四月初八，蕭衍在兩萬多人的見證下，在重雲殿上宣讀了他的〈舍道事佛文〉，正式宣告，從今往後他徹底捨棄道教，成為一名佛教徒。

他一直認為，作為當時第一大教的道教，雖然在教義上也能教化民眾，但終究難以擺脫凡俗。道教中的老子、周公等人，說到底仍然只是世間的俗人，即便他們一生中有著許多不凡的作為，可仍不能真的成為神仙。但佛教卻不同，佛教中的如來佛祖是真正的神，甚至更在神之上。既然要信奉神明，那就應當去信奉最厲害的那個。

再加上蕭衍所在的年代，正是道教中各種歪風邪術盛行之時，許多所謂的道士以道教為名為非作歹，讓人不由得寄希望於一些更加高明與慈悲的神明，希望他們可以來拯救世人。

在各方面的因素作用下，蕭衍最終棄道從佛，大概對當時的蕭衍來說，只有佛教才能拯救那個幾乎支離破碎的年代了。

那天之後，蕭衍將傳播佛教作為國家建設的重點之一，一時間，佛教在南朝迅速發展起來。到了西元五一九年，蕭衍正式在無礙殿受戒，成為一位名副其實的「皇帝菩薩」。

在傳播佛教上，蕭衍可謂不遺餘力。除了號召臣民們舉辦各種佛事和法會外，他也經常親身上陣為民眾講法傳道，更為許多佛經做了注釋。甚至他還幾次決定徹底出家為僧，而大臣們只能一次次以國不可以無主為名將其從寺廟中贖回。

蕭衍對佛教的虔誠，不僅體現在他用心傳教注經上，更體現在他對佛教的改進和修正上。

沒錯，雖然他將印度的佛教教義視為神旨，但他仍然決定將自身的一些理論融入其中，最終建立更符合中國特色的佛教教義。雖然他早已決定徹底放棄道教，但他仍然認為道家的一些教義可以作為借鑑，作為對佛教的修改和補充。

比如，雖然印度佛教並沒有禁止教眾食肉，但是蕭衍在充分研習了佛教和道教以及儒家思想之後，覺得既然佛教戒殺生，直接禁止食肉才是最正確的做法。

很難說他究竟是經歷了怎樣的思想歷程，才最後得出了這樣的結論。或許是他也很奇怪為什麼戒殺和允許吃肉這兩條規定可以同時存在吧。

總之，蕭衍以皇帝的名義，直接在中國的佛教中加上了一條教義，即和尚須戒酒肉、淨口業。

對此，當時的佛教教眾必然很不高興。

雖然蕭衍憑藉皇帝的地位，以一己之力將佛教發揚成為國教，但這並不意味著教眾就會接受他對教眾內部的各種干涉，甚至當時他想要成為佛教中的「大僧正」也遭到了教眾的極力反對。

但不論是什麼教，教眾都不得不承認的一個事實就是，不管他們信奉的神明有多麼厲害，到了地上，他們真正聽從的人也只能是皇帝。

畢竟，違背了教義最多就是被驅逐出教，可違背了皇帝是要被殺頭的。

蕭衍覺得道教的老子不過是凡夫俗子，轉而供奉釋迦牟尼，而蕭衍自己相比於老子更是凡夫俗子，可全天下供奉釋迦牟尼的僧人真正聽從的，卻還是這個凡夫俗子的一紙詔令。

結果就是，連印度佛教都無法做到的事，卻讓蕭衍做到了。從他頒布法令開始，整個南朝的和尚們都再也不能吃肉了。

南朝的和尚們不吃肉，北朝自然不能落下，否則顯得北朝的佛教比較落後一樣。於是，北朝的齊文宣帝也下詔禁止僧人食酒肉。從此，和尚不能吃肉喝酒，就算是一條共識了。

如今說起來，這事說有趣也有趣，說荒唐也荒唐。

有趣在於，儘管佛教發源於印度，但是到了中國之後，其行為也好，教義也好，早已經過多年的演化變得本土化，如今再看兩國的僧人，其實已經有很大差別。

而荒唐則在於，這樣一個影響了中國佛教上千年的教義，竟然並非來自於佛教內部，而是來自於一位皇帝的詔令。千年以來，僧人都以信奉佛祖為信念，他們自認為自己做的每一件事都是來自於佛祖的旨意，但其實他們只是在聽從一位皇帝的命令。

所以下一次，當一位僧人不小心吃到了一塊肉時，或許他不應該第一時間念佛請求佛祖饒恕，而是應該對著蕭衍的畫像鞠一個躬，深刻反省自己的抗旨不遵吧。

古代人在隋朝時期就開始聊星座了

現在的年輕人喜歡談論星座，而這個話題幾乎跟人們談論天氣一樣常見。人們迷戀星座，又從來不關心星座如何誕生！

殊不知，星座可不是才從西方流傳到東方的新鮮玩意，早在千年前中國古人就已經開始在聊星座了。你不相信？那就一起來看看古人什麼時候開始聊星座的。最初，十二星座在古巴比倫時期被命名為「黃道十二宮」，曾經傳入希臘，然後在西元前後流傳到印度。在西元六世紀時，十二星座隨著佛經從印度傳到中國。

現存最早關於星座的文獻記載可以追溯到隋朝時期，當時有一位從天竺來的高僧，他帶來了自己翻譯的《大乘大方等日藏經》，有一段是這樣寫的：「是九月時，射神主當；十月時，磨竭之神主當其月；十一月，水器之神主當其月；十二月，天魚之神主當其月；正月時，特羊之神主當其月；二月時，特牛之神主當其月；是三月時，雙鳥之神主當其月；四月時，蟹神主當其月；此五月時，師子之神主當其月；此六月時，天女之神主當其月；是七月時，秤量之神主當其月；八月時，蠍神主當其月。」

只不過，十二星座的叫法與現在不太一樣。比如白羊叫做特羊，金牛叫做特牛，「特」字是雄性的意思。處女叫天女，雙子也很好玩，大約是「在天願為比翼鳥」的聯想，所以被譯為「雙鳥」。至於羊身魚尾的動物形象叫做「磨竭」，則是梵文makara的音譯，這也是後來八十八個星座中唯一保留音譯的星座，就這樣摩羯一開始就注定成為不平凡的星座。

除了名字有些不同，它們幾乎和現在大家認知的十二星座一模一樣。雖說我們現在很著迷的星座學早在隋朝就傳入中國，但直到唐朝才被很多文藝青年信從，然後到宋朝才在全國流行起來。影像史料、文獻記載與出土文物都可以證明宋朝的民間社會已廣泛知道十二星宮，甚至達到了痴迷的程度。

談及宋人對星座文化的痴迷程度，就不得不提北宋大文豪蘇軾。大文人蘇軾宦運起伏得離奇，他這一生共在十四個州縣擔任過職務，足跡遍布中國大地。他才情極高，詩詞廚藝俱佳，但在仕途上一直不受重用。面對坎坷的仕途，蘇軾卻始終保有剛毅堅韌的性格，或許這與他對星座研究頗深有關，蘇軾曾不止一次地感慨，之所以懷才不遇肯定是他的星座是「磨蝎」造成的。

蘇軾曾在《東坡志林．命分》中寫道：「退之（即韓愈）詩雲：我生之辰，月宿直鬥。乃知退之磨蝎為身宮，而僕乃以磨蝎為命，平生多得謗譽，殆是同病也！」大白話就是：韓愈的上升星座是摩羯座，我蘇軾的太陽星座也是摩羯座，我和韓愈倆人真的好慘啊！因為都是摩羯座，所以一生受苦。看來摩羯不是什麼好星座。

黑完自己還不忘黑自己的好朋友，蘇軾的朋友馬夢得也是摩羯座，他故意嘲弄馬夢得說：「馬夢得與僕同歲月生，少僕八日，是歲生者，無富貴人，而僕與夢得為窮之冠；即吾二人而觀之，當推夢得為首。」取笑馬夢得的命理比他還要倒楣。

蘇軾之所以這麼喜歡黑摩羯座，是因為自己的偶像韓愈說「磨蝎」不好，可見古人追起偶像來也很瘋狂。韓愈在〈三星行〉中寫道：「我生之辰，月宿南鬥。牛奮其角，箕張其口。牛不見服箱，鬥不挹酒漿。箕獨有神靈，無時停簸揚。無善名以聞，無惡聲以讙。名聲相乘除，得少失有餘。三星各在天，什伍東西陳。嗟汝牛與鬥，汝獨不能神。」從中可以看出韓愈自怨自艾的情緒，感覺自己時運不濟，全都是因為摩羯座。

大概是因為蘇軾影響力太大，以至於到了後期，文人們只要是覺得自己仕途坎坷，都會說自己也和韓愈、蘇軾一樣是摩羯座。文天祥就曾暗暗流露過這樣的想法：「磨蝎之宮星見鬥，簸之揚之箕有口。昌黎安身坡立命，謗毀平生無不有。我有鬥度限所經，適然天尾來臨醜。雖非終身事干涉，一年貝錦紛雜糅。」

不僅如此，到了清朝的曾國藩、李鴻章都曾表示過摩羯座確實命不好。就這樣，宋、元、明、清，摩羯黑粉出現在每一個朝代，每一個朝代都會有精神領袖站出來吐槽它。摩羯座真的是「人在家中坐，鍋從天上來」，被黑得不是一般的慘！直到清朝末年，足足延續了幾百年。

順便提一句，摩羯一開始的音譯是「摩竭」，這個摩竭在文化中還有另外一重影響。它的形象，在隋唐時期變成了一種瑞獸，頻繁出現在寺廟雕塑、器皿紋飾和墓葬雕刻上，逐漸演化出龍首、獸角、鳥翅、鯉魚身等人民喜聞樂見的吉祥元素，以至於有了個文物學上的專有名詞，叫做摩竭紋——即大名鼎鼎的魚龍紋。工作不順，怪星座就算了，你能想像他們的軍事家在打仗前用星座來預測打仗能不能贏嗎？北宋有一本軍事著作叫《武經總要》，被英國著名科技史學家李約瑟稱作「軍事技術的大百科全書」，裡面記載了很多關於時間和星座的關係：「春風，二月中……後三日入白羊宮，其神天魁」、「夏至，五月中，後六日入巨蟹宮，其神小吉」。也就是說宋朝人打仗那會兒，發起進攻前竟然要先去看看本週運勢最旺、最適合打仗的是哪幾個星座，甚至把最適合擔任將軍的幾個星座列個排名榜。萬萬沒想到，如此嚴謹的事情竟然這樣安排，如果打仗的時候碰到霉運，那豈不是很慘？

由此可見，十二星座並不只是一個來自西方的話題，早在中國古代，人們就開始研究它了。十二星座運勢預測，現代人熱衷，古人也一樣。

最早的盜版書竟然出現在唐朝

我們經常在路邊攤上會看到二十元一本的盜版書，但是你可能想像不到，最早的盜版書竟是出自唐朝。

盜版書之所以會在唐朝開始出現，相當程度上是因為雕版印刷術在唐朝被發明，並在晚唐時期大規模運用。

古代沒有太多的娛樂項目，沒電視，也不能刷手機，所以看書是人們生活中一件重要的事，那麼這也就意味著賣書有利可圖。

在唐朝，就出現了私自印刷曆書的現象。唐文宗時期的東川節度使馮宿，就曾向皇帝奏請：「准敕禁斷印曆日版。劍南兩川及淮南道，皆以版印曆日鬻於市。每歲司天臺未奏頒下新曆，其印歷已滿天下，有乖敬授之道。」

其中正是說劍南兩川和淮南幾個地區，私自印刷曆書的現象猖獗，必須要明令禁止。

因為，私自印製曆書牟利事小，卻事關民生。百姓種地要依歷而行，一旦盜版的曆書出現錯誤，必然會釀出大禍。

唐朝大詩人白居易也曾被盜過版權，當時的他詩名遠播，很多人都仰慕他的才華。在他的詩集還沒出版之前，就有人把他的詩蒐集起來，在市面上銷售，賣給他的粉絲。

元稹在替白居易的詩集所作的《長慶集》序中，就寫道：「二十年間，禁省、觀寺、郵堠、牆壁之上無不書，王公、妾婦、牛童、馬走之口無不道。至於繕寫，模勒（模刻），炫賣於市井，或持之以交酒茗者，處處皆是。」由此可見，在當時有很多人，用手抄或者是雕版印刷在販賣白居易的詩集。

時代在發展，好的壞的都在與時俱進，盜版書行業也隨之興榮起來。

到了宋朝時期，隨著商品經濟和印刷術的發展，盜版活動已經不再是小打小鬧了，變得越來越猖獗，甚至開始形成一定的模式。

那個時候的奸商就開始有流量、IP概念。專門瞄準文壇大咖，誰的名聲大、粉絲多，就盜版誰的作品，因為肯定會賣座。比如蘇東坡其實沒有出版文集，但他在世的時候就有很多地方出版了他的詩文集。

著名的理學家朱熹也曾被多次盜版，他的著作《論孟精義》就被義烏的書商看中，開始瘋狂地盜版印刷。朱熹還曾在和朋友的聊天中吐槽過這件事：「此舉殊覺可笑，然為貧謀食，不免至此，意亦可諒也。」既然不可制止，也就選擇原諒。因為在當時，防盜版的確不是件易事。

但這種情況在宋朝稍有好轉。宋朝有一些書商為了防止盜版，曾設計專有的商標，印在文章末尾，並且一些書中還會加上禁止盜版的說明。

宋版《東都事略》牌記上就有這樣一句話：「眉山程舍人宅刊行，已申上司，不許覆板。」相當於現代的防盜版法律宣告。

更為神奇的是，當時竟然有盜版書流到了皇宮裡，被皇上看見。有一次宋孝宗看到一本書，是洪邁的《容齋隨筆》，並讚許他寫得不錯。這卻讓洪邁大驚，因為他當時還不曾出版此書。後來，他回去查證，才發現是婺州的書商把《容齋隨筆》偷偷出版販賣，又被太監採買送進宮裡，就這樣陰差陽錯到了皇帝手中。洪邁在得到了皇帝的鼓勵之後，大受鼓舞，又繼續寫了下去，最後成就了一部傳世著作。

到了明朝，官方開始嚴厲打擊翻印盜版，盜版書商便開始採用更高明的手法來對抗官方的打壓。他們有個更隱蔽的操作，比如把一些暢銷的小說改頭換面，把一本書分割成幾本出版。或者把幾本書合在一起，編成一本書，又或者換個作者名字。甚至，會找寫手團隊做山寨暢銷書。操作手法非常現代化。

隨著盜版的發展，官方打擊力度也不斷加大。直到一九一〇年，中國出現了第一部版權法《大清著作權律》，也正是由此，具有現代意義的版權保護觀念才逐步建立。

石油是沈括在《夢溪筆談》中命名的

當今天下，最大的財富密碼應該就是石油了。一個城市如果掌握了石油資源，那就意味著這個城市將會迎來幾十年的暴富；而一個國家如果掌握了石油資源，那就意味著這個國家會成為全世界所有國家的必爭之地。

究其根本，還是因為石油是如今的人類社會必不可缺的能源，即便新能源的開發工作一直在進行中，可石油的地位仍然是無可替代的。

說起石油，大家總覺得這是一個很現代的東西，至少也是工業革命之後才被人們發現和使用的。誠然，石油被大規模使用，與人類發明發動機有著密切的關係，但它真正被發現和使用的時間遠比工業革命早上許多。

早在東漢年間，人們就已經發現了石油的存在，只不過那個時候人們並沒有意識到這個東西會帶給人類的生活多大的便利。當時的人們對待石油的態度，更多的是一種獵奇心理。班固曾經在《漢書》中寫道，「高奴縣有洧水，可燃」，說的其實就是石油。

古時候人們對物質演化缺乏科學性、系統性的研究，他們並不懂得石油的具體成因，任何大自然中出現的神奇現象，他們都可以將其理解為神蹟。而一旦以神蹟作解，即便多麼不可思議的事情，彷彿也都變得很平常了。

不過，即便是在封建迷信占據整個文化氛圍的古代，也仍然存在許多具有科學精神的學者。他們為數不多，也並非社會主流，但他們從未停止過以科學的精神去探索這個世界的本質。中國古代並不重視科學的發展，卻仍然出現了許多數學家、物理學家、化學家等人才。

北宋的沈括就是其中之一。

古時候一個人想要出人頭地，最重要的就是熟讀「四書」、「五經」，因為那時候的科舉與如今的聯考不同，考試內容只有一項，就是寫文章，文章內容無非是些治國之道及對人生對世界的感悟之類。所以沈括雖是官宦人家出身，可從小接受的教育也是以文載道。

作為一個文人，沈括的成績並不俗，不但在科舉考試中考取了進士，更在後來的官場生涯中得到了王安石的提拔。不過，在他的內心中，他真正想做的從來都不是一個文人。他最大的興趣在天地，在寰宇，在這整個世界的本質之上。

正如有的人天生就是詩人一樣，沈括這樣的人天生就該是一個科學家。天賦有時是一種優勢，有時也是一種負擔，因為一旦你有了某種天賦，那即便全世界都不希望你去做這件事，你還是會忍不住去做。沈括原本可以成為一個優秀的文人、政治家、外交官，可他還是選擇將人生的絕大部分精力用在科學研究上面。

於是，其他的文士官員都在寫詩、寫文、寫史，而沈括卻想寫一本並沒有多少人會感興趣的科普讀物。他將自己的這本書取名為《夢溪筆談》。有趣的是，這樣一本以夢為名的書籍，卻是一本極其嚴謹的科學著作。而在古時候，許多名為書寫事實的書，內容卻比夢還要荒唐。

說《夢溪筆談》嚴謹，是因為這裡面完全是沈括的真實所見。這其中有一些是他在四處遊歷時見到的事物，也有一些是他曾有耳聞，但出於對科學的求實精神，他前去傳聞所在之處考察得出結論之後，再予以具體和詳盡的記錄。

沈括在十幾歲之前就讀遍了家中的所有藏書，其中東漢班固所著的《漢書》自然也在其內。當沈括讀到那句「洧水可燃」時，他就曾經犯過嘀咕，因為這是一種他從未接觸過的東西，這世上怎麼可能會有這種可以燃燒的水？

若是其他人讀到那裡，只會覺得這不過是神蹟的顯靈，多半是因為那個縣的人比較虔誠，所以上天落下神蹟，給予當地人一種神奇的資源，並不奇怪。而若是不信神蹟的人，也會覺得這大概是當地人故弄玄虛，弄些虛假的東西吹牛。

可偏偏沈括是一個既不相信神蹟，也不願意輕易放過任何神奇現象的科學研究愛好者。越是不尋常，越是奇特，他就越是想要親眼去看看。

於是，當機會出現時，沈括便隻身前往班固所說的那個地方，想要一探究竟。在那裡，他竟然真的見到了這種所謂的「可以燃燒的水」。

說是水，其實並不準確，因為他發現這是一種褐色的液體，當地的人稱呼這種液體為「石漆」、「石脂」，他們已經使用這種液體作為燃料幾百年了。

可惜古時候的資訊傳播並不像如今這樣迅速，一個縣的人使用了上百甚至上千年的特殊燃料，竟然沒能得到全國範圍的廣泛傳播，這在今天幾乎是無法想像的。但所幸的是，有沈括這樣具有考察精神的人，這樣的故事才沒被埋沒。

沈括到了那裡之後，又對這種液體進行了更深入的研究，他重新為這種液體命名，於是這種液體終於有了一個新的或者說正式的名字——石油。

沒錯，這就是「石油」一詞的來源。許多事情，一旦追本溯源就會發現，原來我們與現代文明和科技的接觸，遠比我們想像的更早一些。

沈括不但替石油命了名，更動員當地老百姓更廣泛地使用石油。有這麼好的能源不用，反而去砍伐樹木破壞植被，那不是太可惜了嗎？

如果仔細研究一下封建社會時期的各個朝代，就會發現一件十分有趣的事，那就是不論哪個朝代，上到皇室及各路官員，下到工農百姓，人們對新事物都具有一種天然的牴觸。

就好像這高奴縣的石油，從班固在書中記載，到沈括去實地考察，其間經歷了將近千年，可對它有了解的人卻仍然只局限在那一個小範圍之內。在沈括之前，從未有人想過要去將其大範圍推廣，甚至很少有商人願意去開採和販賣，哪怕在沈括號召之後，石油仍然沒有真正成為當時的主要資源。

這就彷佛整個社會結構從上到下，人們並沒有想要過得更好。或許這也是封建社會下的科學一直難有發展的原因之一。

沈括在經過系統的考察和研究之後，最終將石油寫入他的《夢溪筆談》，他寫道：「鄜、延境內有石油，舊說高奴縣出脂水，即此也。生於水際，沙石與泉水相雜，『惘惘』而出，土人以雉尾挹之，乃採入缶中，頗似淳漆，燃之如麻，但煙甚濃，所沾帷幕皆黑。予疑其煙可用，試掃其煤以為墨，黑光如漆，松墨不及也，遂大為之。其識文為『延川石液』者是也。此物必大行於世，自予始為之。蓋石油至多，生於地中無窮，不若松木有時而竭。今齊、魯松林盡矣，漸至太行、京西、江南，松山太半皆童矣。造煤人蓋未知石煙之利也。石炭煙亦大，墨人衣。予戲為〈延州〉詩雲：『二郎山下雪紛紛，旋卓穹廬學塞人。化盡素衣冬未老，石煙多似洛陽塵。』」

這篇文章即便放到今天，也是一篇極其嚴謹的科學論文。而整本《夢溪筆談》都是以這種實事求是的精神著成的。

他在文章中寫到石油從水邊的沙石間流出，當地人會用野雞尾毛將其收集進罐子。石油燃燒時會冒出濃濃黑煙，沈括將其燃燒後產生的煙煤製作成墨，並號召大量推廣。最重要的是，他意識到這石油從地下湧出，不似樹木很快就會被砍伐消失，石油應當是無窮無盡的，應當大力開採，使其作為一種新的能源廣泛使用。

當然，如今我們對石油的成因雖然仍有爭議，但主流一致認為石油並非取之不盡，以如今開採和使用的速度，石油資源的枯竭並不遙遠。但在沈括所在的宋朝年間，以當時對資源的利用率和人口數量而言，說石油用之不竭也並不算錯。

這些自然是無關緊要的後話。儘管沈括有著雄心壯志，但他那本耗一生之心血完成的《夢溪筆談》對當時來說也不過是本夢中閒談。只不過，如今的中國人除了在學習和借鑑各種西方先進科技之時，在讀歷史時感嘆西方透過工業革命而實現科學覺醒之時，也可以讀一讀古時候的類似《夢溪筆談》、《天工開物》這一類的科技書籍。雖然這裡面的許多記載對如今的我們來說已經不算新鮮，但至少可以發現，原來曾經也有過許多傑出的科學家，也曾經有過可以讓科技飛速發展的可能。

朱元璋子孫的名字解決了化學元素命名難題

在人類的歷史長河中，有被大浪淘去的泥沙，也有炫目璀璨的珠玉，更有一些雖為數不多，卻如恆星般永恆不朽的珍寶，大明的開國皇帝朱元璋就是其中之一。說起朱元璋，僅用「傳奇」兩個字來形容是遠遠不夠的。對整個人類歷史程式來說，他的生命長度不過是轉瞬，但在他後世的幾百年裡，他所帶來的影響卻深遠綿長。

朱元璋對後世的影響可謂各方面，往大了說，對於社會制度的進步，經濟體制的改革，文化的發展和傳播等，作為一代王朝的開國皇帝，他都發揮了重要的作用；往小了說，他的個人奮鬥經歷，軍事上的運籌帷幄，都能使千萬後人從中得到借鑑和鼓舞。

或許是因為他已經站在了人類社會的一個至關重要的位置上，又或許是因為他奇妙的創造力與行動力，他的一些舉動和決定，連他自己都無法預料會對後世造成怎樣的影響。比如，元素週期表上一些重金屬元素的中文命名。

這要從朱元璋最初替子孫取名一事說起。

眾所周知，朱元璋出身貧苦，舊社會底層人民在替子女取名時，往往趨向於取一些簡單或者粗鄙的名字，迷信的說法就是取個賤名好養活。所以朱元璋原名叫朱重八，原因很簡單，就是因為他在家中排行第八。在他之前出生的同輩兄長們則分別叫重一、重二、重三等。在他之上的父輩、祖輩，也皆是類似朱初一、朱四九這些看起來很隨意的名字。

直到朱元璋後來率農民起義，為了能順利將元朝打敗，他才把自己改名為「元璋」。而隨著起義軍的大獲全勝，元朝徹底覆滅，大明王朝建立之後，朱元璋的心態也逐漸發生了變化。他再也不是當年那個住著破敗茅草屋的窮人家的孩子了，他的命運、他的地位、他的整個人生都煥然一新，他自然不願再回到從前，而他更不允許自己的子孫後代回到他曾經的人生裡。

於是，當涉及替子孫取名的問題時，他自然不會再如自己的祖輩那般，隨隨便便用一個出生時間，或者是出生順序來替子孫命名。既然是帝王之後，那名字自然要有分量，要有帝王家的霸氣，要區別於平民，不可落於俗套。

到這時，問題就來了。雖然朱元璋一生有著許許多多不凡的成就，但作為一個出身貧苦的帝王，他從小並沒有接受足夠的文化教育，不如其他帝王一樣擁有深厚的文化底蘊，更不能隨口吟詩作對，在取名的問題上，他也很難想到一些優雅高深的文字。既缺少足夠的文化素養，又要幫子孫取些具有帝王氣勢的名字，這就成了一道難題，不過這並沒有難倒朱元璋，他用了一種最簡單而又從某種意義上來說也比較「高級」的方式，即以五行相生的方式，為子孫命名。

在舊社會一直有一種迷信的風水理論，即五行之間相生相剋。五行即為金木水火土，其中金生水、水生木、木生火、火生土、土生金。以這種理論為依照，朱元璋決定今後自己的子子孫孫都以此種規律命名，比如朱元璋的兒子們的名字均為木字旁，而孫子輩的名字則均為火字旁，依此類推。

當時朱元璋對自己的決定很是滿意，這既讓取名這件事變得簡單了起來，又不失帝王之家的身分。而他並沒有意識到，這種取名的方式，其實同他父輩以排序、日期之類命名的方式在本質上並沒有什麼不同，而且較父輩們還多了一個弊端。

那就是漢字裡以金木水火土為偏旁的文字，數目是有限的，而朱元璋的子孫，卻可以世世代代綿延下去。尤其在這種妃嬪眾多的帝王家族裡，子孫繁衍的速度之快、規模之龐大，都是朱元璋難以料及的。隨著帝王之家的開枝散葉，為他們命名的這一工作便愈發艱難起來。

當然，那時候這個工作已經跟朱元璋沒有多大的關係了。可即便他人早已不在，他所制定的規章卻是必須要遵守的，這也是開國皇帝最大的功效所在，即為整個王朝奠定憲制。任何一個朝代，只要開端立得正，便可保後世幾百年安穩，所以幾乎沒有誰敢違背開國皇帝立下的規章，不論這規章是否與國家發展相關。

因此，在為帝王後代命名的問題上，只要大明朝仍在，便必須一直延續五行相生的規矩。字不夠用了，就翻遍各種文學古籍，只要偏旁帶上了金木水火土，不論多麼生僻，都要通通用上。倘若翻遍了各種書籍，仍然再也找不到這樣的字，那麼硬著頭皮生造也要造出這樣的字來。

所以當研究明朝皇室家譜時，會發現一個有趣的現象：越是早期的成員，名字越正常，而時期越是靠後，名字便會越來越生僻、越來越古怪。而其中含金字旁的名字更是見所未見，諸如朱慎鐳、朱同鉻、朱同鈮等。

光是看到這些名字，就可以想像得到，負責替皇室家族命名的官員當時有多麼痛苦和絕望。但他們永遠無法得知的是，他們當時的痛苦與絕望，卻在幾百年後幫了中國的化學家一個大忙。

這大概是歷史傳承的最美妙之處了，幾百年前一個孩子栽下的一棵小樹苗，在幾百年後幫助另一個孩子躲過了毒辣的太陽。

朱元璋去世幾百年後，明朝早已不復存在，世界經歷了翻天覆地的變化。一方面，社會制度經過了一個又一個的統治者不斷破和立，總有人想保留利益，也總有人想去爭取一個更美好的世界；另一方面，一些追求真理的人，不論人類社會變成什麼樣子，他們探索真理的腳步都從未停止。到十九世紀時，人們已經能將這世上所有物質的本質分解到原子層面了。

而在西元一八六九年，化學界發生了一個堪稱里程碑的事件，即來自俄國的化學家門得列夫編寫了元素週期表。如今，這個表已經成為基礎教育的一部分，是每個學生都需掌握的基本知識，但在那時，門得列夫的這一創舉，等於是將人們原本對這個世界的模糊認知，變得徹底清晰起來，從此世間萬物都變得有跡可循。

眾所周知，那時候正處於風雨飄搖的年代，但正如幾千年來的慣例，不論社會形態如何，追求真理的人卻始終在前行。就在門得列夫編寫出元素週期表後，當時著名的科學家徐壽便很快投入到對元素週期表的翻譯工作中。

這工作並不容易，因為翻譯講究信達雅，即便只是對每一個獨立元素重新以中文命名，徐壽仍然要根據每一種元素的特質來將其歸類命名，比如氣體類元素都以「氣」字為偏旁，而金屬類元素便都以金字旁命名。眾所周知，元素週期表到了後面，便全都是稀有的重金屬元素，要替這些元素以中文命名，便不適合用太平常的漢字。

金字旁的漢字本就有限，其中的生僻字則更是少之又少，徐壽也是萬萬沒想到，他的翻譯生涯裡遇到的最大障礙，竟然是字不夠用。

也是皇天不負有心人，就在徐壽一籌莫展之時，在因緣際會下，他忽然留意到了朱元璋的子孫。不能不說，朱元璋作為一代開國皇帝，他不但為明朝奠定了一個非常好的基礎，在開枝散葉上也功勳卓著。大明王朝有三百多年，而就在這三百多年內，朱元璋的子孫加起來竟然有五千多人！當然，這並不是徐壽留意的重點，他所在意的重點是，在朱家子孫的名字中，竟然有那麼多金字旁的字！

他的難題瞬間迎刃而解，原本他只是想要找一些生僻的金字旁的字，卻沒想到朱家子孫的名字竟可以如此生僻。結果，他毫不費力地為元素週期表上那些金屬元素賦予了人們從未見過的漢字名稱。

這就造成了一個非常有趣的現象，那就是諸如「鈉、鐳」這些字都是「Na、Ra」等元素專用的漢字，甚至在字典裡，這些字的釋義都只有一個，就是它們所代表的金屬元素，可若翻開《明史》，就會發現這些字竟然都在朱家子孫的名字裡，比如朱在鈉、朱慎鐳等。這現象令人不由得產生了一種穿越感，這些人並不應該存在於過去，彷彿更應該存在於未來。

當然，在了解了前因後果之後，這便也只是一件趣談而已。

所以，誰又能說逝去的已然逝去？誰又能說歷史不過是虛無？幾百年前的官員們為了替皇子們命名絞盡了腦汁，這腦汁卻為幾百年後負責發展科學的人員解決了難題，這難道不正是獨屬於人類文明的極致浪漫嗎？

牙刷是明孝宗朱祐樘發明的

大抵每個人清晨起床的第一件事，就是刷牙。但你可曾想過，牙刷是誰發明的？這個問題可能會難住很多人，但它的答案一定會讓很多人大為吃驚。因為它的發明者是一位皇帝——明孝宗朱祐樘。

英國二〇〇四年出版的《發明大全》中列舉了影響人類的三百項偉大發明，其中明確指出，牙刷的發明者正是明朝皇帝朱祐樘，時間為西元一四九八年。當時他製作牙刷所用的材料是獸骨和野豬鬃毛。美國牙科醫學會和美國牙科博物館等相關資料也對此進行了記載。

牙刷這項發明不斷傳承發展，成為每個人的生活必需品，不得不說，明朝皇帝朱祐樘值得擁有掌聲。

深挖歷史，你會發現明孝宗朱祐樘不僅有著卓越的創造力，而且勤政愛民、感情專一，堪稱完美皇帝。

他雖然擁有完美的人格，但是他的皇權之路走得並不通暢，而且充滿了坎坷。他歷經波折登上皇位，而後，他沒有沉迷於享樂，而是用畢生的精力去扭轉腐敗的朝政。他每天早朝必到，而且重開了午朝，使得大臣有更多的機會協助皇帝辦理政務。他革去貪腐的官員，任用賢能，躬行節儉，勤於政事，重視司法。在他的努力之下，明朝的歷史才出現了短暫的和平時期，百姓安居樂業，經濟繁榮發展。史稱「弘治中興」。

晚明學者朱國楨曾說：「三代以下，稱賢主者，漢文帝、宋仁宗與我明之孝宗皇帝。」

此外，明孝宗還有一點令人稱道的是，在封建的古代社會，作為一個擁有至高無上權力的皇帝，他對感情卻尤為專一。

歷朝歷代的皇帝都是三宮六院，尋常人家也有個三妻四妾，但是明孝宗卻倡導一夫一妻，並身體力行，一生只愛張皇后一人。像尋常夫妻一樣，與張皇后一同起居，過著幸福的日子。在古代的帝王中堪稱一股清流。

可遺憾的是，他在這個世界停留得太過短暫。

西元一五〇五年，朱祐樘駕崩，他去世的時候，僅僅三十六歲。

在他去世之後，他那個被寵壞的兒子朱厚照沒有繼承他的優點，反而走向了另一個極端：稱帝後任情恣性，荒淫無度，寵信宦官，使得大權旁落。此後，大明王朝國力一落千丈，滑向了崩潰的深淵。

但人們不會忘記，歷史上的大明朝，曾有過一段興盛安樂的好時光，它的締造者名叫朱祐樘。

明朝出現了第一個想到利用火箭飛天並付諸實踐的人

所有偉大的開端都源於不可思議的構想和實踐。文明，也總是在這種對未知的茫然探索中誕生。

當今時代，人們正在靠著科技的力量，探索宇宙，反哺社會，讓社會發展越來越快，讓生活越來越好。

雖然火箭是現代科技文明的產物，但其實從古代開始，先人就已經開始了對宇宙的探索。

「火箭」一詞最早出現在三國時期。它指的是將火把裝在箭中，然後發射出去。其實也就是帶火的箭，但這並不是我們現代意義上的火箭，並且也和航天沒有半點關係。真正的火箭，要從火藥開始說起。

隋唐時期發明了火藥，唐末火藥開始用於戰爭，到了北宋年間出現了人類歷史上最早最原始的「火藥箭」。而明朝時期，人們對火藥的使用又前進了一步。明朝就出現了第一位想利用火箭飛天並付諸實踐的人，這也成為中國對航天事業探索的開端。這個人是明朝的萬戶陶成道。

據說，陶成道是浙江婺城陶家書院山長，敢想敢做，愛鑽研。他對製作兵器火器很有研究，經過多方鑽研，思索出了一些門道。後來朱元璋在攻下婺洲的時候，陶成道率領自己的子弟前來投靠，又獻上了自己研製的火器技術，使朱元璋在與敵軍對戰中獲得了較大的助力。陶成道也因此被朱元璋封賞為「萬戶」，從此人們便稱陶成道萬戶。

《蒼溪陶氏世系表》對此曾做了如下記載：「第一四六世陶成道，俊美子，在元名廣義，在明名成道，字思溫，又字焦玉，號東寧伯，又號火器神，元至大元年正月初六日生，有文武名，於金華府城（婺城）事陶家書院，任山長，先娶宋太祖次子德昭之第十一代孫趙孟本之女媛貞為妻，其妻為福建江西行樞密院都事陶煜妻之飽妹，早年亡，次娶彭城劉氏為妻，三娶張氏，至正十八年太祖下婺州，府城人望見城西有五色雲如車蓋，以為異，紛紛報與成道，成道與子景初前往探望，方知是太祖軍到，遂領三百弟子從太祖，獻火器神功技，以諮議軍器用，明洪武時以才累官兵部侍郎，以祖傳用軍策裔孫，自著火器神留名。」

萬戶有一個好友班背，他非常看重萬戶的才華，所以向朝廷舉薦，把他推薦到兵器局。

然而班背性格耿直，得罪了朝中權貴，後來被罷免了官職，並且被關押在一個山谷裡。萬戶得知自己的好友被幽禁之後心急如焚，於是想要利用自己的發明專長，造一隻飛鳥，飛入山谷之中，將好友解救出來。可是萬戶的飛鳥還沒有造成，班背就已經被人殺害。

世俗的勾心鬥角讓萬戶感到深深的疲憊，有一天夜晚他在自家庭院看到了天空中皎潔的月光，對純淨月球充滿了無限嚮往。

在產生了這個想法之後，萬戶開始細心地研究做火箭的技術。他完善和改造了自己的飛鳥圖紙，使之變成火箭的構造，為自己飛上天空做準備。

經過一段時間的鑽研和製造後，萬戶在眾人的矚目之下，帶上自己所有的裝備來到了一座高山上。相信當時的人們看待萬戶的眼光一定是充滿質疑的，這樣一個超越時代的先行者，在生產力並不發達的社會，無異於異類。

他是一個有些瘋狂的理想主義者，但人們只看到了瘋子。

萬戶還是毅然決然地點燃了自己的火箭，他並不需要被人理解，也的確沒有人能理解。為理想付諸實踐，他賭上了自己的一切，哪怕獻出自己的生命。遺憾的是這次飛行最終失敗，萬戶也因此喪命。

也許，在那個時代，他身後受到了種種非議，成了人們茶餘飯後的話題，收穫的也只有幾聲唏噓而已。但他的行為，在幾百年後震盪了整個世界。

後世的人們沿著他的狂想，成功地研製出可以載人的航天火箭，並利用先進的技術不斷探索浩瀚宇宙的祕密。

美國有一位火箭學家，名字叫赫伯特·S·基姆，一九四五年，他出版了一本名叫《火箭和噴氣發動機》的書，就對「萬戶飛天」事件做了記載：「十四世紀末，在明朝，有一個叫萬戶的人，他在椅子的背後，裝上當時能買到的最大的四十七枚火箭。然後手裡各拿著一隻風箏，想借助火箭向上推進的力量，加上風箏上升的力量飛向上方。」

火箭學家費奧多西耶夫和西亞列夫評價，萬戶是「首先企圖利用火箭將人載到空中去的幻想者」。

萬戶飛天失敗了，但也成功了。他的創舉，也在人類航天史上得到了認可。為了紀念萬戶的突出貢獻，一九七〇年代，國際天文聯合會將月球上的一座山命名為「萬戶山」，這個明朝時期的「瘋子」，終於到達了月球，還擁有了一座山頭。他的名字將被萬世銘記，他是明代的萬戶。

光緒年間，清朝就設計出了自己的第一艘飛船

當一種極具現代化特徵的飛船，與清王朝碰撞，相信一定會讓很多人產生一種強烈的穿越感。但這就是真真正正發生的歷史。

那麼，設計出第一艘飛船的人究竟是何方神聖？莫非真的是從現代社會穿越過去的？因為，在普遍的印象中，清王朝是遠遠落後於西方國家的。

這位設計者的名字叫謝纘（ㄗㄨㄢˇ）泰。相信知道他的人寥寥無幾。

謝纘泰從小到大一直都受到良好的教育，在香港，他以優異的成績考上皇仁書院的機械工程專業。謝纘泰原本對此興趣濃厚，所以在學習期間，更是格外用功，每次考試成績都非常優異，是個十足的學霸。

十九世紀末，一股強烈的「飛船熱」席捲世界各國。這樣的風潮同樣也點燃了謝纘泰的熱情。因為飛船對於一個國家的軍事力量，會帶來非常重要的作用。尤其是西元一八八五年，在中法戰爭中，法國透過施放氣球來組織軍隊攻防，戰勝了清軍，也預示著飛行器對於軍事的重要作用。

西元一八九四年，中日甲午戰爭爆發，在日軍的瘋狂進攻下，清軍連連潰敗。整個社會在列強的瓜分下變得破敗不堪。

落後就要捱打，在空前嚴峻的民族危機下，謝纘泰渴望做點什麼。

於是，在興趣和強烈的愛國熱情的雙重驅使之下，他開始研究起了飛船，希望透過設計飛船來提升清朝軍隊的戰備力量。

經過五年的深入研究，謝纘泰終於完成了飛船的設計藍圖，同時也逐一列出了生產製造飛船的材料以及使用說明等。謝纘泰設計的飛船在當時是非常先進的，其結構極為精巧。

在精心地準備好這一切後，謝纘泰滿懷希冀地帶著這些材料，來到北京，將它呈報給了清政府，期望清政府能夠著手建造飛船。

但是，清政府並沒有成全這顆拳拳的愛國之心，將他的心血擱置一旁。謝纘泰並沒有放棄，接連幾次上書，向清政府表明飛船對於建立軍事力量有著重要作用。可現實是殘酷的，在那個動盪的年代，他的聲音太過微弱，清政府對此沒有足夠的重視，也沒有投入力量對飛船進行研發。

從藍圖到現實，只差一步。就在謝纘泰以為自己的飛船可能永遠無法飛入現實的時候，他結識了一位友人莫克西。莫克西是位英國的飛船研究愛好者，他也曾將大把的時間和熱情投入到飛船的設計研究中，卻一直沒有成功。而他看到了謝纘泰的圖紙之後，大為驚嘆，決定資助謝纘泰，實現他們共同的飛船夢。飛船的支架是由鋁合金打造的，馬達作動力，螺旋槳作為推進器。在經過一段時期的打造之後，一艘新型飛船誕生了。謝纘泰將其命名為「中國號」，並在飛船上寫上了碩大的「CHINA」，飛船上懸掛著黃龍國旗，以此宣示國家的科技力量。

「中國號」飛船的試飛成功，在當時引起了一陣轟動，據說，這艘飛船的時速可以達到九十七至一百五十公里。當時包括《泰晤士報》、《紐約時報》、《申報》等國內外知名媒體都紛紛對此作了報導。

但是，在當時複雜的社會情況下，中國的飛船始終沒有實現量產，之後，隨著飛機的誕生和應用，飛船也漸漸地退出了軍事舞臺。但其歷史地位，不容忽視。

清政府廢止科舉的那年，愛因斯坦提出狹義相對論

不可思議，這兩件感覺相差甚遠的事情，竟然同時發生了。

一九〇五年，清朝廢除科舉制度。同年，愛因斯坦創立相對論。

古老的科舉制度和超前的相對論，一個是對過去的終結，一個是對未來的啟迪，看起來的確不是同一個時代的，偏偏就同時發生了。

科舉考試是歷史上一種十分重要的官員選拔制度。它創始於隋，確立於唐，完備於宋，延續至元明清，前後歷經一千三百年之久。科舉本身就是為了選拔人才，科舉考試在相當程度上體現了公平競爭、擇優錄取的原則，是為官場注入新鮮血液而存在的。

其初衷是好的，但能考上的人大都只是苦讀經史詩文，在行政管理乃至實際生活中都沒有什麼用處，更不要說促進近代工業化社會的發展了。到了清代科舉制度已徹底淪為禁錮士人思想的一具枷鎖。

晚清時期，西方的船堅炮利讓清政府徹底明白了自己與世界的差距，清政府開始反思自己的不足。他們認為戰爭的失敗主要是因為武器裝備落後，技術人才匱乏，以及缺乏外交人才，沒有及時吸收到先進的知識。無奈之下，慈禧不得不重用洋務派人員，以富國強兵為目標開展洋務運動，把改革科舉考試提倡西學作為洋務運動的一部分。儘管如此，改革科舉制度還是困難重重，保守派與維新派各執一詞，始終不能推進。

光緒二十六年（西元一九〇〇年），八國聯軍大舉侵華，攻占北京，清政府到了崩潰邊緣。為了重拾人心，清政府不得不實施所謂「新政」，其中包括對科舉制度的改革，採用戊戌變法的一些措施，進行變通式的改革，將科學和新式學堂合而為一，逐步減少科舉名額，逐漸廢除科舉制度。

但他們覺醒得太晚了，時間已經不允許清政府慢慢推進。此時已來到一九〇五年，當時已經很有影響的直隸總督袁世凱、盛京將軍趙爾巽、湖廣總督張之洞、兩江總督周馥、兩廣總督岑春煊、湖南巡撫端方等人聯名上奏，改變之前「逐漸減少科舉名額，實行過渡之法」的主張，請求「立停科舉，以廣學校」。迫於他們的強烈施壓，清政府終於不再堅持，也無力堅持，無法與時俱進的科舉制度終於完成了改革的最後一步：廢止。

廢除科舉制度可以說是清政府想要翻身的一個象徵。當時清政府的種種行為，把社會的不滿情緒推到了頂點，雖然將科舉制度取消，也已無法挽回當時衰落的局勢。

不過科舉制度並不是加速清朝滅亡的主要原因。時間感是一種很詭異的東西。與被封建制度、封建意識阻礙了科學思想生長的中國相比，一九〇五年西方在科學研究上迎來了新紀元。這一年愛因斯坦橫空出世，連續發表了五篇劃時代的論文，一舉奠定了其二十世紀最偉大物理學家的地位。他提出的狹義相對論和廣義相對論極大地改變了人類對宇宙和自然的「常識性」觀念，可以說為科學發展做出了劃時代的貢獻。

這一年因此也被稱為「愛因斯坦奇蹟年」。

有沒有突然愣住的感覺？其實這也不奇怪。因為雖然大家都學過歷史，但是中國史和歐美史是分開來的兩條線，要麼是學中國歷史，要麼是學歐美歷史，橫向對比非常少。

然而歷史就是這麼奇妙，聽起來完全不是一個年代的事情，竟然是在同一年發生的。站在世界文明發展的角度看，科舉制雖然影響深遠，但不與時俱進，所以在東西方文明衝突的歷史環境下，被廢止是必然的結果。

第八篇　多的是你不知道的事

真假與否皆莫判，荒唐怎知是笑談？古來山川皆可變，唯有清輝照人間。
坐臥笑看古人事，立行引鑑正衣冠。乾坤輪轉勿輕看，盡數風流一世間。

秦始皇滅掉六國統一天下時其實還剩一個國家

提到大秦的威名，我們著名的文豪李白都忍不住感嘆：「秦王掃六合，虎視何雄哉！」秦始皇橫掃六國一統天下，開創千古豐功偉業，這似乎已經成為一個廣泛共識。但是當你翻開史書，細細地研讀，會發現一些意料之外的真相。

秦滅六國，一統天下。這是共識，卻並不是事實。

嚴格意義上講，秦滅六國並不等同於統一中原，因為在當時，還有一個國家得以留存，這個國家就是衛國。

《資治通鑑》就曾記載：「六國已亡，衛國猶存。」一直到秦二世的時候，衛國國君才被廢為庶人，衛國才算得上是真正意義上的滅亡。

這是一個極其容易被人忽視的歷史碎片，因為衛國實在是太弱小，小到秦國可以不費吹灰之力就能把它從版圖上抹掉。

正所謂「木秀於林風必摧之」，越是強大越容易被當作目標。反而那些毫無存在感的小草能沐浴疾風驟雨。

春秋戰國時期，人們津津樂道的歷史故事都是「春秋五霸」、「戰國七雄」。各國諸侯在時代的囚籠裡，為了權力廝殺，演繹著興亡故事。先是三家分晉，又是田氏代齊，又逐步形成「戰國七雄」的格局。

但在這個過程中，衛國一直都是以一個配角的形象出現，是周朝的姬姓諸侯國，為周武王姬發弟弟康叔的後裔。

衛國自立國起，先後共計九百〇七年，傳四十一君。在那個戰爭和廝殺不斷的亂世，它以弱小的身軀在夾縫中生存下來，成為眾多姬姓諸侯國中最後滅亡的國家。

衛國的命很長，或許正是因為它的弱小。

其實早在春秋初期，衛國實力不俗，甚至在周平王東遷時，衛武公曾出兵助周平戎，一度強盛，成為諸侯國中的主力軍，和鄭國一樣，在中原占據重要地位。但是，隨著時代發展，齊國、楚國、秦國、晉國等大國不斷崛起，而在這個過程中衛國和鄭國夾在大國之間，不斷被蠶食，餵養了強國。

尤其是在春秋晚期，其他諸侯國都在忙著增強國力拚改革，開疆拓土，而衛國內部卻君臣不和，陷入嚴重內耗。緊接著，衛國又出現了父子爭國的事件，於是，這個曾經強大的諸侯國，像夏日裡的冰凌，在內憂外患的炙烤中一點點地失去威嚴，變得弱小。

越是弱小，也就越沒有資格上臺爭霸。最後只有當觀眾、做啦啦隊的份了。激烈的時局卻讓衛國學會了如何自保。自保的形式有兩種：一種是不參與戰爭，另一種就是依附強國。

不參與戰爭，可能某種意義上來講是被迫的，因為實力不行。在戰國初期，魏國、趙國曾因為衛國的疆域爭奪而互相攻伐。但漸漸地，衛國在七雄的較量中逐漸失去了存在感。在一些著名的戰役中，如長平之戰、五國伐齊、伊闕之戰、華陽之戰、宜陽之戰、垂沙之戰、合縱攻秦之戰等，都沒有衛國的身影。這一點，並不完全在於國力強弱。因為像韓國這樣的小國，在上述的征伐中都有參與，而衛國卻毫無蹤跡，也正因如此，衛國才被泱泱的歷史所淹沒，成為歷史縫隙中的隻言片語。依附強國也是衛國自我保全的一個策略。司馬遷《史記·衛康叔世家》明確記載：「懷君三十一年，朝魏，魏因殺懷君。魏更立嗣君弟，是為元君。元君為魏婿，故魏立之。」

在戰國時期，封君是指諸侯國擁有爵位和封地的人。由此可見，衛國已經成為當時「戰國七雄」中魏國的附庸。

此外，衛國的運氣也是好到不行，躲過了不少天災。或許也正是因為國力弱小，所以造成的傷害相對也小。

可擁有虎狼之師的大秦，先後滅掉了六個強大的對手，為什麼偏偏留下了弱小的衛國？是強秦有了憐憫之心，還是秦王對衛國有所顧忌？

有研究者分析，西元前二四二年，秦國置東郡。前二四一年秦國攻取濮陽等地，衛國被秦從濮陽遷往河南野王，而在這個時候的衛國也就名存實亡了。而衛國一直國力不強，根本無法對秦國產生任何威脅，並且，衛國作為秦國的屬國，兩國之間的外交關係一直很穩定。

因此，從政治角度上來看，秦國放過衛國，不是因為秦國仁善，也不是因為他們不敢，而是沒有必要。

此外，衛國對秦國有著不可忽視的作用，因為它為秦國輸送了最重要的人才，就像「燕趙自古多慷慨悲歌之士」一樣，「衛地自古多君子」，當時秦國丞相商鞅、呂不韋都是衛國人，他們對秦國的統一有著不可或缺的重要作用。因此，留下弱小的衛國，從某種程度上來講，也是對兩位重臣的尊重。

孔子周遊列國十四年，其中在衛國長達十年，也正是因為衛國有諸多與他志趣相投的君子。吳王的弟弟季札曾經周遊列國，並對衛國做出了「衛多君子，其國無患」的評價。

你可能想不到，古人曾用糞便養豬

古人竟用糞便養豬，聽起來是不是有點不可思議？事實上，用糞便養豬的傳統最早可以追溯到先秦時期。

養豬的歷史是很久遠的，早期的人類主要以狩獵為生，但很多時候打獵得到的動物根本不夠吃，於是人類就開始慢慢學著在家馴化養殖，其中野豬就是當時主要馴化的動物之一。在距今八千多年的河南新鄭裴李崗文化遺址中就發現了大量的陶製豬形器，和現在豬的樣子很相似，在距今六七千年的浙江餘姚河姆渡遺址和桐鄉羅家角遺址中出土的動物骨骼，經測定和分析，家豬骨骼就占了很大比重，並且在河姆渡遺址中還發現了圈養家豬的圈欄遺跡，可見古代早早就實現了人工養豬。但是由於還沒有種植糧食的習慣，在野豬馴化初期，飼養方式主要是以放養和散養為主。

到了殷商時期，古人的養豬技術有了較大發展，其中一項重要發明就是閹豬技術，這是馴養野豬的突破性進步。據《易經》記載：「豶豕之牙，吉。」這裡的豕指的就是豬，意思是被閹割以後的豬就變得溫順多了。《禮記．曲禮下》中也記載「凡祭，豕曰剛鬣，豚曰腯肥」，說的就是被閹割後的豬長得膘圓膘肥，可見這時候被馴化的野豬已經開始向人們所期望的家豬方向發展。當時主要是奴隸主養豬，因為他們才有富餘的糧食。周朝的時候，養豬不再是奴隸主的專屬，普通百姓也開始養豬了，《詩經．大雅．公劉》中「執豕於牢，酌之用匏，食之飲之」說的就是普通家庭在豬圈裡養豬，然後宰殺了吃。

春秋戰國時期，人們對豬的喜愛有增無減，在肉食缺乏的年代，豬肉是人們解饞的主要食物，連孔聖人自己都說：「自行束脩以上，吾未嘗無悔焉。」意思是只要人家能送我十條肉乾做見面禮，我不會拒絕收他做學生。《論語》也記載了「陽貨欲見孔子，孔子不見，饋孔子豚」，說明陽貨想見孔夫子都得提著豬肉去。想要吃豬肉，就得養好豬。春秋戰國時延續了商周時期養豬的豬圈，當時稱為「圂」，從這個字的構造就可以看出這是圈豬之所。《國語．晉語》中說道：「臣聞昔者大任娠文王不便，少溲於豕牢而得文王。」、「豕牢」即豬圈，而溲指的是糞便，也就是說至少在那時，已經讓家養的豬吃人的糞便了。

秦漢之後，養豬的豬圈有了進一步發展。《天水放馬灘秦簡集釋．日書甲種》中言：「側在屏圂方及矢（屎）。」其中屏為廁所，圂為豬圈，屏圂是二者合一的建築。從這句話中也可以看出，這種建築流行之後，豬吃人的糞便更是習以為常的事情了。到了漢代，家豬飼養業更為發達，考古隊僅從西漢墓葬中就出土了大量陶豬圈，並且多年來陸續在河南、河北、北京、山東、江蘇等地也均有考古出土的陶製「帶廁豬圈」明器，如漢綠釉豬圈、漢灰陶豬圈等，這些豬圈的形狀有復碗形、圓盤形、橢圓亭閣式和梯形兩高亭式等多種。《史記》記載有：「故曰陸地牧馬二百蹄，牛蹄角千，千足羊，澤中千足彘，水居千石魚陂，此其人皆與千戶侯等。」由此可見，到了漢代家豬飼養規模已經很大了，那些養豬專業戶能養上千頭豬，都快趕上朝廷封的「千戶侯」了。

那麼秦漢以後為什麼將豬圈和廁所連在一起？這是基於現實考慮的。秦漢時期，農耕業有了長足發展，但是受制於自然環境影響和生產力低下，糧食的產量還是很低。在圈養的情況下，養豬需要飼料，雖然據《說文解字》記載：「豢，以谷圈養豕也。」也就是說秦漢時期，人們主要以五穀類或飯後剩餘食物養豬，但終是擋不住豬的飯量大、人的糧食少這一現狀，因此以穀物養豬往往會出現豬與人爭食的情況。所以，古人為了節省飼料，一方面盡量放牧，也就是在春夏長草的時候放養家豬，讓豬吃草充飢，之後的各朝各代這種放養的方式也有所保留，到了北魏時期傑出的農學家賈思勰在他的《齊民要術》「養豬篇」中也寫道「春夏草生，隨時放牧」；另一方面就是以人的糞便作為豬的輔助食料，以解決養豬飼料不足的問題。根據《史記．郅都傳》記載的「嘗從帝入上林，賈姬如廁，野彘卒入廁」推斷，野豬進廁所大機率就是食用人的糞便。在《漢書．武五子傳》中記載：

「是時天雨，虹下屬宮中，飲井水，井水竭。廁中豕群出，壞大官灶。」意思是一場大雨過後，豬群從廁所跑了出來，衝向廚房，把灶臺都撞壞了。背景是漢代的皇宮內官灶與豬圈相距不遠，既方便隨時殺豬做菜給皇帝吃，又方便把髒水倒進廁所供豬食用，一舉兩得。可見連皇帝平時也吃這種人糞豬肉。

在北宋李昉、李穆等學者編纂的著名類書《太平御覽》中講了這麼一個故事：

「符子曰：朔人獻燕昭王以大豕，曰：『養奚若？』使曰：『豕也。非大圊不居，非人便不珍，今年百二十矣，人謂豕仙。』」翻譯過來就是有人獻給燕昭王一口大肥豬，並自誇說，我們的這口豬，不是大廁所不住，不是人的糞便不吃，到今天活了一百二十歲，人稱豬仙。雖是故事，我們也可以窺探到古人用糞便養豬是常態。

早期養豬主要就是用於祭祀和食用，秦漢時期隨著農耕文明的發展，在長期的生產實踐中，人們發現糞肥對農作物的生長有著重要的促進作用。在西漢成書的中國第一部完整的農業和畜牧業著作《氾勝之書》中「以溷中熟糞之亦善」，就表明漢代農民知道肥料對莊稼生長的重要性，也懂得將豬糞發酵後使用了。在這之前農民漚糞主要用的牛糞和馬糞，但是需要長時間的發酵後才能往地裡上肥，人們將廁所和豬圈連在一起後，發現家豬產糞量也特別大，而且豬糞是速效肥，隔個幾天就能直接施到地裡。從現在的科學角度來看，豬糞中氮、磷、鉀含量高且比例適中，肥效全面，適用於各種土壤和作物。之後豬圈積肥就成了農家肥的重要來源，後來人們學著把稻草或麥稈、穀殼之類的都撒進豬圈，讓草和豬糞混合，利用豬的踐踏，很快就能積成糞肥混合的優質圈肥。也因此豬糞成為農家肥的優秀代表，並且流傳下來不少關於豬糞的農諺，比如「豬是農家寶，糞是地裡金」、「養豬兩頭利，吃肉又肥田」。

古人這種把廁所和豬圈建在一起的「圂廁」，其實還包含著樸素的生態循環和環保的理念。首先，豬廁以人糞為豬糧，人糞不需另外處理，既實現了對人類的排洩物進行有效、無害處理，又增加了豬飼料的多樣性，節省了養豬成本，同時也能養出肉多、膘少、肉質鮮美的家豬；其次，豬糞漚肥又為農業生產提供了充足的原料；最後，將兩個汙穢之地集中一處，不僅有效利用了空間，也減少了二次汙染。基於上述理念，圂廁養豬的方式一直從古代延續到了近現代。隨著科技文明和生產力的發展，農作物種類和產量增加，保有這種養豬習慣的範圍慢慢縮小，卻並沒有就此消失，至今在中國北方一些農村還可以看到這種安排。但是到了現在，出於食品安全的考慮，我們是要摒棄這種養豬方式的。因為人的糞便本身含有大量寄生蟲和細菌，豬吞食人糞時同時會吃下蟲和蟲卵，豬體內的蟲卵經孵化成幼蟲，寄生蟲在豬的肌肉內生長，會發展成「豬囊蟲肉」，就是我們現在所說的「米心肉」。當人吃了這些「米心肉」後，豬肉裡的寄生蟲就會在人身體內生長，我們所熟知的豬肉條蟲病和蛔蟲病都是經此途徑傳播的。可見改變用人糞養豬的方式是切斷病源傳播的關鍵，不讓豬吃到含有蟲卵的人類大便，沒有中間宿主，這類病就會慢慢消失。這也是國家現在提倡改廁改圈和廁所革命的主要原因。

在與豬同行的幾千年間，人類和豬是一起成長的。古時人們用糞便餵豬是注重廢物循環利用、重視農業生產、發展生態農業的表現，在當時是具有進步意義的，這種養豬方式實質上也是人類智慧和發揮主觀能動性的體現。雖然現在我們出於衛生的角度，要改變這種養豬方式，但這種養豬方式所蘊含的生態農業、生態保護觀念是當今我們應該借鑑和傳承的。

兩個採桑女的爭吵，竟然引起了兩個國家的戰爭

戰爭是嚴肅的、殘酷的，並飽含著血淚。

但在歷史上，卻發生過一起看起來極為滑稽的戰爭。

首先要說的就是一個成語：卑梁之釁。它指的是彼此之間因發生口角而導致的戰爭。《史記》、《呂氏春秋》、《太平御覽》等史書都有對此事件的記錄。

這個故事講的正是吳國、楚國兩國邊境相鄰處，有兩位採桑女。兩人因為採桑的問題發生了爭執，

越吵越激烈，你一嘴我一嘴互不相讓。

原本只是兩個人之間的口角爭執，後來又上升到了兩個家庭之間的爭吵。這場鬥爭持續發酵，並被兩國的邊境長官得知。雙方迅速出動了地方軍事力量進行干涉。於是開始顯現出了蝴蝶效應。

整個事件的性質一下子就變了。

最後的結果是楚國這一方敗下陣來。吳國的朝廷在得知這件事情之後，派出了精銳部隊去攻打楚國，楚國的居巢和鍾離兩個地區被攻下。

從整個事情的經過來看，一次百姓之間的爭執，演變成了兩個國家之間的戰爭，這會讓很多人覺得小題大做，甚至認為國君不夠理智。

但事實上，採桑女之爭不過是一個由頭，其實吳國早就覬覦楚國的居巢了。

《史記．楚世家》的記載是這樣的：卑梁大夫很生氣，派城裡的守軍攻打鍾離。楚王聽到後也很生氣，派軍占據了卑梁。吳王得知後大怒，也派出了軍隊，讓公子光以太子建母親家在楚國為由而攻打楚國，一舉攻下了鍾離、居巢。

由此可見，採桑女之爭不過是為這次戰爭提供了一個契機。在春秋戰國時期，與此類似的滑稽戰爭不止這一場。

例如在春秋時期，魯國的貴族之間發生了一場鬥爭，而事情的緣起竟是因為一隻雞。

在春秋時期，貴族中非常流行鬥雞的遊戲，後來在戰國時期又普及到平民。

《左傳》中記載，在魯昭公二十五年（西元前五一七年）的時候，貴族季平子和郈昭伯兩家是鄰居，無聊的時候就會相約鬥雞，打發時間。但是雙方卻誰都不肯遵守遊戲規則，都在背地裡搞小動作。

第一回合，季平子在雞翅膀上撒了芥子粉，芥子粉的味道非常刺鼻，每一次他的雞撲稜翅膀就會散發出刺激的味道。郈昭伯的雞受到影響，然後失去了戰鬥力，季平子贏了。

第二回合，郈昭伯不肯服輸，於是便在雞爪子上綁上了鋒利的刀片，在兩隻雞對戰的過程中將季平子的雞劃得鮮血直流，差一點喪命。

季平子大怒，找人把郈昭伯痛打了一頓，還占了他家。

後來臧昭伯也惹到了季平子，季平子一怒之下把臧家人都抓了起來。

臧昭伯和郈昭伯兩個被欺負的人，在一起想辦法對付季平子。怎奈實力懸殊，於是便向魯國國君魯昭公求助。魯昭公看季平子不順眼很長時間了，立刻出兵將他的府邸團團圍住。

看到這樣的架勢季平子害怕極了，連忙求饒，但是魯昭公並沒有打算放過他。魯昭公想要除掉季平子，這引起了朝中很多貴族的不滿。因為季平子掌握魯國大權，其力量不可小覷，若是逼急了恐怕會造反。

後來，季平子找其他幾家貴族與魯昭公開戰。魯昭公很快被打敗，逃往鄰國，失去了國君之位，弄得很狼狽。

春秋時期還有這樣一個故事。蔡穆侯為了巴結齊桓公，將自己的妹妹蔡姬送給齊桓公做小妾。但萬萬沒有想到，因為她引發了一場戰爭。

有一天，齊桓公和蔡姬泛舟湖上，蔡姬性格活潑愛玩，朝齊桓公身上潑水，還劇烈地搖晃船身。她自己玩得不亦樂乎，齊桓公早已嚇得臉色煞白。下了船後，齊桓公對此很是惱怒，想要懲罰蔡姬一下，就命人將其遣送回蔡國。

蔡穆侯看到蔡姬在馬車裡委屈得直哭，一副灰頭土臉的樣子，以為她受了什麼欺負，生氣地將蔡姬改嫁了。

齊桓公一聽到蔡姬改嫁，怒上心頭，本來只是想給她一個小小的教訓，沒想到自己的女人竟然變成了別人的媳婦，立刻出兵討伐蔡國。蔡國寡不敵眾，節節敗退。最後還是各國諸侯幫著蔡國求情，才平息了齊桓公的怒火。

這些故事告訴我們，遇事一定要冷靜，切莫因小失大，最後難以收場。

中國律師行業的祖師爺來自於春秋時期

有人的地方就有江湖，有江湖的地方也就免不了紛爭。

一旦紛爭產生了，如果始終無法解決，就需要對簿公堂。這個時候，律師就要出場了。

在大眾觀念中，律師就是幫人打官司的。在古代，這種職業叫「訟師」。

但很少有人知道，這個職業最早可以追溯到春秋戰國時期。因為中國律師行業的祖師爺，就生在那個年代。他的名字叫鄧析。鄧析生於西元前五四五年，是春秋晚期鄭國人，曾經在鄭國當過基層小官。

眾所周知，春秋末年，禮壞樂崩，諸侯間撕下了謙和的面具，開始爭權奪利。狼煙四起，整個時代處於一種崩壞和重組的過程中。

在「彼竊財誅，竊國者為諸侯」這樣的社會背景下，「禮不下庶人，刑不上大夫」已經跟不上時代的步伐了。

混亂的時代，禮治顯然難以駕馭，這就需要有更完善的法律。

鄧析作為當時的有志青年，十分關心社會發展，他最後的落腳點是法律。他很喜歡研究法律，他認為只有透過法律，才能撕毀假仁假義的面具。「事斷於法」，無論是平民還是貴族，所有人都應該將法律作為行事準則。在法律的規則之下，國家才能夠有序運轉，各級官員才能夠各司其職。

這樣的觀念在當時是十分先進的，可以看出法家思想的雛形。

鄧析並不是個思想家，而是個實做家。為了闡釋自己對法律的見解，便自行起草了一份法律草案。他把這份草案刻在了竹簡上，也因此被稱為《竹刑》。為了傳播他的《竹刑》，鄧析還特地創辦了鄉校，來教人們如何打官司，很多求學者慕名而來。

同時，他也會幫人出主意解決糾紛，或者是出面幫人打官司。他雖然會收取一定的費用，但是費用很低。他的這種嘗試，對歷史的影響深遠，可以說是後世訟師、律師收費服務的開端。

在大量的理論和實踐中，鄧析逐漸形成了自己的法律邏輯學說「兩可說」。這一學說，也成為他在歷史上又一重大貢獻。

在《呂氏春秋．離謂》中記載了這樣一個故事：因為洧河發水，將鄭國的一個富人沖走了。此人被淹死後，有人將屍體打撈上來，並企圖透過屍體來向富人的家屬索要酬金。無奈酬金太高，富人家屬向鄧析求助。鄧析則是讓他安心回家等待，因為只有家屬才會去買屍體，若家屬不掏錢買回去，打撈者也就一無所獲。所以富人家屬也就不再去懇求打撈者，耐著性子等打撈者上門。

見富人家屬無動於衷，打撈者開始急了，也來找鄧析出主意。鄧析也給了打撈者一番說辭，也就是富人家屬肯定會向打撈者支付酬金買回屍體，否則還能向誰買回呢？讓他放心就是，富人家屬遲早會再來的。其結果雖然不得而知，但並不重要。因為這個故事已經讓我們看到了其中最重要的邏輯。

在面對同一客觀事實時，鄧析站在雙方角度，給出了兩個相反的結論，每一種結論又都合乎邏輯。但是將這兩種結論碰撞在一起的時候，又是矛盾的，甚至是荒謬的。

這種「兩可說」的法律邏輯，一直傳承至今。由此可見，鄧析作為中國律師行業的祖師爺，的確實至名歸。他的理論不僅先進，同時也有著強大的生命力。

法律人鄧析心懷法律，心懷爭議，幫不少平民百姓撐腰。引導百姓面對社會不公，揭發貴族和大夫的不公之舉。但這樣的做法，也觸碰到了貴族的利益。

於是，權貴們紛紛向當時鄭國的執政大臣駟顓告發鄧析的種種「惡行」。最終，鄧析因「不受君命而私造刑法」，擾亂民心，而被誅殺。但是，在鄧析被殺後，《竹刑》被駟顓在鄭國大力推行。

在現代而言，就相當於無良書商看著一份書稿，心中大呼驚豔，卻還把作者殺了。然後他把稿子向市場發行，不用付稿費，坐享其成。

悲催的鄧析，為自己的作品獻祭。若他泉下有知，知道他的著作以及他的法律思想得以傳承，想必會感到欣慰吧。

從戰國結束到漢朝建立，實際上只過了十九年

穿過歷史的煙雲，來到二千多年前的華夏大地。秦始皇橫掃六國，一統天下，結束七國紛爭，開創一代宏圖偉業，戰國時代就此結束。

西楚霸王項羽四面楚歌，垓下兵敗，上演霸王別姬、自刎烏江的悲壯，劉邦一統天下，開創大漢基業。

拉開時間軸仔細一看，西元前二二一年秦朝一統天下，代表著戰國結束，到西元前二〇二年劉邦登基，漢朝建立，時間跨度僅為十九年。但後人卻感覺這兩個朝代相距甚遠，完全不像一個時代。

原因大概有以下兩點：其一是朝代更迭太快；其二是社會格局發生巨大變化。朝代更迭太快，快到猝不及防。

在這十九年裡，秦二世而亡，秦帝國僅僅維持了十四年，便被敗家子胡亥整垮了，當然這其中趙高「功不可沒」，為秦帝國的崩塌立下了「汗馬功勞」。

陳勝、吳廣揭竿而起，高喊「王侯將相，寧有種乎」，天下英雄雲集響應，六國後裔，草莽英雄，紛紛出馬，狼煙四起，戰火紛飛。

最終楚國貴族項羽一派，成為各路英雄中的佼佼者，領著八千江東子弟，一路勢如破竹，攻城略地，憑藉鉅鹿之戰一戰成名。

泗水亭長劉邦，趁著項羽在正面戰場與秦軍打得火熱，領著一群殺狗販豬之徒，悄悄繞到咸陽，逼迫趙高等人獻城投降，秦二世被逼自殺。

項羽一路打到函谷關前，被劉邦的手下阻攔，怒火中燒，敢情我們在前線拚死拚活，你劉邦在後面摘取勝利的果實？是可忍孰不可忍！於是乎歷史上最著名的一場飯局——鴻門宴就此拉開序幕。

劉邦知道自己的實力不行，開始裝，成功騙過項羽。或者說是項羽英雄氣重，骨子裡瞧不上劉邦，不屑與之相爭，故意放其逃走。總之，不管如何，劉邦成功溜走，開始韜光養晦。

項羽攻入咸陽，殺子嬰，劫掠財寶，火燒阿房宮，自稱西楚霸王，儼然天下共主，分封各路諸侯。劉邦被封到巴蜀漢中一代，開始厲兵秣馬，靜待時機。隨後趁著項羽不注意，明修棧道暗度陳倉，楚漢之爭拉開序幕。楚漢之爭最終以劉勝項敗落下帷幕。

短短的十九年裡，掌控天下的主宰從「戰國七雄」變為秦，再由秦變為楚，最終從楚更迭為漢；影響天下格局的人物從「七雄」君主到秦始皇、秦二世，再到陳勝、吳廣，後到項梁、項羽叔侄，最後到劉邦。各方勢力你方唱罷我登場，輪流不停。

加上歷史的編纂對後世產生了巨大的影響，我們品鑑歷史，主要是透過閱讀書籍，而不是親身經歷來感受。

修史書的官吏，將戰國、秦、漢的歷史分割為三，於是乎我們也受其影響，自然而然把戰國、秦、西漢看作三個截然不同的時代，於是戰國與西漢的隔閡感由此而生。要知道一個沿襲時間較長的朝代大多跨越百年，像我們熟悉的夏、商、漢皆是四百多年，唐朝是兩百九十年，宋朝是三百二十年，明朝是兩百七十七年，清朝是兩百六十八年。

所以說朝代的劃分，也會讓人產生一種間隔很久的錯覺，實則社會的滄桑鉅變，不過是發生在短短的十餘年罷了。

社會格局變化太大，大到亂花漸欲迷人眼的地步。

秦始皇統一六國之後，採取了許多措施來鞏固政權統治，如書同文、車同軌，廢諸侯、立郡縣，設定三公九卿、加強中央集權等，中國徹底成為統一的多民族封建主義國家。到了漢朝，沿襲秦制，自然與戰國時代有著截然不同的風貌。戰國時候的百家爭鳴、周遊列國的遊士也消失不見了，逐漸演變成了信奉黃老之說，道法雜糅。

從前，擁有權勢的人，無一不是王公貴族，那個時代擁有高貴的血統，是值得驕傲和自信的事。就像項羽自詡為楚國的貴族後裔，所以他打心眼裡瞧不上劉邦等人。

到了陳勝、吳廣兩位農民起義之時，讓世人看到了農民也可以成為掌權者。劉邦建漢之後更是如此，那些跟隨他的小人物無一不封侯拜相，成為達官顯貴，名動天下。

要知道蕭何、曹參從前只是個沒品階的縣吏；周勃是個箴匠，偶爾靠著當吹鼓手賺些小錢度日；樊噲是個屠戶，殺豬賣肉；夏侯嬰是跑馬趕車的；灌嬰是個小商販；黥布是個罪犯；彭越是東躲西藏的土匪；韓信靠著漂母救濟度日，是受過胯下之辱的貧寒少年；陳平更是一無業遊民。帝王將相，寧有種乎？

各種大事件、大變革雜糅在十九年的時間中，使後人產生了不少錯覺。要知道百家爭鳴可是持續了五百多年，然而這樣的盛況到漢以後便逐漸消亡了。前後的時間差對比，不明白其中關係的人自然會被誤導。

但不管這其中橫跨的時間是長是短，歷史的程式是快是慢，時間的車輪碾過，風流總被雨打風吹去。正是「滾滾長江東逝水，浪花淘盡英雄，是非成敗轉頭空。青山依舊在，幾度夕陽紅。古今多少事，都付笑談中」。

古代人不穿褲子，到了漢朝才開始穿開襠褲

習以為常的東西總會讓我們形成這樣一種錯覺：男人一直以來都是穿褲子的，而開襠褲只是小孩子的專屬。

事實上，中國人穿褲子的歷史也不久，在商周時代無論男女都是沒有褲子穿的，他們只穿裙子。

春秋時期，打仗都是以步兵和戰車為主，戰車用馬拉，士兵站在戰車上，上衣下裙，不必擔心走光。

戰國時期，天下大亂，各路諸侯各自為王。其中的趙國處在北方，與匈奴接壤，雙方摩擦不斷。交戰之時，趙軍笨重的戰車比不上匈奴快速與靈活的騎兵，正所謂兵貴神速，趙國屢嘗敗績。

經過一番探索，趙武靈王發現穿裙子的弊端，於是開始大刀闊斧地改革。改革首先便是改變服飾，他帶頭穿胡服，將原來寬大的衣袖變窄，讓士兵穿短衣、長褲，以便靈活運動，進而學習騎射，這便是歷史上著名的「胡服騎射」。有了褲子後，趙國才有了騎兵，從此趙國軍事力量大增，成為「戰國七雄」之一。

此時能穿上褲子的只有行軍打仗的將士，普通百姓依舊穿著裙子。但那時已經有了「脛衣」，相當於現在的褲子，不同之處在於它沒有褲襠、褲腰，只有兩條褲管，套在小腿上，用帶子繫於腰間。但私密部位仍然保持真空，如同現在的開襠褲，其目的是便於私溺。畢竟脛衣之外，人們還穿有裳裙，可以保證私密部位不外露。

儘管有脛衣罩著小腿，但人們還是容易走光。《禮記》中就告誡人們：「勞毋袒，暑毋褰裳。」意思是說工作時不能袒露身體，夏天也不要把下裳提起來。

為了防止走光，在正式場合，參會人員必須跪坐，屁股放腳跟上，以保護隱私。如果古人像我們如今蹺二郎腿，即便沒走光，也是無禮的行為，極其不尊重他人，會被稱為「箕踞」。

直到漢朝的時候，漢人才開始穿褲子，那個時代叫「絝」或「袴」，男女都是如此。不過此時穿的褲子依舊是開襠褲，但也只有富貴人家才能穿得起質地柔軟的褲子，所以說「紈褲子弟」一詞，便是從那個時候流傳至今的。

到了漢昭帝時期，大將軍霍光權傾朝野，獨攬朝綱。皇后是其外孫女，同時也是顧命大臣上官桀的孫女。當時的漢昭帝無法真正掌權，一切的決定旨意，都得要霍光等顧命大臣點頭才能通過。漢昭帝時刻擔心哪一天就被取而代之了，積鬱成疾，身體健康每況愈下。

霍光為了保證下一代皇帝的身體裡流著霍家的血，於是千方百計想要在漢昭帝駕崩前，讓皇后獨享寵幸，以便誕下龍子。為了不讓漢昭帝再去臨幸其他的宮女後妃，霍光下令除了皇后之外，所有的後宮女子都要穿上有襠的「窮絝」。也就是在原開襠褲的基礎上，用密密麻麻的帶子將襠部縫緊，以此來禁止她們和昭帝同寢。即便皇上想要臨幸他人，一時半會兒也解不開「窮絝」，直接將皇帝的慾望敗光。怎奈霍光計謀失策，漢昭帝直到死去，都沒能生下一男半女，上官皇后十五歲時就成了寡婦，一直到五十二歲去世。

晉代之時，出現了真正的連襠褲，取名為「褌」，即傳統意義上的長褲。當時的短褲名為「犢鼻褌」，這種褲子類似於現在的三角短褲，上寬下窄，兩頭有孔，穿上去與牛鼻子相似。

《史記》中有記載，司馬相如在蜀地穿著「犢鼻褌」，和酒保、店小二一塊兒在市場上洗酒器。司馬相如家世優越，妥妥的富二代，為什麼做如此沒譜的事情？原來卓王孫不同意司馬相如和他的女兒卓文君結婚，這兩個年輕人當然不願意，直接一起私奔，私定終身。司馬相如此舉便是要讓卓王孫丟臉，好同意卓文君與他的婚事。「犢鼻褌」是上不了檯面的東西，因此，後世文人墨客很少有提到它的。

由於連襠褲在魏晉南北朝被廣泛推廣使用，所以自魏晉開始，已經有人放棄跪坐。直到後來的宋朝，所有人都穿了有襠褲，出去吃飯可以毫無顧忌地坐在椅子上，不必擔心走光了。這種穿衣習慣一直延續到清末民初。

褲子的從無到有，從開襠褲到連襠褲，整個變化過程見證了幾千年來歷史的變遷、朝代更迭。令人感慨萬千的是，時至今日，依然有人穿著開襠褲，老祖宗的智慧果然令人稱奇。

漢武帝在位期間，先後換了十三任丞相，多是悲慘收場

漢武帝文韜武略，開疆拓土，擊潰匈奴，締造了大一統的盛世，也因而成為千古帝王。但當我們將目光收回到朝堂，你會發現這盛世背後的殘酷。

漢武帝在位期間，就換了十三位丞相，而這些丞相的下場大都慘淡。

丞相的權力，是一人之下，萬人之上。甚至有些丞相勢力龐大，能夠掌握實權，連皇帝都是棋子。所以，成為丞相是古代多少官員的終極職業理想。但是，在強勢的漢武帝這裡，理想變得殘酷，丞相變成了高危職業。回頭來看，甚至當了漢武帝的丞相，也就相當於提前宣告死亡。真可謂「鐵打的皇帝，流水的丞相」。

第一任丞相：衛綰

衛綰是漢武帝的老師，三朝元老，曾在文帝、景帝時期都有任職。尤其是在景帝時期，其因平定「七國之亂」有功升任中尉，後升任太子太傅、御史大夫。漢景帝晚年，提拔他為丞相，讓他來輔佐少主，所以衛綰就成了一位敦厚的輔政大臣。在漢武帝即位時，衛綰仍為丞相。不過，衛綰在政治上屬於無功無過，並無太大的建樹。而當時，真正的掌權者是竇太后，漢武帝並無實權。衛綰的丞相位置也還算穩當。但後來，隨著漢武帝坐穩了皇位，一切都變了。

漢武帝開始展示出了帝王的霸氣和霸道，為了鞏固皇權，他開始施行推恩令，削弱諸侯的力量。但是，衛綰這樣一個忠厚老實的人，也許是一位好老師，但並不是一位理想的丞相。司馬遷在《史記》中記載：「醇謹無他，綰無他腸。」

很快，這位丞相就被罷免了，後來衛綰因病離世，諡號哀侯。也算是漢武帝的丞相中，為數不多得了善終之人。

第二任丞相：竇嬰

竇嬰是竇太后的姪子，也和衛綰一樣做過太子傅，只不過他是劉榮為太子時的太子傅。只是後來劉榮被親媽坑了，失去了太子之位。不過，竇嬰還算幸運，在衛綰被免職後，他接過了丞相的權杖。但是在建元二年（西元前一三九），漢武帝因為大力推行改革與竇太后政見不和。雙方對壘中，趙綰、王臧等被竇太后罷免，竇嬰因為支持漢武帝改革，也得到了同樣的待遇。

敵人的朋友，那就是敵人。親孫子也可以是敵人，更何況是姪子。竇嬰就這樣成了政治的犧牲品。

即使在竇太后去世後，竇嬰也沒能逆風翻盤，而且運氣直線下滑。後來因至交灌夫與田蚡發生矛盾，竇嬰為了營救好友與田蚡當堂廷辯。但是，當時在王太后的壓力下，他的好友仍被處死。竇嬰以漢景帝遺詔「事有不便，以便宜論上」為名請求覲見漢武帝，可是，他的遺詔偏偏沒有副本。沒有備案的先王遺詔，自然被認定是贗品。最終，竇嬰以「偽造詔書罪」被彈劾，在元光四年（西元前一三一年）被處死。

第三任丞相：許昌

漢武帝時期的第三任丞相，其實是竇太后封的，這事發生在竇太后處死趙綰、王臧等人之後，舊相不聽話被罷黜，所以她要選任聽自己話的丞相。許昌就是那個人，他是竇太后提拔的，所以事事都聽竇太后安排。正是因此，他沒什麼自己的政見和主見，在位期間也沒什麼建樹。他是竇太后的政治附庸，竇太后去世了，他自然也就失勢了，政治生命也就到頭了。竇太后崩，丞相許昌、太尉莊青翟因「坐喪事不辦」，而被武帝免職。

這樣的理由，其實不過是個溫柔的臺階，漢武帝讓竇太后的這些政治棋子，還算體面地離場。

第四任丞相：田蚡

田蚡是外戚，是漢武帝的親舅舅、王娡同母的弟弟。在景帝時期，因為王娡開始得寵，田蚡的地位也逐步上升。在許昌被罷免之後，田蚡接棒擔任丞相。但是當了丞相，沒有想著一展抱負，卻滋生了欲望，人飄了，「由此滋驕，治宅甲諸第」。結果與竇嬰和灌夫發生矛盾，在王太后的庇護下，灌夫和竇嬰因此而亡，第二年，田蚡因驚懼而患病，最後因此而死。

第五任丞相：薛澤

薛澤是西漢開國功臣廣平侯薛歐的孫子，在接任丞相後並無太多記載，司馬遷在《史記》中的評價是「（薛澤）無所為，故無所惡，澤乃全性命，幸也」。想必是無功無過，實在沒什麼可被記載的。可也正因如此，他的結局也算安好，只是在元朔五年（西元前一二四年）被免職了。

第六任丞相：公孫弘

公孫弘的傳奇之處在於，他是個苦出身的平民百姓。在重門第重出身的古代社會，公孫弘能跨越階層成為丞相實屬不易。漢武帝即位時，公孫弘已經年過六十，但是他才學廣博，精通文史儒術，品行敦厚，兩次被人舉薦，因而被漢武帝起用。在薛澤被免職後，漢武帝將公孫弘封為平津侯，又升其為丞相。其在任期間，關注民生，推廣儒學，並取得了顯著成果。後來，因為太過勞碌，在元狩二年（西元前一二一）逝於任上。那一年，公孫弘已經七十九歲了。

第七任丞相：李蔡

李蔡曾是一名武將，與衛青共同抗擊匈奴，立下了赫赫戰功，後來被漢武帝封為安樂侯，並開始從政。公孫弘去世之後，李蔡接任丞相。在職期間也是政績斐然，協助漢武帝整頓吏治、改革貨幣、統禁鹽鐵。這樣一位優秀的官員，按理說會在他的政途上穩穩地走下去，但命運總是難以預料，彷彿丞相之位受到了詛咒一般。元狩五年（西元前一一八年），李蔡因私自侵占漢景帝園寢的空地而被問罪。李蔡不願接受審問，選擇了自殺。

第八任丞相：莊青翟

李蔡自殺身亡後，接任丞相職位的是莊青翟。他在漢武帝時曾任御史大夫、太子少傅，後來被提拔成了一把手。但當時，御史大夫張湯也對相位虎視眈眈。二虎相爭，莊青翟在丞相的位置上自然也不會過得太平。兩個人的矛盾日益加深，總是想方設法阻撓對方。在一次又一次的政治較量之後，莊青翟與其他幾個心腹合謀扳倒了張湯。作為失敗者的張湯選擇了自盡，但同時，他以自己的死亡向莊青翟發起最後的挑戰。因為他在死前留了一封信給漢武帝，訴說自己的冤屈。

漢武帝看到張湯的遺言後，覺得張湯之死有冤屈。於是抓捕了合謀陷害張湯的官員，丞相莊青翟也因參與此事而連坐下獄。最後，莊青翟也服藥自殺，又一位丞相的政治生涯結束了。

第九任丞相：趙周

莊青翟去世之後，時任太子太傅的趙周被任命為丞相。但是歷史上關於他的記載並不多，只是記錄他在任丞相的第三個年頭栽了跟頭。當時朝廷祭祀宗廟，要求列侯奉命獻上黃金。趙周是在漢景帝年間因為父親的功績被封侯的，所以他也在貢獻黃金之列。但列侯所獻的黃金最終都是要由少府檢查的，凡是重量和成色有問題的，都要以不敬之罪論處。此時前後，有一百多人因此被削去了爵位。而趙周因為明知道列侯所獻黃金不足而不上報，被彈劾入獄，最後也是自殺而亡。

第十任丞相：石慶

石慶是名門之後，在漢武帝冊封劉據為太子時曾任太子傅，後來升為御史大夫。趙周入獄後，石慶被升任為丞相。只是，他這個丞相當得有名無實。因為當時桑弘羊、王溫舒等人在朝廷的權勢很大。而謹慎的石慶無力與這些權臣對抗，又或者根本不想與他們對抗。前面已經有九位丞相紛紛失業，大多數都沒落得好下場。

丞相之位，是誘惑也是詛咒。想要把位置坐得穩，那就必須謹慎再謹慎。正因謹慎，他才在丞相的位置上坐了九年。但因為沒有掌握實權，以及他的謹小慎微，所以在政治上並無建樹，也就沒結什麼仇家，畢竟在政治的角鬥場上，沒有人會把一個毫無威脅的人放在眼裡。後來他好不容易鼓起勇氣彈劾了一個天子的近臣，沒想到自己因此而受到罪責。正如《史記》所言：「嘗欲請治上近臣所忠、九卿咸宣罪，不能服，反受其過，贖罪。」後來，石慶只好繼續保持謹慎。

太初二年（西元前一〇四年），石慶去世。他在相位時間長，也算善終。但對於自己的職位，或許他又很難算得上成功。

第十一任丞相：公孫賀

公孫賀曾七次出擊匈奴，曾因捕獲匈奴王有功而封侯。在石慶去世之後，漢武帝下令讓公孫賀接任丞相之位。公孫賀似乎看清了丞相之位的魔咒，害怕自己一不小心也不得善終，因此不肯接受丞相的金印紫綬。他曾在戰場上見識過太多的生死，在權力和人命之間，他更想保命。

漢武帝把大臣們搶破頭的丞相之位賜予了公孫賀，公孫賀卻不想接受，這直接折了皇帝的面子。漢武帝怒了，公孫賀老實了。他乖乖地接受了相位，暗暗地期盼自己在丞相之位上不要出什麼紕漏，不要走前輩們不得善終的老路。

但是，該來的總是逃不掉的。公孫賀的劫難緣起於他的兒子公孫敬聲。公孫敬聲因為不守法紀入獄，公孫賀採用迂迴戰術，漢武帝當時正為抓捕「以武犯禁」的朱安世惱怒，公孫賀請願要為漢武帝解決這個大麻煩，以功勞來彌補兒子的過錯。但朱安世被抓之後在獄中誣告公孫敬聲與陽石公主私通，並說他們用巫蠱之術詛咒天子。此言正戳中了漢武帝最敏感的神經。漢武帝大怒，公孫賀沒能救得了自己的兒子，反而把自己也搭進去了，和兒子一同死於獄中。

第十二任丞相：劉屈氂

劉屈氂是漢武帝劉徹的姪子，在公孫賀入獄後被升為左丞相。他在接任後，「巫蠱之禍」全面爆發。在這場牽連甚廣的政治事件中，作為丞相的劉屈氂自然是逃不掉的。當時太子劉據因為受到誣陷又無法自證清白，在生死之間選擇起兵，殺死誣陷他的江充，攻進了丞相府。劉屈氂趁亂逃走，保全一命，並向漢武帝做了太子起兵謀反的彙報。漢武帝大怒，命劉屈氂平叛。此後，大批官員被殺，太子劉據及其親屬也因此而死。

政治舞臺重新洗牌後，劉屈氂蠢蠢欲動。他勾結李廣利準備擁立昌邑王劉髆為太子。但後來被漢武帝知曉，下令徹查。劉屈氂等人的陰謀敗露，最後被腰斬而死。

第十三任丞相：田千秋

漢武帝時期最後一任丞相是田千秋。他是戰國田齊的後裔。在劉屈氂入獄後，田千秋被提拔為丞相。他連任漢武帝和漢昭帝兩朝的丞相。田千秋與霍光等人是漢武帝臨終前指定的輔政大臣。後來，漢武帝駕崩，漢昭帝劉弗陵繼位。當時霍光的權勢日益壯大，田千秋則低調行事，盡可能不參與到政治鬥爭中。所以，他在任十二年，元鳳四年（西元前七七年），因病逝於任上，也算得了善終。

以上就是漢武帝時期的歷任丞相，善終者少。多數丞相或死於政治鬥爭，或是因罪而亡。政治的角鬥場向來殘酷。

其實，在古代歷史中，還有一個時期丞相更迭頻繁。就是崇禎在位時期。崇禎在位十七年，走馬燈似的換了十九任首輔。和漢武帝時期的一片大好局勢不同，崇禎即位時，大明王朝已經日漸衰微。為了挽救這種頹勢，崇禎皇帝兢兢業業地治理江山。可是，當時天災連綿，各地起義不斷，外敵入侵頻繁，朝中官員又效率低下。偌大的王朝，處處都是窟窿。漢武帝換相是為了建構盛世，崇禎頻繁地更換首輔，則是為了扭轉頹勢。可大廈將傾，即使頻繁地更換首輔，卻還是換不來清明的政治，反而是急功近利，讓頹敗來得更快更徹底。

而這就是真實的歷史，同樣是頻換丞相，卻走向不同的結局。時也，命也！

古代二婚也能當皇后，大漢朝就出了兩位

即使在現代，二婚女子在再次談婚論嫁的時候，可能也會或多或少受到一些歧視。而在古代男權社會，此種觀念更甚。所以古代很多喪夫或者被休棄的女子，基本都不會再嫁。

可即便是在這樣的社會大環境之下，還是有一些特例。有的二婚女子，不但沒有成為棄婦，而且還嫁給了皇帝，當上了皇后，成了人生贏家，實現了命運的逆轉。例如漢朝的薄姬。她在入漢宮之前是項羽部將魏豹的妾室，後來魏豹被擊敗，薄姬入宮，成為劉邦的女人。

薄姬當時並不得寵，並且在劉邦執政時期，也沒能成為皇后，畢竟當時呂雉風頭正盛，此外還有戚夫人得寵。但是，她生了個好兒子，兒子很智慧，有能力，還懂得隱藏實力。再加上一點點運勢，她的兒子劉恆成了大漢的皇帝。而薄姬作為漢文帝的生母，也就成了薄太后。

西元前一五五年，薄姬去世，葬於南陵。到了東漢時，光武帝劉秀追尊薄姬為高皇后。縱觀薄姬一生，雖然早年間被冷落，但是，隨著命運起承轉合，她成了太后、太皇太后，後來又被追封為皇后，可謂一個二婚女人的圓滿收場。

在薄姬之後，漢朝又出現了一位二婚皇后，她就是漢景帝的第二任皇后，漢武帝的生母王娡。王娡在入宮前曾嫁過人，是金王孫的妻子。

王娡之所以能成為皇后，相當程度因為她有個厲害的母親。

《史記．外戚世家》當中記載，王娡是陝西興平人，他的母親臧兒是名門之後，只是後來家道中落，臧兒嫁給了一個平民，成了一位農婦，先後生下了兩女一子。她的女兒王娡在成年之後，就被母親安排嫁給了金王孫，還生了個女兒。正常來講，夫妻二人也應當過著平凡且幸福的日子，度過一生。但是，後來意外出現了。這個意外，就是王娡的母親臧兒。

宋代李昉《太平御覽》當中記錄過：「臧兒卜女當貴，乃奪金氏，內之太子宮。」也就是說，王娡之母臧兒為女兒卜算，從相士口中得知女兒有富貴命，便從金家把女兒要了回來，嫁入了太子府。從此，王娡拋夫棄女，開啟了全新的人生，走上了皇后之路。

在古代社會，王娡母女敢想敢做，不是一般人物。此外，臧兒把自己的小女兒也嫁入了太子府，這也大大提升了皇后的上位機率。

好在當時漢代社會風氣開明，再婚改嫁也較為常見。在當時，婦人的地位尊貴，並可以擁有爵位和封邑，所以再婚的王娡在太子宮中並未因此而受到歧視。王氏姐妹也得到了太子劉啟的寵愛。

王氏姐妹也很爭氣，子嗣眾多。王娡的妹妹為劉啟生了四個兒子，王娡則是先生了三個女兒，又生了一個兒子，這個兒子，就是後來的漢武帝劉徹。但當時的後宮中，王娡的皇后之路走得並不容易。

劉啟登基，成為漢景帝，迫於祖母薄氏的壓力，不得不立薄氏家族的女子為皇后。

西元前一五一年，群臣請立太子，而薄皇后無子，所以便立了當時年紀最大的皇長子劉榮為太子。後來薄太后去世，薄皇后失去了靠山，劉啟便廢了皇后。皇后之位便一直空缺。

而在此時，太子劉榮的生母栗姬，一直對皇后的位子虎視眈眈。甚至已經預設自己就是未來的皇后。因為即使漢文帝不封她為皇后，那麼在她的兒子劉榮繼位之後，她自然也會成為皇太后，母憑子貴，享受無上的尊榮。在她心中，榮華富貴，十拿九穩。

可這個美麗又有些愚蠢的女人卻不知道，政治的漩渦裡，哪有什麼十拿九穩，有的只是瞬息萬變。

太子劉榮在十八歲尚未娶妻，漢景帝的姐姐館陶公主登門求親，想與栗姬做一把政治投資，希望把自己的女兒阿嬌嫁給劉榮。因為嫁給太子就意味著將來她的女兒會成為皇后。

但是在這場談判中，栗姬拿出了自己的甲方姿態。在她心裡，館陶公主只是投標者的一員。而因為館陶公主曾送美女給漢景帝，惹得栗姬很不高興，她便一口回絕了求親一事。

館陶公主十分不痛快，轉頭就去與王夫人聯姻。眼見到一位強大的政治盟友送上門，聰明的王娡自然歡喜迎接。

後來阿嬌也就嫁給了劉徹，但是館陶公主始終嚥不下被栗姬拒絕的這口氣，一心想要滅了栗姬的氣焰。本質上，館陶公主是在為自己和女兒綢繆。她希望自己的女兒可以成為皇后，而自己可以做皇帝的丈母娘。

王娡在得到了這位金牌助攻之後，猶如神助。

館陶公主常常在皇帝面前詆毀栗姬和她的兒子劉榮，並盛讚王夫人和劉徹。

館陶公主說「栗姬與諸貴人幸姬會，常使侍者祝唾其背，挾邪媚道」。在漢代，「祝唾其背」是一種巫術。意思是說栗姬嫉妒心強，常常使用巫蠱之術詛咒其他妃子。

起初漢景帝並沒有把館陶公主的話放在心上，但是時間久了，耳濡目染，對栗姬的印象也慢慢變差。再加上作為太子生母的栗姬本身就有點飄，又很蠢，完全看不出自己的地位已經動搖。

後來漢景帝身體不佳，每況愈下，有一次囑託栗姬說希望在自己離世之後栗姬能夠善待其他的妃嬪和皇子。但是栗姬嫉妒心非常強，並且恃寵而驕，不願意照顧皇帝其他的姬妾以及子女，甚至還出言不遜。在野史中對此有過隻言片語的記載，《漢武故事》載：「栗姬怒，弗肯應，又罵上『老狗』。」《前漢通俗演義》中說：「景帝忍耐不住，起身便走。甫出宮門，但聽裡面有哭罵聲，隱約有『老狗』二字。」種種事情累積在一起，漢景帝在心中已經將栗姬寫進黑名單了。

王娡拱火有一套，見時機成熟，與館陶公主打了個配合，唆使大臣向景帝請求立栗姬為皇后。大臣便向景帝進言說，「子以母貴，母以子貴」，太子的生母還是個姬妾，應當給她個封號，將其立為皇后。

漢景帝勃然大怒，原本已經對栗姬很慪火了，當下又有人對立后之事指手畫腳，讓他立栗姬為后。於是，盛怒之下，漢景帝處死了進言的大臣，廢黜了太子，改立劉徹。王娡也成為漢景帝的第二任皇后。

就這樣，栗姬坑兒子第一名，憑愚蠢打爛了一手好牌。但也因此，劉徹登上了歷史舞臺，創下了纍纍功績，成為一個傑出的帝王。

歷史上的二婚皇后其實並不止這兩位，《史記．呂不韋列傳》中記載：「呂不韋取邯鄲諸姬絕好善舞者與居……子楚從不韋飲，見而說之，因起為壽，請之。呂不韋怒，念業已破家為子楚，欲以釣奇，乃遂獻其姬……子楚遂立姬為夫人。」也就是說，秦始皇的母親趙姬，就是二婚嫁給了子楚，成了秦莊襄王王后。

還有魏文帝曹丕的皇后甄宓，原本是袁紹次子袁熙的妻子，後來曹操平定冀州攻占鄴城的時候，曹丕把甄宓搶了過來當老婆。後來曹丕稱帝，就立了甄宓為皇后。在晉朝，羊獻容原本是西晉惠帝司馬衷的第二任皇后，西晉滅亡後，羊獻容又被前趙昭文帝劉曜搶走。而她在劉曜這裡十分得寵，後來又被劉曜封為皇后。

中國古代唯一的女皇武則天，也算得上是個二婚皇后，先是做了李世民的嬪妃，後來在李世民去世後又嫁給了李治，鬥倒了王皇后和蕭淑妃，成為皇后，又成為女皇。堪稱二婚皇后中的佼佼者。

還有一位比較出名的二婚皇后就是宋真宗趙恆第二任皇后劉娥。司馬光的《涑水記聞》記載：「龔美以鍛銀為業，納鄰倡婦劉氏為妻，善播鼗。既而家貧，復售之。張耆時為襄王宮指使，言於王，得召入宮，大有寵。」也就是劉娥最開始只是蜀地銀匠的老婆，後來二人來到汴京謀生，劉娥的丈夫因為貧窮就把老婆賣給了襄王趙恆，誰承想後來趙恆當了皇帝，劉娥也被冊封為皇后，走上了人生巔峰。

有時候，如果你細細思索就會發現，那些我們今時今日津津樂道的歷史就源起於某些微小的瞬間，而後一步步發展，串聯成一系列連鎖反應，最後波濤洶湧，甚至激盪一個時代，乃至整個中華文明。這一切，偶然而傳奇。

秦漢之後，一直到北宋之前，大臣們上朝都是坐著的

古往今來，要說哪項職業能一直流傳下來，進入政府成為官員絕對能排職業榜榜首。歷朝歷代人們對當官都是趨之若鶩；時至今日，這項職業的受歡迎依舊不減，甚至還能年年刷歷史新高。自古以來便有一種濃厚的「官本位」思想，也就是以官為本、以官為貴。正所謂「學而優則仕」，大多數古人讀書都不光是為了增長見識、探求真理，最終目的仍是做官。現在的公務員辦公基本都是坐著的，那麼古代的高級公務員，他們的日常上班狀態都是怎麼樣的呢？讓我們帶著這個好奇心來探查一番。

古代的官階等級是很嚴明的，雖然各朝各代的情況不盡相同，但大體上可分為中央官職和地方官職兩大類，一般來說，中央官職的行政等級比較高，所以在中央任職的官員我們暫且稱之為高級公務員。據歷史資料記載，作為中央官員一定要參加由皇上親自主持的朝會。《梁書．武帝紀》記載，所有的國家大事一定要在朝會上與大臣們商議，也必須聽取大家的意見。因此這些高級官員每天要做的第一件重要事務便是上早朝。

現代人上班，早上七八點出發都是常事，但是古代上朝卻不行。古代上朝有嚴格的時間要求，五更上朝，相當於現在的中原標準時間五點到七點。這只是皇帝的上班時間，因為古代交通工具的缺乏及大臣們普遍都住得離皇宮遠，基本上凌晨三點至五點，大臣們就要從家裡出發候在午門外。

古代不同封建王朝官員上朝的禮儀及議政方式多少都有點不同，但是總體來看，秦漢之後，一直到北宋之前，大臣們上朝都是坐著的。君臣議事席地而坐的禮儀可以說是源遠流長。在先秦時期，由於實行分封

制，各諸侯及大臣都有自己的封地，且在自己的封地中也都是一國之君，實力還是很強大的。因此君主對待他們也比較客氣，加上當時還沒有發明椅子，所以君王和大臣們都是席地而坐。不同於現在漢語對「席地而坐」的解釋，古人的席地而坐是「鋪席於地以為坐」，即將竹蓆鋪在木質地板上，然後跪坐於蓆子之上。這樣看起來彷彿就是席地而坐，實際上只是跪坐於小腿和腳後跟上，這也從側面突顯了皇權的權威性。

西元前二二一年，秦始皇統一六國建立秦朝，第一個中央集權君主專制王朝誕生。為鞏固皇權，秦始皇規定皇帝是國家的最高統治者，皇帝被提到至高無上的地位，大臣們地位開始逐漸下降。但是因為有了之前春秋戰國時期的百家爭鳴，所以君王對手下的臣子，大體上還是禮讓有加的，秉承著「君與士大夫同治國」的理念，君臣之間的關係相對緩和得多。並且在秦漢時期，像一些重要的職位，例如丞相、太尉、御史大夫等，所掌握的權力也是非常大的，因此皇帝和大臣們議政時席地而坐的禮儀沿襲了下來，「三公坐而論道」也自此形成。現在我們從秦漢歷史影視作品中也能時常看到朝堂之上官員、士大夫們席地而坐的場景。

馬端臨在《文獻通考．自序》說：「秦始以宇內自私，一人獨運於其上，而守宰之任驟更數易，視其地如傳舍。」《後漢書．戴憑傳》中也有記載：「建武中正旦朝賀，帝令群臣能說經者，更相難詰。義有不通，輒奪席以益通者。憑遂重坐五十餘席。」但是到了東漢以後，隨著高座、凳椅先後問世，上朝的禮儀也有所發展，逐漸出現了「拜禮」。在兩漢時期皇帝對待大臣還是比較不錯的，上朝議事時大臣們還被允許坐著，但朝堂之上不管是「跪坐」還是「坐」，大臣在上朝前都要向皇帝行「拜禮」。拜禮，是臣子對君王的最高禮儀。拜禮是大臣向皇帝做出俯伏動作，看著就像下跪一樣，實際上並不是。次之為揖禮，就是以站立姿態拱手向對方行禮，無需跪拜。

秦漢以後分三國，再到西晉東晉南北朝，這段歷史朝代更迭頻繁，但基本上都沿襲了秦漢時期朝臣坐而議政的傳統。有點不一樣的就是，漢魏時代，公卿百官朝會時要解下佩劍，脫掉鞋子，光腳進入宮殿。議事之時，皇帝坐在正上方，兩邊鋪上很多席墊，大臣們按照官階等級分別跪坐在席墊上，腳後跟緊頂著臀部，雙手垂放膝上，這是漢魏時期官員上朝的標準坐姿。但凡事也有例外，曹操專權的時候漢獻帝賜給他一項特權，就是上朝可以劍履上殿，曹操說過：「祠廟、上殿，當解履，吾受命劍履上殿，今有事於廟，而解履。」當然這也是個例。

到隋唐之後，社會風氣整體是比較開放的，但君臣之間還是遵守著自秦漢流傳下來的禮儀。隋唐時期朝中重臣上朝，也都有坐列的位置。一方面是歷史傳統延續的結果，另一方面和唐朝時宗教盛行也有關係。唐朝時道教、佛教都很盛行，而這兩個宗教也都十分重視靜坐，這種靜坐養生法既可以延年益壽，又能夠增強智力。另外，坐著上朝商議大臣們不會覺得累，自然就會專心致志地與皇帝議事，為皇帝排憂解難。因而在唐朝的時候坐著議政也成為當時官員禮儀的主要形態，只有在一些大型的活動或祭祀時，大臣們才會下跪。這就是唐朝時經濟發展鼎盛的原因，使得西方國家前來學習和拜見，實質上說明唐朝的等級思想還沒固化。

從北宋時起，大臣們上朝姿勢就發生了變化，由之前的坐著變成站著了。為什麼會出現這種變化，其實有著深刻的歷史原因。透過歷朝歷代對相權的不斷削弱，到宋代時皇權已經得到了高度統一。北宋開國皇帝趙匡胤透過陳橋兵變才得以黃袍加身，為了進一步鞏固政權，加強中央集權，宋朝越發重視儒家思想。同時透過前期董仲舒等人對儒學的改造，將臣對君的忠誠絕對化、無條件化，剝奪了大臣們的其他選擇權。君權天授，為獨裁的皇權換來了一個合法性，至此君臣的不平等關係愈發明顯。到了宋朝，儒家文化發展為程朱理學，成了為封建皇權服務的工具。與此同時，宋太祖為了避免皇權被架空、篡奪，開始有意識地削減武將手中的軍權，慢慢將軍權收攏在自己手中，著名的「杯酒釋兵權」講的就是這個事。武將勢力逐漸弱了以後，宋太祖又極力扶持文官的力量與之抗衡。

雖然宋朝以後，政治力量和統治思想發生了深刻變化，但是這種朝臣由坐到站的變化卻不是一蹴而就的。最初的時候，宋太祖和大臣們還是坐而論道的。時間久了，宋太祖就開始思索起來如何在群臣面前顯示自己的威嚴，現在大家都平起平坐是不行的，得想辦法讓群臣站著上朝，才能展現尊卑有別。在一次朝堂論事時，滿朝的文武官員還是有不少人坐著的，趁著百官之首的丞相範質彙報公務的機會，趙匡胤假藉著看不清奏摺上的字，讓範質到他跟前幫忙認字。範質離開座位以後，事先接到趙匡胤命令的侍衛就將範質的椅子撤了下去，範質回去之後發現椅子不見了，就明白了趙匡胤的意思，於是就站著繼續商議事務。其他大臣看見丞相都站著了，自己也不好意思繼續坐著，都申請撤除椅子。就這樣，之後上朝所有大臣都站著了。「丞相立班」自此開始，並且在以後的各封建王朝，朝堂之上只有一把椅子，就是皇帝的龍椅。

其實，縱觀歷史，大臣上朝無論是坐著還是站著，都是外在體現。導致這些變化的真正因素是皇權在不斷強化，相權在不斷弱化，這種君臣地位的變化是歷史的必然，在封建王朝，這也算是政治文明進步的表現。不過，我們也要看到，由於封建王朝體制已經不再適應時代的發展要求，作為一種漸趨落後的政治體制，最終也是要被淘汰的。

北周最厲害的權臣，三年連廢三帝

古代人的終極夢想是當皇帝，因為皇帝擁有著至高無上的權力。大臣再厲害，也得聽皇帝的。但凡事總有個例外，浩瀚歷史，總有異類。做臣子的，也能踩到皇帝頭上。更準確來說，是把皇帝的小命攥在手心裡。

比如，北周權臣宇文護，掌權期間殺掉了三個皇帝，整個過程，僅僅用了三年時間。

宇文護是周文帝宇文泰的姪子，早年跟隨宇文泰殺伐四方，立下了赫赫戰功。宇文泰本身夠凶狠，所以他能駕馭得了宇文護，把他當成自己最信任的助手。宇文泰原想取代元氏政權自立為帝，不料在北巡途中病死。他在臨終前將朝政大權交給宇文護，因為他害怕自己的幾個兒子太年輕，無法守住他的政治成果，無法完成自己稱帝的夙願。

但宇文泰沒有想到，宇文護沒有把政治大權當成聖果來守護，而是把它淬鍊成了一把鋒利的刀，直指他的兒子。

西魏恭帝三年（西元五五六年），宇文護迫使西魏恭帝禪位於宇文泰第三子宇文覺。當時的宇文護看上去還是那個重情重義、信守諾言的人，沒有辜負宇文泰的囑託，扶持他的兒子上位，碾碎了西魏政權，建立了北周。宇文覺成了孝閔帝，並封自己的前任皇帝拓跋廓為宋國公。但是，沒過多久，拓跋廓就被宇文護滅口。

前朝皇帝，無論是什麼身分，本質上都是禍根。所以，宇文護毫不猶豫地將其剷除。拓跋廓也成了第一個被他殺死的皇帝。到此時，宇文護的所作所為看起來都是在完成宇文泰給予他的使命，似乎也沒有太大毛病。

但緊接著，宇文護的第二刀，瞄準了新皇帝宇文覺。

宇文覺稱帝後，宇文護就任大司馬，後來又晉升為大塚宰，封晉國公，食邑一萬戶，名義上是「一人之下，萬人之上」。作為一個真正的掌權者，皇帝也不過是他的提線木偶。

作為一個曾立下赫赫戰功，扶持皇帝上位，又執掌大權的人，宇文護很囂張。一些老臣很看不慣宇文護的專橫跋扈，甚至曾有人想要密謀刺殺宇文護，並找獨孤信商議。獨孤信對其勸阻，並沒有告發。後來宇文護得知此事，將獨孤信罷官，後來又逼他自盡。

宇文覺當時尚未成年，但是也不甘心被掌控，一直渴望親政。而朝中大臣李植、軍司馬孫恆和宮伯乙弗鳳、賀拔提等人看出小皇帝的心思，便與皇帝密謀除掉宇文護。他們制定了周密的計畫，但最後還是被人告發。

宇文護根本沒把這些人放在眼裡，只把為首的李植貶為梁州刺史，孫恆貶為潼州刺史。

但是，事情並沒有結束，宇文覺一直不甘心，總是想方設法地要召回李植、孫恆二人。宇文護向宇文覺表演了一次「哭諫」，聲淚俱下表忠心。

宇文覺身邊的乙弗鳳仍在加緊綢繆，與宇文覺繼續密謀除掉宇文護。怎料他們並沒有吸取前車之鑑，保密工作沒做好，再次被人告密，刺殺失敗。

這一次，宇文護被激怒了，也終於開始亮劍。他需要的是聽話的木偶，他已經受夠了在皇位上上竄下跳、蠢蠢欲動的宇文覺，於是便設計逼其退位，隨後殺掉了密謀的臣子。最後，快刀斬亂麻，殺掉了宇文覺。

當時，宇文覺還是個十六歲的少年，成為宇文護殺掉的第二個皇帝。廢掉宇文覺之後，宇文護擁立宇文泰的長子宇文毓為帝。

如果皇帝不聽話，那就換個新皇帝，省心又省力。這是宇文護的常規操作。新皇帝宇文毓看起來溫文爾雅，柔柔弱弱，一副很聽話很好欺負的樣子。但是，那只是看起來的感覺。宇文護的如意算盤又打錯了。

宇文毓溫順的外殼之下，住著一頭難以馴服的獅子。宇文毓有能力，有遠見，在接受政權之後，勵精圖治，積極地推行改革，政績顯著。他的魄力讓宇文護感到害怕。

令狐德棻《周書》曾這樣記載宇文毓：「帝寬明仁厚，敦睦九族，有君人之量。幼而好學，博覽群書，善屬文，詞彩溫麗。」、「治有美政，黎民懷之。」

面對優秀的宇文毓，他無法故伎重施，使其退位，只好耍陰招。他讓心腹在宇文毓的食物中下毒。宇文毓成了宇文護殺掉的第三個皇帝。

宇文毓在病危時，口授遺詔傳位於四弟宇文邕。

十七歲的宇文邕接過了長兄手中的權杖，是為周武帝。

雖說是皇位，卻沒有實權，這皇位其實更像個燙手的山芋。

在宇文護眼中，宇文邕不過是一個新的傀儡，卻不知他才是自己真正的敵人。宇文邕即位時雖然只有十七歲，但他是個聰明人，他在自己兄長的不幸中看清了這場政治遊戲的地雷區，也找到了保命的方法。

他清楚當時的宇文護勢力在朝廷根深蒂固，所以他既不會像宇文覺一樣跟他硬剛，也不會像宇文毓一樣太過顯露才能。他要做的是蟄伏，隱藏起自己的心思，慢慢蓄力，找到合適的機會，才能絕地反擊。所以多年來，宇文邕一直對宇文護恭恭敬敬，各種尊重各種捧。以此來麻痺對方，讓對方覺得自己無人能敵。

一直到天和七年（西元五七二年），看似毫無野心的木偶宇文邕開始反擊，設局殺了宇文護，並快刀剷除了他的黨羽，完成了一次政治肅清。

宇文邕是個厲害角色，他在宇文護的控制下隱忍，又有謀略，剷除了宇文護，奪回了政權，也替自己的兄長們報了仇。

其在位期間，擺脫鮮卑舊俗，推行府兵制和均田制，百姓安居樂業。西元五七七年，他滅北齊，一統北方。

只可惜，他英年早逝，才三十六歲便逝於北征途中。

古代太監也叫「老公」，唐朝管爸爸要叫爺爺

說實話，現在的很多詞，如果放回到古代，那簡直就是「毀三觀」，比如「老公」，在古時候竟然是用來稱呼太監的。而在唐朝更離譜的是，子女管父親不叫爸爸，而要叫爺爺、阿爺或者哥哥，管哥哥要叫阿兄，管爺爺叫阿翁。

先說「老公」這個詞語的變化，在演變歷史中稍稍有點曲折，並不是那麼容易能說清楚的。據說這個詞最早起源於西漢，西漢劉向在《說苑》中提到：「齊桓公出獵，入山谷中，見一老公。」這裡的老公只是單純地指老年人，一直延續到唐代。那麼「老公」怎麼慢慢演變成太監了呢？

其實，「老公」被指為太監的歷史並不是很長，相傳在北宋時期，金人攻破東京，帶走了徽欽二帝和許多貴族，於是宮中許多太監逃到民間。太監是封建社會畸形發展的產物，古代帝王後宮很大，需要男人做事，但是又擔心這些工作的男人勾引皇帝的妻妾，於是就誕生了太監這個職業。

太監因為接受過宮刑，本應該安分守己，一心侍主，可偏偏有些人越缺越想要，這些太監特別喜歡去煙花巷。花了錢，卻沒辦法了慾望之事，於是就變著花樣地折磨妓女，以解心頭難忍之恨。京城的妓女最怕遇到這種人，私下裡便替他們取了個稱呼叫做「老公」，「公」是指男的，「老」則是說歲數大了，無法進行房事了，其實就是對太監的一種蔑視辱罵。

原來老公這個稱呼有這樣一段黑歷史，看完後你是不是都想改家裡的稱呼了？其實大可不必，不同地區有不同的文化差異，南方粵語等地，「老公」確實是用來指丈夫的。至於為什麼能波及全國，完全因

為七八〇年代香港電影的強大吸引力。那時候，叫老公好像是一個很時髦的說法。

再來說唐朝管爸爸叫爺爺這件事，唐朝對家庭成員的稱呼其實和現代大有不同，和唐朝背景的古裝電視劇裡的也不一樣。那麼在唐朝如何叫自己的爸爸呢？

唐朝時，對父親的稱呼很多。稱呼爸爸為爺爺、阿爺或者哥哥；稱呼哥哥為阿兄。在正式場合，一般叫「父親」或者「大人」，所以稱呼官員不能叫「大人」；平日裡，一般管父親叫「阿耶（爺）」、「耶耶（爺爺）」。在杜甫的〈兵車行〉裡，就有「耶孃妻子走相送，塵埃不見咸陽橋」的詩句，這裡的「耶」，就是指父親。而唐朝人稱呼爺爺為「阿翁」。並且女人不能管自己丈夫叫「相公」，因為唐朝的「相公」只能用來稱呼宰相。

而造成這樣局面，要歸咎於李世民。他發動了玄武門之變，把自己兄弟殺了，還娶了自己弟弟李元吉的老婆楊氏；接著他兒子李治為了表現自己青出於藍而勝於藍，直接娶了自己庶母武則天；而李隆基更厲害了，來了一個橫刀奪愛，把兒媳婦楊玉環娶了，整個唐皇室內部關係亂得一塌糊塗。

嫂子被爹娶了，媽被兄弟娶了，這爹叫起來都覺得虧大了，叫兄弟禮數上似乎哪裡不對勁。因此這群人見面時到底要怎麼互相稱呼才不尷尬，就成了世紀大難題。

還好，當時的唐朝大臣比較機智，經過各種商討調和，似乎解決了尷尬，因此唐朝「爸爸」有了一個新稱呼——哥哥。之所以叫哥哥，可能是因為當時的人們覺得爸爸在孩子心中的形象，既是爸爸又是哥哥。但這哥哥也不是隨便叫的，唐人超級在意自己的排行，所以要先看爸爸在家中排行老幾，再稱之為幾哥。

不過也有例外，李旦本來排行第八，按理說該叫八哥，但他親媽武則天執政後，把唐高祖的庶子們都排除在外，因而身為武則天四子的李旦被人叫為四哥。在當時，哥哥也叫哥，只不過為了區分，當時的人都管哥哥叫阿兄。

霸占哥哥的稱謂，他們似乎還不滿足，對自己的親爹都不放過，在唐朝還可以稱自己的父親為爺爺，是不是瞬間頭都大了，這是在搞笑？不，他們是認真的，爸爸的爸爸不叫爺爺，叫阿翁。你以為他們會就此止步？想多了，有了「父親」、「哥哥」、「爺爺」這三種叫法還是滿足不了他們。

接著「大人」一詞，也成為父親的叫法之一，在當時，「大人」是對父親的尊稱。如此一來又有一個問題出現了，當時的官員又該怎麼稱呼呢？在唐朝，「相公」不是指老公，而是宰相的專屬稱謂。若是稱呼普通官員就更簡單了，姓加官職，比如杜甫曾擔任過拾遺，可以叫他杜拾遺（巧的是李白也曾擔任過拾遺）。

唐朝雖看中行第，但在等級方面稱呼卻十分平等。無論是下級對上級，還是普通百姓對官員，都可以用「某」來自稱，相當於現代的「我」，而百姓見到皇帝，也可和官員一樣自稱「臣」。不僅普通百姓、官員間平等，連皇家也並不像電視劇裡整天用陛下、兒臣、母后、父皇之類感覺很疏遠的稱呼，反而很有一家人的感覺。

所以如果哪天，你穿越到唐朝，看見一個白髮老頭手裡拎著很多東西，出於好心想幫幫人家，過去說：爺爺，我幫您拎東西吧。老頭肯定要白你一眼，心想我活了幾十歲了沒見過就這樣當街占便宜的。

又或者是在大街上被人搶了，你拉住一個巡邏的官差就喊：大人，那個人搶了我的包。這位官差可能充滿了大大的疑惑：不就幫你追個小偷嗎？至於叫我爸爸嗎？唐朝是古代政治經濟高度發展的時期，也是古代少有的具有國際視野的朝代。繁華美麗的長安，總能帶給人無限遐想。而看完他們對爸爸的稱呼，簡直顛覆三觀有沒有？要是穿越過去一不小心說錯話，滿大街認爸爸不說，還很容易得罪人。

《西遊記》中的悟空原型是誰？歷史上真的有悟空大師

《西遊記》這部經典著作深入人心，國人幾乎無人不知，無人不曉。其中塑造的孫悟空、唐僧、豬八戒等人物形象也深受人們的喜愛。

作為神話小說，《西遊記》儼然已經成為不朽的經典。《西遊記》雖然是虛構的神話小說，但作者也是在現實中選取的素材。故事的主線原型是大唐的玄奘法師西行取經的故事，作者根據真實的歷史重新塑造了深入人心的唐僧形象。

在《西遊記》中，孫悟空也一直被人們津津樂道。他是從一塊吸收了日月精華的石頭中蹦出來的石猴，後來又跟隨菩提祖師學習了七十二般變化和仙法，因大鬧天宮被佛祖壓在五指山下。直到後來唐僧出現，把他解救出來，並收他為徒。孫悟空和師兄弟一路護送唐僧，終於到達西天取得經書。

孫悟空神通廣大，在現實中也同樣有原型。關於其原型存在兩種說法：一種說法是玄奘法師在取經路上遇到的胡人石磐陀；另一種說法是唐朝的一位名叫「悟空」的法師。

先來說石磐陀。玄奘法師取經其實並沒有官方背書，而是私自偷渡出行。他在取經路上陷入困境，便來到了一處寺廟，虔誠地請求佛祖開示。絕望之時，命運再一次眷顧，為玄奘帶來了生機。在這寺廟裡，玄奘結識了信奉佛法的胡人石磐陀。石磐陀請求玄奘為他受戒，並幫助玄奘穿越玉門關，順利走出了瓜州城。

另一種說法是，孫悟空的原型是悟空法師。悟空法師俗姓車，名奉朝，鮮卑族人。他從小就天資聰穎，文武雙全，自幼習武，擅長使用鐵棍。後來參軍，隨使團護駕出使西域。但在回程時因身患重病，無法回歸。在病痛中，他發願在病癒後要皈依佛門。病癒後，他便入舍利越魔的門中，並開始一心鑽研佛法，四處遊學。

學有所成後，他向師傅請求回歸故土。他的師傅曾給予他梵文《十力經》、《十地經》、《迴向輪經》及一枚佛牙舍利，讓他帶回大唐。

一番周折，他終於在貞元六年（西元七九〇年）回到了長安，此時，據他離開長安已經四十年。他的親人早已離世，獨留他一人。

唐德宗敕命車奉朝住長安章敬寺，並賜予法號「悟空」。

貞元十六年，高僧圓照曾訪問悟空法師，將他在西域和印度的見聞整理後撰寫了《悟空入竺記》。宋代贊寧根據《悟空入竺記》的資料，經補充在《宋高僧傳》中為悟空法師立傳。

《西遊記》故事中的很多情節受到了密教經典《大藏經》的影響，而悟空法師又是將密教傳入東土的功臣。他歷經波折，研習佛家經典，最後將佛法帶回了大唐，這和《西遊記》故事所表達的精神是一致的。所以在《西遊記》中，作者很有可能是將其法號化為孫悟空的名號，並與唐僧設定為了師徒關係。

古代死刑為何選在午時三刻執行

「來人啊，把這犯人押下去，明日午時三刻問斬。」這大概是我們看的古裝劇中處置犯人時，聽到得最多的一句話。

再然後就是在法場上處決犯人時，劊子手懷抱著一把大刀等待著監斬官一聲令下「午時三刻已到，行刑」，隨即丟出一個寫了「斬」字的令牌，犯人人頭落地。

那麼，殺頭為什麼非要等到午時三刻才能行刑？這其中有什麼我們不知道的奧祕呢？

說起這個事來，其中還有一個典故呢！相傳北宋仁宗年間，皇帝的岳父兼首相龐洪的二女婿王天化，為了贏過驍勇善戰的武將狄青，從而奪得邊關元帥的位置，想盡一切歪門邪道來作弊。皇帝宋仁宗知道後勃然大怒，叫人把王天化綁到法場處以死刑，還委任狄青監斬，以儆效尤。

龐洪大驚，宋仁宗竟然要殺了自己的妹夫。因為他這個岳父自己也牽涉其中，做賊心虛，不敢直接去勸大女婿，只能趕緊派人去告訴大女兒龐妃，前來解救自己的二女婿。經不起自己愛妃的苦苦哀求，宋仁宗改變了主意，連忙派人前往制止。

可派去制止斬首的人由於路上耽擱，趕到法場時早已經過了行刑時間，王天化已身首分離，踏上黃泉路了。沒辦法只能回去跟皇帝覆命說，人已斬首。龐妃一聽頓時暈了過去，宋仁宗因此十分懊惱心疼。為防止今後再發生這樣的情況，又重新頒布了一道聖旨：以後處決犯人時，需要在午時三刻才行刑。就這樣代代流傳了下來，形成了慣例。

但民間卻流傳著這樣的說法，選擇午時三刻處斬是刻意挑選的。古代一晝夜劃分為十二個時辰，又劃分為一百刻，「時」和「刻」實際上是兩套計時系統單位，換算比較麻煩，平均每個時辰合八又三分之一刻。「午時」一般約合今天的中午十一點至十三點之間，午時三刻是將近正午十二點。

我們都知道，古代的人十分封建迷信，鬼神之說更是傳得神乎其神。而這個時間點，就是他們認為的人的影子最短、陽氣最盛的時候。迷信的說法中，此時可以用旺盛的陽氣來沖淡殺人的陰氣。在古代，人們一直認為殺人是一件「陰事」。無論被斬殺者是否罪有應得，他的鬼魂總會纏著做出判決的法官、監督執行死刑的官員、處決他的劊子手等。因此，當陽氣達到頂峰時行刑，可以抑制鬼魂的出現。

要說用陽氣打壓陰氣，還得是在午門。古人對皇城是非常敬畏的，認為陽氣最旺盛的地方就是皇城。不管是午時三刻還是午門，都反映了一定的人文知識。

另外，選擇午時三刻是因為人在此時的精力值是最低的，處於「躺在枕頭上」的邊緣。「枕著枕頭睡」就是在犯人懵懂想睡的時候行刑，痛苦會減輕很多。如果囚犯被押送到刑場後時間還不到「午時三刻」，劊子手就要等一會兒，一分一秒都不能差，直到時間到了才能行刑。如果錯過這個執行時間，通常會推遲到第二天執行。由此看來，選擇這樣的時間來處決犯人，還是有一定人道主義的。

那麼，是不是歷朝歷代法律都規定在「午時三刻」行刑的呢？並非如此。比如唐宋時的法律規定，每年從立春到秋分，以及正月、五月、九月，大祭祀日、大齋戒日，二十四節氣日，每個月的朔望和上下弦日、每月的禁殺日（即每逢十、初一、初八、十四、十五、十八、廿三、廿四、廿八、廿九、三十）都不得執行死刑。而且還規定，在「雨未晴、夜未明」的情況下也不得執行死刑。按如此規定唐朝一年裡能夠執行死刑的日子不到八十天。在行刑的時刻上，唐代的法律明確規定，只能在未時到申時這段時間內（大約是現在的下午一點到五點之間）行刑，並不是「午時三刻」。

而明清的法律只是規定了和唐代差不多的行刑日期，死刑犯需在秋季處決，也就是在農曆的七、八、九月，對於行刑的時刻並沒有明確的規定。

我們在電視劇中還會聽到「秋後處決」這麼一說。這又是為何呢？

古人認為，處決犯人合適的時間之所以是秋天，是因為這時萬物開始凋零，樹葉枯黃，行刑更適合。春天萬物復甦，夏天萬物生機勃發，都是充滿生機的季節，不是處決的好時機。因此，在古代秋冬成了犯人恐懼的季節。

當然，這也不是唯一的原因。在秋天忙完了農耕，人們開始有閒暇時間，當聽說一名囚犯將被處決時，他們就會去圍觀斬首，這種威懾比把人關在監獄裡有用得多，看過砍頭的人大機率都不會去惹事。

除了殺雞儆猴的作用，實際上秋後處決其實是為了給這些犯人一個緩衝的時間，就類似於我們今天所說的「緩期執行」，給那些判處「斬監候」和「絞監候」的犯人一個復審的機會。

另外，古代的皇帝為了彰顯自己的仁德，經常會因為一些重要的事情大赦天下。比如新皇登基，皇上大婚、過壽，冊封皇后，立太子等，或者天降祥瑞、豐收之年等，皇帝就很容易為了普天同慶進行大赦。

而這個大赦天下的政策往往都是在秋後出現，並且大赦並沒有明確人數，一些犯了比較輕微且可以原諒的罪行的人可以直接赦免，也可以抹去犯罪記錄，死刑犯也可以獲得重生。

所以，無論是選擇午時三刻還是秋後處決，統治者的最終目的都是為了震懾和安撫百姓，鞏固自己的封建統治罷了。

宋代時竟有女子參加科舉

自古以來，考試都是人生大事，現代有聯考，一批批學子前赴後繼；古代有科舉，一批批才子為了科考而埋頭苦學。

在古代的男權社會，向來都是男子參加科考，這是大眾的一貫認知。不過在宋朝，卻有女子參加了科舉。

眾所周知，在古代社會，尤其是隋唐以來，科舉是朝廷選拔人才的重要途徑。對於考生來說，科考可以幫助他們直接跨越階層。比如在仁宗朝嘉祐二年（西元一〇五七年）這屆科考中，就出了九名丞相，代表人物有呂惠卿、章惇、王韶、林希等。

而在唐宋散文八大家中，除去唐朝的兩位，剩下的六位中有五人和這屆科考有關，一位是主考官歐陽脩，還有考生蘇軾、蘇轍，以及歐陽脩的弟子曾鞏。還有一位是陪兒子們考試的超級老爸蘇洵。

唯一不在此次科考中的王安石，因為早些年就已經中了進士，成了高官。此外，這屆考試還出了程顥和張載兩位偉大的思想家。程顥的理學思想和朱熹的學說並稱「程朱理學」。張載就是那個寫出「為天地立心，為生民立命，為往聖繼絕學，為萬世開太平」的先哲，與周敦頤、邵雍、程頤、程顥合稱「北宋五子」。

科考的科目眾多。以宋朝為例，科考就包含了進士科、九經科、五經科、開元禮科、三禮科、三史科、三傳科、學究科、明經科、明法科，此外還有制科、詞科、童子科、武科、繪畫試等。這些考試有固定的，也有臨時性的。

為什麼天下讀書人都為科舉奔走？因為，每一場科舉考試中都藏著無限的人生機會。

雖然男子參加考試是整個社會的認同，但其實並沒有相關法律規定禁止女子參加科舉。宋代對科考身分的限制主要在於不孝不悌者、還俗的和尚道士和「工商雜類、身有風疾、患眼目、曾遭刑責之人」不能參加考試，其中並沒有禁止女性參加。

這個漏洞也使得一個叫林幼玉的女童成了第一個參加科舉考試的女子，開創了歷史先河。

《宋會要輯稿》中曾對此事進行了記載：「自置童子科以來，未有女童應試者。自淳熙元年夏，女童林幼玉求試，中書後省挑試所誦經書四十三件，並通，詔特封孺人。」

文中說的是，在宋孝宗時期淳熙元年（西元一一七四），林幼玉參加了童子科的科考，並通過了中書省的考核，後宋孝宗特地封她為孺人（貴婦人的封號，按宋代所定命婦的等級，由下而上的排列是：孺人、安人、宜人、恭人、令人、碩人、淑人、夫人）。

在此後，宋寧宗時期，女童吳志端獲得考核資格，《宋會要輯稿》中記載：「女童子吳志端令中書覆試。竊謂童子設科，所以旌穎異、儲器業也。本朝名公儒，如楊億、晏殊之倫，載在史冊，後世歆慕。今志端乃以女子應此科，縱使盡合程度，不知他日將安所用？況豔妝怪服，遍見朝士，所至聚觀，無不駭愕。嘗考《禮記》，女子之職，唯麻枲絲繭、織組紃是務，又曰：『女子出門，必擁蔽其面。』志端既號習讀，而昧此理，奔走納謁，略無愧怍。其執以為詞者，不過淳熙間有林幼玉一人，以九歲中選。今志端但知選就，傍附八歲申乞，不思身已長大。十目所視，其可欺乎儻或放行覆試，必須引至都堂，觀聽非便。乞收還指揮，庶幾崇禮化，厚風俗。若以其經國子監挑試，則量賜束帛，以示優異。」

吳志端在八歲的時候就申請了考試，過了幾年通過了國子監挑試，並得到皇帝親自複試的機會。但是，當時有很多大臣認為女子拋頭露面有傷風化，因而在此後女子便不再允許參加科舉。

雖然兩個女子在科舉考試中並沒有濺起太大的水花，但是在波濤洶湧的歷史上，卻留下了閃亮的印記。她們逆流而上，這件事情本身就閃著光輝。

歷史上有個奇葩小國，靠當中間商賺差價

在古代，還沒有網路，中間商可以快樂地營業，甚至有一個不起眼的小國，舉國做起中間商來，一買一賣，生意興隆，賺得盆滿缽滿。這個國家叫杞國，並不是「杞人憂天」的那個杞國，而是大宋朝的一

個附屬國，一個神祕的彝族地方政權。他們在歷史的夾縫中生生不息，也讓我們看到了歷史的另一個生動面孔。

《宋代自杞國》中記載了這個杞國，當時活躍於今雲南、貴州、廣西地域範圍的政治舞臺。杞國雖小，並存活於中原政權變更頻繁的征戰時期，但是這並不影響杞國人活得瀟灑。據記載，他們「販馬致富，拓地數千里」，有強悍步兵十萬，精騎萬餘。由「蠻酋相爭」到「獨雄於諸蠻」，拚死抗爭，打破元朝「先下西南圍殲南宋」速勝密謀，阻敵於滇五年之久。

據相關學者考證，杞國是彝族人的祖先，烏蠻人所建立，一直生活在雲貴一帶。自從漢朝吞併了夜郎和滇國之後，他們就在名義上臣服於中原王朝，成為中原王朝的附屬國，但始終都保持著若即若離的狀態。

戰爭帶來了災難，但同時也帶來了商機。從北宋立國到南宋滅亡，共經歷了三〇〇餘年的時間，在這三〇〇多年裡，宋王朝的日子過得並不安穩，先後經歷了夏遼金和蒙古族的入侵，常年戰亂不斷。戰爭必然會消耗大量的資源，而戰馬就是其中重要的一項。

宋王朝一直心心念念地想收復幽雲十六州這個策略要地，但在策略上始終處於弱勢。正所謂燕趙出精騎，最能打的騎兵基本出自這裡，而且燕趙地區有著中原最好的馬場，宋朝想要收復失地，必須要解決戰馬的問題。尤其是在宋朝南遷以後，失去了北方的戰馬資源，所以他們需要尋找新的戰馬來源。一方面他們增開馬場，增加戰馬儲備，另一方面也要通商買馬。

而作為戰馬產地的雲南吸引了宋王朝的目光。因為雲南、廣西可以經緬甸、印度至中亞，而中亞是良馬的產地。不過宋王朝自然不會去直接派人購買，因為大理地段魚龍混雜，局勢混亂，於是他們在廣西南寧附近多地開馬市，透過中間商來購買。

處於南盤江河套中的杞國自然不會放過這個賺錢的大好機會，他們把後防線變成了對外交通第一線，沿著這條路馬販們不辭辛勞地開拓出了一條前往廣西的商道。

從那以後的一百多年間，每年都有大量的戰馬輸送到南宋，又沿著這條山路將內地大量金銀布帛以及書籍源源不斷地運回到雲南。這也大大地促進了雲南地區的文明進步。

杞國整個國家幾乎都做起了販馬的生意，成為大宋朝和大理國之間的中間商，這個偏僻的小國家也很快富裕起來。

錢包鼓起來了，腰桿子也硬了。在國力日漸強盛之後，杞國開始自立年號，不願意再依附於南宋王朝，甚至雙方有時也會發生衝突。但當時戰亂不斷的宋朝無心顧及這個偏遠小國，而與南宋的戰馬交易是杞國的支柱產業，雙方一直保持著穩定的共存關係。

西元一二五三年，蒙古滅了大理國，並開始從西側進攻宋朝。而杞國則成為蒙古進攻宋朝的必經之地。起初這個彈丸之地並沒有被蒙古大軍放在眼裡，但在實戰中他們舉國奮力抗敵，抵抗了蒙古大軍整整六年。一直到西元一二五九年才被滅掉，足以見得其國力之強盛。在亡國之前，杞國的末代君主還提供了重要的軍事情報給宋王朝，閃爍著正道之光。

遺憾的是，這個彝族地方政權的輝煌往事，如今很難在歷史中尋到蹤跡，只是在一些宋朝官員的筆記和奏摺中留下寥寥數語。但即使它在泱泱歷史潮流中微小如塵，也閃爍著文明的光輝。

中華歷史上第一個拆遷協議產生於宋朝

對當代人來說，想要不費吹灰之力一夜暴富，除了靠買樂透，或許就只能靠拆遷了。拆遷這種事講究天時地利，想靠拆遷致富需同時滿足兩個條件：一是所在城市正在進行規劃建設；二是自己的房子剛好處於規劃區之內。比起那些靠雙手勤勞致富的人，拆遷致富吃的是國家發展、城市發展的紅利，從個人的角度來說，這是天降的大運，而從國家整體的角度來說，這也是城市正向前發展的好現象。

有人覺得拆遷這事只是國家發展中的一個階段性現象，迷人但短暫，實則不然。事實上，任何一個城市都不可能一成不變，永遠有新的規劃要來重建舊的畫卷，再加上房屋樓閣都會隨著時間而衰敗，如果不及時重建，整個城市很快就會變得破舊不堪。

不過以前並沒有一個規範的條例用來處理這方面的問題，當官府需要擴建或重建城市時，往往會與百姓發生一定的衝突，最後要麼達成一個也許平等也許不平等的協議，要麼直接強制性徵收，百姓苦不堪言，官府也敗壞了名聲。

社會的發展其實就是在一次又一次的衝突後尋求一個彼此都能滿意的平衡點，許多成文的不成文的規章制度就是在這個過程中確立下來的。而對於拆遷這一問題，在持續了許久的各種衝突、不平、膠著、困擾之後，終於在宋代的宋神宗年間達成了一個協議，這也是中華歷史上的第一個拆遷協議。

這協議的促成，要從宋朝的都市計畫風格和當時的經濟發展狀況說起。

從西周時期開始，城市便以坊市制度為建設方向。不過早期並沒有一個嚴格的制度，只是在規劃城市時，管理者趨向於使用有序的方案來進行設計。簡單地說，就是城市被劃分成了一個個小塊，每一塊都分工明確，用來作為市場的地方不可用來居住，而居民所住之處也不可進行買賣交易。

這種制度在魏晉年間得以鞏固和確認，從那之後，歷朝歷代都以這種棋盤式的規劃作為城市建設方向。這種制度的好處就在於城市中各種成分的人都能各司其職，彼此不受干擾，官與民更是很難發生直接衝突，有助於社會和諧；壞處則在於難以擴大經濟規模，一定程度上限制了經濟的發展。

雖然唐朝初期也延續著這種都市計畫的方式，但到了後期，因經濟不再如最初那般繁華，對坊市制度的反對聲愈發強烈，這種制度也在一次又一次矛盾和衝突之後逐漸瓦解。

到了宋朝，坊市制度則完全被廢除，宋朝政府更趨向於讓百姓自由發展經濟。那時候，社會的生產力已經達到了一定程度的飛躍，正是處於經濟改革的萌芽之時，政府的行事風格也更加民主和大膽。在這種環境下，百姓們也就可以放手去做各種生意了。

各種作坊、商舖逐漸深入到街頭巷尾，一時間城市變得空前繁華。

然而，缺少管理的繁華，很容易變得混亂。果不其然，為了做生意，一些商舖已經達到了「侵街」的地步，嚴重者，別說是馬車，就連走路者想要從街道中通過，都需要七拐八彎。

做生意本是個正當的活動，應當鼓勵，可如果達到影響城市正常執行的地步，就未免有些過分了。只是作為只想好好生活的百姓，他們並沒有操心都市計畫的責任，他們僅僅是在政府允許的範圍內，盡可能為自己爭取更多的利益。這侵街的現象，說到底仍然是政府的鍋。

其實也可以理解，畢竟在這之前的城市都是坊市制度，剛剛打破舊制，要建立新制，本就不可能從一開始就將各方面都考慮到，總會出現各種問題。關鍵在於面對問題時能及時找到解決問題的方案，這才是建立良好社會制度的正確流程。最初這個問題並不容易解決，政府也只能是見招拆招，即當街道變得過於狹窄時，政府就下令拆除拓寬，被拆了鋪子的百姓只能自認倒楣。

正如前文所說，這種行為其實極大地傷害了政府與百姓的感情，其中不乏藉機報復或剷除異己的行為，更不乏揚著官威對百姓進行欺壓的惡人。在對百姓的壓迫上，似乎並沒有比坊市制度時期變得更好一些。

但官府也並非人人都鐵石心腸，除了那些真的心懷不軌之人，絕大部分人仍不希望看到百姓受苦。所以，雖然侵街現象比比皆是，雖然城市顯得十分混亂，許多街道也十分狹窄，但官府仍然秉著能睜一隻眼閉一隻眼，就不嚴苛對待的態度。

包括皇帝也是如此。

最初宋太宗幾次想對宮城進行擴建，因為作為皇帝居住的場所，位於汴梁的宮城實在是太小了，跟唐朝的長安城根本比不了。然而，若是一條街一條路因過於狹窄需要擴大，只需要對侵街者進行強制拆除也就是了，可是要擴建整個宮城，這涉及的百姓可就不止十幾家，而是上百戶了。

宋朝的都城本就雜亂，若是在坊市制度下倒還好解決，直接將城市重新規劃一下也就罷了。可在這大宋朝的宮牆之外，做什麼的都有，有居民，有酒樓，有錢莊，有攤位，若要將他們全部強制驅趕拆除，對整個汴梁的經濟體系都會造成不小的影響。

所以雖然宋太宗一心要擴建，但最終還是只能想想而已。

宋太宗之後，幾乎每一任皇帝也都有著同樣的想法，但最後也只能都以同樣的原因作罷，一直到宋神宗上任。

說起這位宋神宗，也是歷史上頗有名氣的一位皇帝，王安石變法就是在他在位期間促成的。其實每一位皇帝身在其位，所掌握的權力都是等同的，是否能有所成就，全看他們個人的行動力如何，行動力差的皇帝可能一生都難以有建樹。而宋神宗就是一位行動力超強的皇帝。

如果說包括宋太宗在內的前幾任皇帝都是只敢想不敢做，那麼宋神宗就是敢想更敢做的類型。只要是他想做的事，不論如何他都會努力去促成，即便是在雜亂的汴梁城擴建宮城這種光是聽起來就很麻煩的事。

雖說擴建宮城這事，連續幾任皇帝都做不到，但說起來其實也不難。說到底，只要解決了擴建範圍內的那些建築，就什麼都不是問題了。當然，難倒那幾任皇帝的也就是這些建築。

首先，這些建築的主人們必不同意搬離，畢竟涉及利益；其次，一旦這些建築被拆除，經濟體系受到的影響需要解決；再次，如果強制拆除，那麼政府的公信力就會大打折扣。

這些問題，看似難以解決，但本質上其實就一個字：錢。

只要給足了錢，什麼困難就都不是困難了。第一，建築的主人們不肯搬離是因為會傷害到自身利益，那麼只要將這些利益一次性補足，他們就沒有理由跟政府硬槓；第二，經濟體系受到的影響，只要透過財政撥款調節，也會很快恢復；第三，只要雙方都能和平解決，就不存在強拆的問題了。

這一點，前幾任皇帝或許想到了，但並未實施，或許根本就沒有想到過，畢竟，從強拆到與民眾做交易，這不僅僅是解決一個問題這麼簡單，這是從根本上改變了官與民之間的相處方式。

事實上，在民間這種交易早已經存在了。由於宋朝特殊的都市計畫方式，所有居民都可以在城市的任意角落做自由交易，那麼自然有人做得好有人做得不好，那些做得好的就希望擴大經營規模，要擴大就要占地，這就必然涉及與其他商家之間的地盤爭端問題。而商人之間遇到問題，自然直接用錢來解決。所以，當有人要擴大自身經營時，就會與相關商家或居民進行談判，最後會以一個雙方都比較滿意的價格，透過補償款的方式來獲取對方的地盤。

但這畢竟只是民與民之間的交易活動，而官與民之間仍存在著一道溝壑。宋神宗決定消除這道溝壑。

既然大宋朝的經濟已經十分繁榮，那麼官家與百姓進行交易也未嘗不可。宋神宗派出了一位名叫楊景略的官員與百姓進行談判，商定拆遷補償問題。難倒了幾任皇帝的難題就這樣迎刃而解了。最後，拆遷補償分為兩種方案，一種是補償地和房屋，另一種是補償錢，跟如今的拆遷補償方案沒有任何不同。

至於當時的補償錢數，根據史料記載，每戶平均補償一百七十貫錢，這個錢數按照當時的經濟水準和生活條件，完全可以買一套比之前更好的房子了。

而這，就是中國最早的拆遷協議。

這個協議的出現，離不開社會制度的進步。這也更說明，早在大宋年間，社會管理方式和管理者的思想就已經十分先進，甚至出現了民主制度的萌芽。

史上最大規模的焚書行動竟然是由修書引發的

「修書」與「焚書」，可以說是兩個完全相反的詞。修書應當是功在當代利在千秋之事，而焚書對文化而言則是一場徹頭徹尾的災難。然而誰能想到，這兩件事竟然可以發生在同一個時間，甚至同一個事件之內呢？

歷史就是這樣的荒誕不經。

說起焚書，我們第一印象必然是秦始皇的焚書坑儒事件，甚至只要提起秦始皇，除了統一六國外，人們最為熟悉的就是他對文人、對文化的迫害。殊不知，秦始皇之焚書，與後來清朝的乾隆皇帝所焚之書根本不在一個數量級別。在中華歷史上，最大的焚書事件，就發生在乾隆年間，諷刺的是，焚書是因為乾隆要修撰《四庫全書》。

當然，說是焚書，其實並不準確。乾隆的行徑，比焚書惡劣許多倍。這一切都要從乾隆決定修《四庫全書》說起。

眾所周知，乾隆皇帝是一位頗有想法也頗有行動力的皇帝。只不過，他的想法和行動力與其他皇帝多少有些偏差。別的皇帝，但凡是有些志向的，想法多是如何讓這個國家強大繁盛，如何讓民眾過上富裕的生活，如何透過自己的治世手段讓這個國家的文明更進一步。而乾隆皇帝的想法，多半都是如何讓自己徹底青史留名。

按理說，作為一個皇帝，歷史上必然會為他記下一筆，即便他什麼都不做，渾渾噩噩度過一生，只要無過，後人在查閱史冊時，總能看到他的名字。可乾隆顯然並不滿足於此，同樣是皇帝，他也要比其他人更有存在感。

可是他找存在感的方式，不是透過真正的能力去有所建樹，而是透過做一些必定能夠在歷史上留下一筆，同時自己又不必費太大功夫的事情。比如在名人字畫上留下自己的簽名，比如到處遊玩留下「在此一遊」的痕跡等。

當然，還有些更快捷更省事的留名方式，那就是直接封住一些不聽話的嘴，再培養許多願意為他唱頌歌的嘴。對此他或許十分得意，畢竟其他許多皇帝都想不到的事，竟然被他想到了。原來想要留下一個好名聲竟是如此簡單的事。

還有什麼是比操縱輿論更快建立名聲的方式呢？

這種方式說來簡單，也並不是誰都能做到，但皇帝掌握天下大權，幾乎沒有什麼是皇帝做不到的。不過這裡又面臨一個問題，就是皇帝雖然管得了自己的國家，卻管不了其他國家。如果國家被外國入侵怎麼辦？

到了乾隆這裡，這也簡單，直接閉關鎖國就是了。鎖住了國家，完全不來往，其他國家還有什麼機會入侵呢？

於是，外患這件困擾了一代又一代皇帝的事情，似乎也被乾隆輕鬆解決了。解決了外患，就該解決內憂了。

要控制輿論，首先控制的必然就是文人與書籍。不似今天，有網路，有各種形式的新媒體，古時候的文化傳播幾乎全靠書籍。所以在乾隆年代，控制輿論也比今天容易得多。

按道理，皇帝要想控制輿論，最多也就是禁止一些書籍的流通，抓捕有嚴重反動言論的文人等。過去的許多皇帝也都是這樣做的。但乾隆作為一個不走尋常路的皇帝，他卻決定做一件前無古人之事，而目前看來，這事也是後無來者的。那就是：他決定將現有的全部書籍都重新整理一遍。不是禁一兩本書，而是把所有書都重新淨化，該毀的毀，該改的改，變成完全符合他意願的書籍。

這說起來像是天方夜譚，可乾隆還真的做到了。

他首先找來了紀曉嵐擔任總編撰，接著任命了三百六十多名官員和學者，給了他們一項龐大而壯觀的任務：編纂《四庫全書》。

他要把當前所有的書籍，歸類為經史子集四部，再由這些官員和學者將其全部重新編寫。

後來人們說起這件事，也時常以讚嘆的口吻，讚揚乾隆皇帝對於文化的貢獻。畢竟他將之前所有的書籍全部入庫，這樣更便於後人尋找，說起來也是一件為國為民的好事。

這正是乾隆的高明之處，他也做了很多類似這樣的事情：說出來很好聽，深究起來才會發覺根本不是那麼回事。

比如編纂《四庫全書》一事，若是不了解的，甚至會以為這跟司馬遷編寫《史記》的性質等同，但兩者的性質截然相反。

司馬遷編寫《史記》，最重要的就是求實，哪怕與當時的政權控制的輿論相違背，也要以事實為根據去編寫。可乾隆下令編纂的《四庫全書》，卻是為了自己的私心，而將過去的所有書籍變得徹底面目全非。

凡是含有對乾隆、對大清朝不利言論的書籍，要麼將不當言論直接刪除，要麼徹底毀書，甚至還會將原書的內容徹底修改，改成乾隆可以滿意的樣子。

這也是為什麼一項簡簡單單的歸類工作，卻要動用三百六十多位官員和學者，由三千八百多名人員抄寫，前後歷時十三年方才完成。因為這根本就不是只編寫一套目錄，這是對乾隆之前幾千年的文化進行徹底的過濾。

這些官員與學者，他們做的也並非是類似為書進行註解這種正常修書會做的事，他們只是依據乾隆的喜好，依據大清朝的立場，對每一本書進行評估，先是決定這書是去還是留，若留，還要決定怎麼留。這整個過程中，充斥著對文化的蔑視，充斥著上位者的傲慢，對於前人所留下的文化瑰寶毫無尊重可言。這是以文人的名義，做著最粗鄙的勾當。

若說乾隆喜歡在名人字畫上簽名蓋印只是毀了一些藝術品，那麼他將所有的書籍重新編寫和覆蓋，就是對文化本身的一場災難性的摧毀了。

按照統計，在編撰《四庫全書》期間，以對大清不利為名而被徹底銷毀的書籍有一萬三千六百卷，焚書總數有十五萬冊。在此期間，乾隆對明朝留下來的檔案也進行了銷毀。因為在清朝入關之前，明朝記載了許多對清朝不利的內容，既然要將輿論進行徹底的洗牌，那麼明朝留下的東西，自然不能讓它們存在於世上。

其實若完全按照乾隆的想法，絕大部分書籍都是要毀去的。因為首先清朝作為入侵中原的外族，其文化本身就與中原文化不同，若要將整個大清朝的文化徹底變為乾隆樂見的樣子，那麼許多中原文化的內容都需要被剔除。但無奈的是，中原文化太過博大精深，若徹底剔除掉，恐怕這《四庫全書》也就不剩什麼了。

或許為了至少看起來好看，又或許真的是難以徹底洗牌，一些本該銷毀的書還是被保留下來。但既然要保留這些書籍，那麼必然就要將其內容重新清洗。因此也就出現了許多可笑的事情。

比如岳飛的「壯志飢餐胡虜肉，笑談渴飲匈奴血」竟被改成「壯志飢餐飛食肉，笑談欲灑盈腔血」。在《四庫全書》裡，這樣可笑的例子可謂比比皆是。

當然，悠悠之口是很難真的徹底封禁的，儘管乾隆年間焚書，遍地文字獄，可許多優秀的文化作品還是得以保留下來。岳飛以及許多人的詩句最終還是以其原貌流傳到後世。但這也僅僅因為這些名句實在流傳太廣的緣故。至於那些流傳沒那麼廣的詩詞文章等，被改了也就改了，恐怕後人也再難看到其原本模樣。

直到今天，當翻閱古籍的時候，我們也已經很少看到對清朝的負面描述，這多是乾隆大肆焚書的功勞。當然，一些比較有名氣的書籍，仍然會透過民間流傳等方式而保留下來，可惜的是那些名氣不夠沒能在民間流傳下來的書籍，在乾隆的大手筆之下，怕是在歷史的痕跡中徹底消失殆盡了。

都說歷史可以讓人隨意打扮，其實粉飾歷史這件事，又何止是乾隆做過，歷朝歷代，不論是帝王還是什麼身分，只要有足夠的權力，就永遠會有人去做。同樣的一個故事，在不同的年代裡，都會變成不同的樣子，更何況是用來教化民眾的書籍呢。只是，乾隆竟能將粉飾歷史這件事做得如此冠冕堂皇，甚至反過來將其變為自己的一項功業，倒也是一件奇談了。

別人焚書即焚書，修書即修書，唯有乾隆，以修書的名義進行焚書，並且進行的是史上最大規模的一次焚書，這怕是秦始皇知道了都要罵上一罵的。

清朝時銀庫管得很緊，庫丁都要裸身進出

當世風日下時，總有一些人會迷失，被金錢與地位遮住了眼，利益追逐代替了理想，忘記最初的夢想。尤其是當底線不牢又恰好遇上體系漏洞時，往往會滋養出大貪之人。

在清朝，就有一批職位特殊的人，他們與錢財有著最直接的接觸，大膽地做著「損己也利己」的事情，這些人被金錢衝昏了頭腦，將利益擺在了至高無上的位置，而最終的下場也只能是自己吞食早已釀成的惡果。

這個職業就是國庫的庫丁，朝廷給他們的薪水非常低，甚至接近於沒有，仍然有不少人趨之若鶩。原因在於，只要能夠擔任這個職位，就意味著他們已經有一隻腳踏入了財富的門，做得越久可以撈到的油水就越多。他們看上的不是這個職位，更不是那點微薄的薪水，看中的是能夠獲得的撈錢機會。

一旦身處這個職位，他們就可以接觸到從全國各地上繳來的銀子。比如每年各地都會上繳很多稅銀，但大部分都是一些碎銀，亂七八糟的，也就不好盤點實際到底是多少。所以朝廷乾脆把上繳的稅銀，拿去熔化重新煉造出大的銀子。這回爐重造必定有損耗，從而也就給了有心之人鑽漏洞的機會，負責鑄造銀錠的就是庫丁。他們可以在工作過程中，隨手抓一把碎銀藏在自己的身上，只要不是很多，根本不會被發現。

長此以往，庫丁存下不少的財富，開始吃香喝辣，全家致富。慢慢地很多有心之人也發現了這一職業所帶來的油水，大家都紛紛想要去謀這份差事。但平常百姓是不可能有機會去應聘的，只有滿人可以。

因為財政一直以來都是國家的命脈，所以肯定會要求滿人親自來掌管。並且，這個職業實行三年一任制度，每次大概有五十名，一年當中國庫會開啟九次左右。這個行業實在是富得流油，想當上銀庫庫丁，一般都要向相關官員行賄接近一萬兩的銀子。這些庫丁後代大多也可以當上庫丁，繼承性很強。從中能受益的人，一年貪二三十萬兩白銀可以說是易如反掌。

為了防止貪汙，國家實行了嚴格的管理制度，也想了很多辦法來制止，但還是避免不了銀子丟失的事件。其中一個辦法就是銀庫每逢搬庫，無論嚴寒酷暑，都要求庫丁脫得一絲不掛，裸體從堂官前魚貫而入，入庫後穿上預先準備好的工作服。搬運完畢，脫下工作服再光溜溜而出，至大堂前再次接受檢查。檢查時，庫丁要平伸兩臂，露出兩肋，兩腿微蹲，並跳起來張嘴學鵝叫，這是為了防止庫丁把銀兩藏在嘴裡、鼻子裡、耳朵裡。如果發現銀子立刻就人頭落地，沒有的話就可以順利回家。

即便如此，庫丁還是有辦法私藏攜帶碎銀出去，他們偷竊的方法可以說是五花八門。

有一個辦法是「茶壺帶銀」。庫丁每次去工作時是可以帶水進去喝的，久了之後他們發現，到了冬天因為氣溫太低水會結冰，把銀子放到裝有冷水的茶壺裡，等到出去的時候茶壺已經結冰了。出庫面臨檢查無論怎麼搖都不會有響聲，因為銀子已經凍在茶壺裡，自然倒不出來。

除了這個奇招，他們竟然發明了「獼猴盜銀」法。據說當時銀庫為了避免偷竊，就馴養了幾隻獼猴看守銀庫。某天有個庫丁發現，獼猴非常喜歡模仿人的動作，因此「庫丁家族」就想到一個損招：讓獼猴吸食鴉片，等到獼猴上癮之後，培養它去偷銀子換鴉片。於是當獼猴犯菸癮的時候，就會去偷銀子，慢慢地就成為庫丁盜竊庫銀的得力幫手。

雖說這一系列操作，讓庫丁弄到不少錢，但他們也有「自費打工」的時候。要想不被人知道他們賺了大錢完全是不可能的，明眼人都能看出來他們肯定有辦法弄到錢，所以才能吃香的喝辣的。於是一些不懷好意的傢伙就開始對他們下手了，專門蹲守庫丁，然後冷不防去撞一下，甚至可能都沒撞到，也會賴著他們，說要麼給錢要麼見官。

他們之所以能屢屢得手，就是看準了庫丁工作時間是有限制的：如果去晚了，很可能就不讓進去了，搞不好這個富得流油的好活也就沒了。所以庫丁即便不情願，但只要金額不多，通常都會滿足這些敲竹槓集團，結果反倒助長了他們的猖獗。

不過也有一些不服氣的，憑什麼自己好不容易賺來的賣命錢，就輕易交給這幫無賴？於是他們就花錢僱鏢師來保護自己，一旦有不長眼的傢伙鬧事，鏢師咔咔一頓就解決了。

一開始，這個辦法效果顯著，但到了後期沒有人滋事，鏢師能賺到的銀子就少了。於是鏢師和敲竹槓的就在私底下串通好，一個裝樣子嚇唬庫丁，一個裝樣子保護庫丁，事後鏢師給碰瓷者點銀子，大家「皆大歡喜」。

因此也有不少人同情清朝時期的庫丁，那麼賣力才得到的一丁點銀子，還沒來得及捂熱就被賊惦記上了。這些人就像狗皮膏藥，只要出門就會撞到，即使僱用了鏢師，哪知他們竟然和敲竹槓的人背地密謀一起敲詐庫丁，清朝時期的社會百態實在令人唏噓。

「可憐天下父母心」是慈禧說的

「可憐天下父母心」，這句話被廣泛使用。原詩是這樣寫的：「世間爹媽情最真，淚血溶入兒女身。殫竭心力終為子，可憐天下父母心！」

意思是說，世上的父母總是對孩子竭盡全力地付出真心，即使有時候被誤解，也終其一生無怨無悔。也因此感嘆，可憐天下父母心。

但很多人恐怕不知，這首詩的作者，是慈禧老佛爺。

慈禧在其母親六十壽辰時，沒能前去為母親賀壽，十分愧疚。所以就命人為母親送去了厚禮。同時又寫了一幅書法，裱好之後也送給母親，上面題的正是這首詩。

而這首小詩，給了不少人意外，也讓人們認識了慈禧柔軟的一面。在我們一貫的印象中，慈禧作為咸豐皇帝的妃嬪、同治皇帝的生母，一生歷經三位皇帝，到了清朝晚期成為了王朝的實際統治者。

但是在她的政治面孔之外，她還有著其他並不被大眾所知的模樣。比如慈禧有點自戀，喜歡讓別人畫她的肖像，也非常愛拍照。如果放到現在，一定是自拍、旅拍、日常拍，樣樣不落。

慈禧晚年，曾重金聘請國外畫師為她畫像。光緒二十八年（西元一九〇二年）俄國沙皇尼古拉二世和皇后將一張八英寸著色全家照贈送給慈禧太后和光緒皇帝。

這張照片讓慈禧彷彿發現了新大陸。她在這張照片上真切地感受到了攝影的魅力，更快、更好、更真實。因而對照片產生了濃厚的興趣。

為了實現自己的小願望，她還特地命人搭建了豪華的攝影棚，以供自己快樂地拍照。

慈禧拍照非常敬業，她會在照相之前翻閱曆書，尋找良辰吉日，拍出美美的照片。

此外，在那個「女子無才便是德」的封建社會，慈禧很愛讀書，有著很高的文學素養。她晚年喜歡讀《資治通鑑》、《詩經》、《紅樓夢》，在慈禧的帶動下，紫禁城的皇子、公主、宮人等，都跟著愛上讀書。

慈禧在政治上雖然夠冷酷，像男人一般，但是在生活上，她卻極其注重保養，也很愛美愛打扮。慈禧的衣服每一件都要分門別類存放，衣服鞋子多到數不勝數，很多衣服甚至都沒被穿到。但是，愛美是女人的天性，漂亮衣服永遠也不會嫌多。

此外，慈禧每天都要花費兩三個小時，對著鏡子梳妝。每個細節都打理得非常精緻，從無懈怠。於她而言，這不僅僅是一個女人的優雅，更是皇家的體面。

她喜歡研製各式各樣的美容護膚品，在《宮女談往錄》中，曾記載著慈禧所用的化妝品，絕對碾壓現代的奢侈護膚品。

「首先，要選花。標準是要一色砂紅的。花和花的顏色並不一樣，俗話說，不怕不識貨，就怕貨比貨。把花放在一起，那顏色就分辨出來了。一個瓣的顏色也不一樣，上下之間，顏色就有差別。因此，要一瓣一瓣地挑，一瓣一瓣地選。這樣造出胭脂來才能保證純正的紅色。幾百斤玫瑰花，也只能挑出一二十斤瓣來。內廷製造，一不怕費料，二不怕費工，只求精益求精。沒這兩條，說是御製，都是冒牌。選好以後，用石臼搗。石臼較深，像藥店裡的乳磨，但不是縮口，杵也是漢白玉的，切忌用金屬。用石杵搗成原漿，再用細紗布過濾。紗布洗過熨平不許帶毛絲。就這樣製成清淨的花汁，然後把花汁注入備好的胭脂缸中。搗玫瑰時要適當加點明礬。這樣顏色才能抓住肉，才不是浮色。

再把蠶絲綿剪成小小的方塊或圓塊，疊成五六層放在胭脂缸裡浸泡。要浸泡十多天，要讓絲綿帶上一層厚汁。然後取出，隔著玻璃窗子晒，免得沾上塵土。千萬不能烤，一烤就變色……」

其工藝複雜、精細可見一斑。而這僅僅是屬於慈禧日常生活中的一件小事。就連慈禧的如廁用紙，也得是經過宮女們細緻加工好的。

慈禧的作息也很有規律，每天早起處理朝政，中午有午睡的習慣，晚餐後會散步。每天晚上都會泡腳，而且泡腳水也非常有講究。比如，在潮溼悶熱的三伏天，宮人們會把菊花煮沸，再晾到合適的溫度，讓慈禧洗腳。可以驅暑氣，清爽明目。天冷的時候，就會運用木瓜湯洗腳，可以驅寒活血。同時也會根據天氣的變化，調整方劑。

上述列舉，都不過是慈禧零星的日常小事。你還知道慈禧太后哪些鮮為人知的故事呢？

慘遭投井的珍妃到底犯了什麼錯？

一九〇〇年八月，八國聯軍襲擊了北京。

慈禧太后顫巍巍收拾好了行李捲，倉皇帶著親信準備向西逃亡。臨走之前，她沒有忘記處理一件「家事」——以「年輕易生事、恐遭洋兵侮辱」為由，要求珍妃自絕。

因其不從，慈禧命太監把二十五歲的珍妃扔進了井裡。人命似薄紙，如花生命香消玉殞。

自此，一口「珍妃井」成了傳奇故事的按鈕。無數野史與影視劇都將她塑造成了美麗賢惠的「白月光」，與光緒譜寫出一段可歌可泣的宮廷生死戀。

雖然罪惡滔天的慈禧太后扮演起「惡婆婆」的角色毫無違和感，但事情的真相果真如此嗎？

踏進皇宮的那一年，珍妃只有十三歲。

當她與姐姐瑾妃沿著宮牆緩緩前行的時候，既不知前路是否似錦，也不懂人間險惡。這個聰明的女孩，很快就熟悉了陌生的環境。

光緒皇帝是個童年缺乏關愛的憂鬱症患者，膽小、孤獨、懦弱，眼底透著灰暗，對任何人都是淡淡的。隆裕皇后是慈禧太后的親姪女，也總是一副喪喪的樣子。她與光緒之間，就像是死水遇見了死水，激不起一絲漣漪。

在這樣的情況下，性格活潑的珍妃就像解救光緒皇帝的一顆藥丸。用我們今天的眼光來看，她會玩，懂生活，又能帶動情緒。而光緒需要的，正是這樣一個氣氛組美女。

與很多人的認知恰恰相反，慈禧太后其實也很喜歡這樣機靈的姑娘。

德齡郡主曾在書中提到過：慈禧欣賞機敏聰慧的美女。她還曾經親自教珍妃雙手寫字的絕活。

在光緒親政期間，慈禧在出宮遊玩時時常帶著隆裕和瑾妃，讓珍妃留下陪著光緒。由此可見，慈禧太后與珍妃之間的婆媳關係，最開始是十分融洽的。

與珍妃在一起的日子，是光緒人生中少有的快樂時光。

珍妃從小跟著伯父在廣州長大，受過西洋教育，喜歡研究各式各樣的新奇事物。她把宮外的所見所聞都講給光緒聽，也為光緒一成不變的生活新增了很多樂趣。

她琴棋書畫樣樣精通，又會說外語，被光緒視作知己。對於這個不斷為自己帶來新鮮感的女人，光緒很珍惜，也給了很大的驕縱。

而這，也成為珍妃悲劇命運的導火線。

珍妃喜歡攝影，找人買了相機拿進宮裡，讓太監們隨時幫自己拍照。因其姿勢擺得過於時尚新潮，顯然不太符合妃子的身分，讓慈禧太后漸生不滿。

她還喜歡女扮男裝，甚至陪著光緒在養心殿看奏摺。更誇張的是，因她對拍照過於熱愛，竟然在宮外開了一家照相館，由一位戴姓太監來打理。

這件事讓慈禧太后大為光火，將戴姓太監處死，並查封了照相館。

這次教訓都沒有讓珍妃注意自己的言行。光緒對其寵愛有加，她竟然就忘記了，誰才是光緒的「老大」。

恃寵而驕，是珍妃的性格缺陷。

與瑾妃的謹小慎微相比，她絲毫不懂收斂，直到觸碰了慈禧太后的底線。

世上所有的新奇體驗，都需要以金錢為基礎。皇家雖然看起來不缺錢，但顯然不是那麼回事兒。

當時按照清宮制度，皇后的月俸為一千兩，然後按照等級逐一遞減。也就是說，珍妃每個月的薪水只有三百兩。但是她的花銷，卻遠遠超出了這個界限。

她花錢大手大腳，對下人又極度慷慨。有時候光緒帝會分一部分錢給她，但還是不夠。珍妃只好拆了東牆補西牆，手頭十分緊。

當一個人急於賺錢的時候，規則會不斷後退，危險則會不斷逼近。珍妃的手漸漸伸向了朝堂之上，竟然走上了賣官的路。

她培養了幾個合作夥伴，對方出去收錢攬生意，她在光緒耳邊吹風。因為資源優勢，她還能分得大頭。

世上沒有不透風的牆，珍妃賣官的事情漸漸傳了出去，導致輿論影響極差。這些消息，或多或少也傳到了光緒的耳朵裡，但絲毫沒有動搖他對珍妃的偏袒。

珍妃的膽子越來越大，竟然以八百萬兩把上海市長的位置賣給了一個叫魯伯陽的人。作為對外通商的口岸，上海的官職十分重要，需要一定的能力和威望。而光緒硬是忽視了軍機處送來的名單，直接任用了魯伯陽。

這個可笑的事件震驚了朝廷。魯伯陽應了那句「露多大臉，現多大眼」，不久就被彈劾，失去了頂戴花翎。

隨著珍妃的行徑越來越不受控制，慈禧太后終於忍無可忍。其實賣官這事兒，慈禧自己也做。為了緩解因割地賠款而日益緊張的財政，她和李蓮英聯手，沒少賺錢。自己賣可以，但是別人賣堅決不行，尤其是後宮裡的女人。

慈禧決定給珍妃點顏色看看，不顧光緒及翁同龢的求情，責令將珍妃衣服扒去，當眾杖責。

捱打事小，丟人事大。

自此珍妃被貶，幽禁宮中，不許再與光緒來往。這一年是西元一八九四年。說實話，慈禧在這件事上的做法，也算合情合理。

而最終導致珍妃死亡命運的，當然也不僅僅是這些賣官的銀兩，而是她在毫無政治能力的前提下，暴露出的政治野心。

一直以來，珍妃都支持丈夫變法。她像一團火焰，讓光緒燃起了所有不甘心。而這些，必然導致光緒和慈禧之間矛盾的加劇。

一個挑戰慈禧權威的女人，又能有什麼好下場呢？

在離世之前，珍妃被推到井口旁邊，揚起的臉龐上還是滿滿的倔強，她說：

「太后逃可以，但皇帝必須留下坐鎮京師。」

話說出口，也就徹底熄滅了自己最後的生機。

光緒連自己心愛的女子都無法保護，痛徹心扉，生命從此再無暖色。

一年半以後，經常做噩夢的慈禧回到皇宮，命人打撈起珍妃的屍體，葬在了恩濟莊。

恩濟莊是專門葬太監和宮女的地方。這或許也是慈禧對珍妃最後的羞辱。

文豪也愛學驢叫！你不會相信的荒謬歷史小故事

不是不教，是怕學生都在笑……被老師藏起來的爆笑歷史課

作　　者：韋明輝
責任編輯：高惠娟
發 行 人：黃振庭
出 版 者：崧燁文化事業有限公司
發 行 者：崧燁文化事業有限公司
E-mail：sonbookservice@gmail.com
粉 絲 頁：https://www.facebook.com/sonbookss/
網　　址：https://sonbook.net/
地　　址：台北市中正區重慶南路一段 61 號 8 樓
8F., No.61, Sec. 1, Chongqing S. Rd., Zhongzheng Dist., Taipei City 100, Taiwan

電　　話：(02)2370-3310
傳　　真：(02)2388-1990
印　　刷：京峯數位服務有限公司
律師顧問：廣華律師事務所 張珮琦律師

定　　價：450 元
發行日期：2024 年 12 月第一版
◎本書以 POD 印製
Design Assets from Freepik.com

國家圖書館出版品預行編目資料

文豪也愛學驢叫！你不會相信的荒謬歷史小故事：不是不教，是怕學生都在笑……被老師藏起來的爆笑歷史課 / 韋明輝 著 . -- 第一版 . -- 臺北市：崧燁文化事業有限公司，2024.12
面；　公分
POD 版
ISBN 978-626-416-193-0(平裝)
1.CST: 中國史 2.CST: 通俗史話
610.9　113019260

電子書購買

爽讀 APP

臉書